太喜欢了！这样的东京

日本STUDIOWORK工作室 著
史诗 译

南海出版公司

目 录

Contents

山手

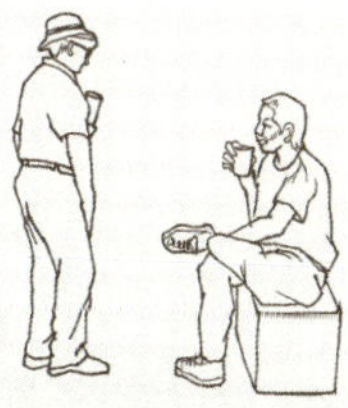

下町

新经典文化股份有限公司
www.readinglife.com
出 品

Contents

COLUMN

关于本书

本书刊载信息为截至2019年8月的最新信息。期间或有变更，出行前请事先确认。
作者与出版社对于因书中内容带来的损失不负任何责任。

各区域的位置一目了然

东京一点通

在东京，每条街区都有不同的氛围与景色。出发前最好先定好目的地。本书介绍的所有地点，皆可乘电车或地铁到达。

山手①

东京西部地势较高的地区，是江户时代的富人居住区。这里有内行人才知道的景点。漫步其中，可以在宁静的氛围中，感受历史的气息。

王子 P.126

石神井川沿岸过去是百姓们的休闲区，有很多建于明治（1868～1912）和大正时代（1912～1926）的砖石建筑。

杂司谷 P.106

备受名人政要青睐的地区。漫步于点缀着泉水和绿意的坡道，让人心情愉悦。

神乐坂 P.100

坐落于山坡上的街区，“坂”意为“坡道”。这里有过去文人墨客们爱光顾的餐厅，弥漫着怀旧风情。

荒木町（四谷） P.82

位于洼地区域，随处可见池塘和坡道，过去曾是花街②。

池袋

JR中央线

中野

新宿

四谷

JR中央线

涩谷

JR山手线

都心·副都心

摩登都市的另一面，小巷里有历史建筑和黑市③，意料之外的发现让这片区域充满魅力。

新宿 P.40

繁华与杂乱并存的区域，还能感受到历史上黑市的氛围。

原宿 P.88

年轻人活跃的街区，街道的风格独特。坐落于原宿的明治神宫里，有一口“清正井”，井水据说具有神秘的力量。

涩谷 P.46

位于坡道和小山丘上的商业街区，流行文化的发源地。

麻布 P.74

山谷、洼地、坡道，起伏的地形里藏着不为人知的故事。

东京基础知识

人口…………约1370万人（23区内约946万人）
面积…………约2191平方千米（23区约627平方千米）
人口密度……每平方千米约6270人（23区约15000人）

*截至2017年9月的数据。

①山手：日文中“山の手”意为高地区域，与“下町”（地势低洼区域）相对。
②花街：历史上妓院与艺妓屋并存的区域，现在的花街指艺妓活动的范围。花街上通常还有餐饮店、茶室。
③黑市：在二战后物资短缺的情况下形成的非法交易市场，也被称为 black market。

Tokyo Outline

千馱木·根津 P.120
沿河斜坡上种着郁郁葱葱的树木，昔日的武家用地与町人用地的区别格外明显。

千束·三之轮 P.140
三之轮是都电荒川线的终点站，洋溢着昭和风情。这里的吉原曾是著名的游郭[①]所在地。

北千住 P.148
江户五街道[②]之一日光街道的驿站所在地。拐进小巷可见土墙仓库，还可以深度体验宫造式钱汤[③]。

谷中 P.112
幽深僻静的寺院之街，东京艺术大学也位于这片区域，店铺鳞次栉比。

北千住　JR常磐线

浅草 P.134
著名观光胜地，处处都能感受到江户时代到二战前的庶民文化。

下町
这里有地道的日本风景，是江户时代的平民居住区。了解街区的背景知识，就能发掘更多乐趣。

水道桥·神保町 P.94
著名的二手书店街，也曾是唐人街，保留着带有中国元素的商店。

上野 P.58
上野恩赐公园是日本第一座公园，也是东京的赏樱胜地，还是可以一睹日本近代建筑发展历史的好去处。

上野

神田 P.52
聚集了手工艺人和商人的典型下町区域，满足百姓生活所需的蔬菜市场为街道带来繁荣。

日本桥 P.34
沿河曾设鱼市，是东京的商业和交通中心，诸多老字号店铺至今仍在营业。

人形町 P.168
街道风景古朴优美，保留有昭和初期的特点，可品尝日本传统美食、欣赏传统技艺。

东京

皇居 P.20
坐落于自然风光中，荡漾着昔日江户城的余韵。

银座 P.28
网格状街区是显著特征。名牌店铺云集，也有浓厚的历史气息。

深川·门前仲町 P.174
江户时代的物流据点，曾设贮木场、花街等，多彩的风景诠释着江户的风情。

东京站·丸之内 P.12
保留有数量众多、明治到大正年间的历史建筑，是一片生机盎然的绿地。

隅田川

荒川

品川

品川 P.68
过去目黑川河口附近称品川，是渔业繁荣的港口。既有神社也有寺院，再加上看板建筑、富士冢、停船场，看点丰富。

筑地 P.162
填海造陆后，因水产交易而繁荣起来的街区。保留有许多看板建筑和纯和风建筑。

东京湾

佃岛·月岛 P.154
从江户到明治时期填海而成的街区，街道的景观在每个时代都不同。

①游郭：江户时期由幕府指定的妓院区域。与花街不同，后者指同时存在艺妓（以卖艺为主）和娼妓的区域。
②江户五街道：江户时期，以日本桥为起点的五条陆上交通干道的合称。五条街道分别为：东海道、中山道、日光街道、奥州街道和甲州街道。
③钱汤：日本的传统公共澡堂，也称“风吕屋”、“汤屋”。

更有效率、更愉快地散步

按目的

推荐路线

下面的散步路线会带你发现不为人知的多面东京。选择其中一个地区放慢脚步、悠闲观光也好，选择两三个地区巡游一遍也没问题。

自由自在 小巷散步路线

住宅楼之间的通道、热闹的小路……漫步小巷能感受到浓郁的生活气息和文化氛围。提前了解每条小巷的背景，更添乐趣。

AM → PM → 傍晚

佃岛·月岛

佃岛的小巷比较窄，月岛的小巷更宽。

谷中

出现在电视剧《早乙老师》（1987）中的小巷，值得一游。想边逛边吃，可以去谷中的银座商店街。

北千住

历史上由驿站发展而来的街区。在洋溢着生活气息的小巷，可以邂逅出桁式①建筑的老店和土墙仓库。

东京风格 建筑巡游路线

既可以看到不同时代的西式建筑，也有日本的传统建筑。和洋兼容并存，正是东京的风格。在现代建筑中也可以感受历史留下的痕迹。

AM → PM → 傍晚

银座

每时每刻都热闹非凡，一天中上午相对安静。与这片时髦街区风格一致的旧建筑保存至今。

日本桥

建筑、商号、家纹，无一不展示着店铺的风格。在这里，江户和昭和时代的气氛水乳交融，风景独一无二。

人形町

傍晚很适合逛一逛这条昔日的花街。小巷里的小餐馆和个性小店比比皆是，别有一番趣味。

①出桁式：日本传统的建筑样式，常见于商铺建筑，梁木伸出至屋檐下方，上端架有横着的桁条。又称出桁出梁式建筑。

Model Course

让散步更愉悦的物品·服装

- 《太喜欢了！这样的东京》（本书必带！）
- 运动鞋等方便行走的鞋子
- 帽子·饮料（夏季必备）
- 双肩背包（解放双手）
- 地图（形式不限）
- 指南针（具有相同功能的手机APP亦可）

形形色色坡道漫步路线

东京有很多坡道。江户时代，街道少有正式名称，人们出行时通常以坡道作为路标。通过坡道的名字想象曾经的风景，也是一种乐趣。

AM

杂司谷

由神田川的流水侵蚀形成的多坡道街区，坡面上视野极佳。

PM

荒木町（四谷）

花街虽已消失，但建筑仍然保留着昔日的风情，是洼地爱好者的必游之地。

傍晚

麻布

坡道散步路线必去的街区。逛商业街时可以品尝街头美味，还能享受多变地形带来的乐趣。

树荫下、小河边休憩路线

高楼林立、人潮涌动，往往是人们对东京的第一印象，但其实东京也有森林和河流的风景，可以充分享受自然。这类地点可以作为散步时的休憩场所。

AM

皇居

由水波荡漾的护城河环绕，河岸边绿树成荫，可谓是都市中的绿洲。

PM

千驮木·根津

这里有江户时期的大名庭园，也有保护良好的树林，水波盈盈，绿意盎然。

傍晚

王子

江户时代的瀑布已不复存在，但飞鸟山和石神井川的不同景观仍然维持着丰富多样的自然环境。

Model Course

按时间

选择最佳时间，充分感受街区魅力

推荐地点

街道的历史和文化背景不同，游览的时间也有讲究。在最佳游览时间前往，就能体验别样的魅力。

推荐在傍晚-夜间游览的街区

感受黑市光景

历史上黑市的气氛仿佛从未消散，热闹的小酒馆一间连着一间，让人想从暮色降临一直徜徉到深夜。

- 新宿（黄金街、回忆横丁）…………… ➡P.40
- 涩谷（呑兵卫横丁）……………………… ➡P.46
- 谷中（初音小路）………………………… ➡P.112
- 深川·门前仲町（辰巳新道）………… ➡P.174

捕捉花街的余韵

日落后店家会在石板路上洒水，水面倒映着夜色。这是一片有着独特氛围的街区。

- 荒木町（四谷）… ➡P.82
- 神神乐坂……… ➡P.100
- 千束·三之轮 … ➡P.140
- 人形町………… ➡P.168

推荐在晨间游览的街区

有寺庙的街区

在清新舒适的清晨，建议游览有寺庙的街区，或许还能见到僧侣晨间诵经的场面。

- 品川… ➡P.68
- 麻布… ➡P.74
- 谷中… ➡P.112
- 浅草… ➡P.134
- 筑地… ➡P.162

都心·副都心

TOKYO-STA, MARUNOUCHI

丸之内的“伦敦”和“纽约”

东京站·丸之内

JR 附近车站：JR 山手线等　东京站　丸之内中央口

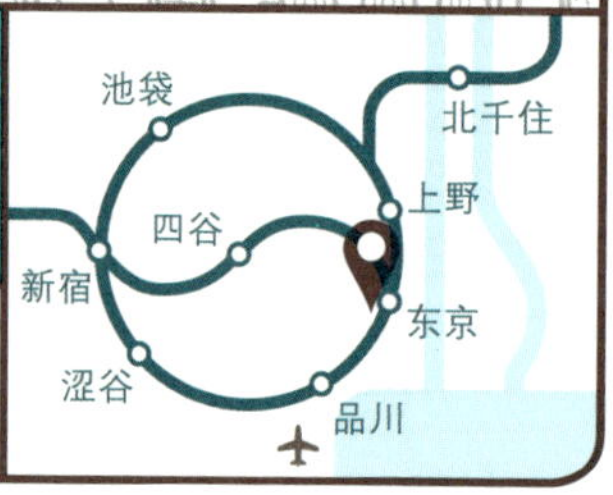

历史建筑与现代建筑并存，街区建设持续进行中

近年来，尽管丸之内的建筑容积率（地上总建筑面积 / 净用地面积）不断上升，但历史建筑仍得以保留。保存方法上有原貌保存（包括部分保存）、复原和风貌继承等。

首先来看东京站。建筑的第三层曾在第二次世界大战中烧毁，现已修复完毕。

东京站竣工于 1914 年。尽管从江户时代起，东京的经济中心就一直位于日本桥一带，但东京站最初的入口却建在丸之内一侧，其原因在于车站正中央设立的皇室专用入口。这一入口正对皇居，中间由行幸通①相连，象征着日本天皇的威严从东京站出发沿铁道遍至日本各地。

站在东京站的站前广场上环顾四周，会注意到日本生命丸之内大厦、新丸之内大厦等周边建筑的低层屋檐高度是一致的（31 米）。这是对于历史上建筑物高度限制的一种形式上的继承。

接着将目光移向马场先通，可以观赏明治时代的建筑。马场先通的两侧曾经都是和复原的三菱一号馆一样的砖石建筑，让人联想到伦敦的街道风光，因此得名“小伦敦”。

与之相对，大正与昭和时期的建筑则多为钢筋混凝土构造，模仿以石块作为外墙装饰的美国新古典主义样式。行幸道两侧有多座这样的建筑，所以也被称为“小纽约”。

最后，丸之内的绿地和皇居森林之间的故事也值得一提。小鸟将皇居森林里植物的种子带往丸之内的绿地，这样一来，丸之内仲通两旁、三菱一号馆广场、“大手町之森”花园里都生长着与皇居森林相同的植被，生机勃勃。丸之内的这片“迷你皇居森林”，让高楼和自然共生共存，是一项不错的尝试。

①通：日文中的“通”指街道、道路，因此，“行幸通”相当于“行幸大道”。为保留原本路名方便读者对应，书中的“通”均未译为“道”。

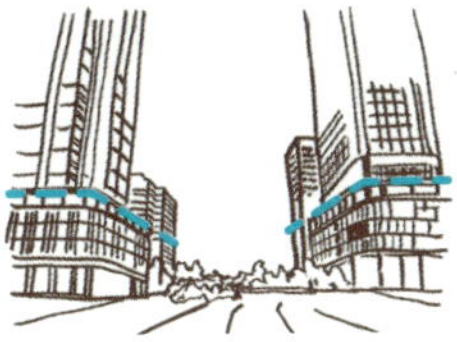

丸之内大厦·新丸之内大厦

保持着“小纽约”时期的风貌，低层屋檐的高度维持在 31 米（风貌继承）。

日本工业俱乐部会馆

建于 1920 年，入口处的罗马柱式属于新古典主义样式（原貌部分保存）。

纽约风格的办公高楼

在大正时代，混凝土钢筋结构的美国新古典主义样式①高楼在行幸通两旁拔地而起，其中包括日本工业俱乐部会馆、明治生命馆、DN TOWER 21 等。行幸通也被称为“小纽约”。

大手町之森 ➡P.19

靠大手町塔一侧的森林。

东京站 ➡P.14

建于 1914 年，以明治时代流行的建筑风格为基础，由辰野金吾②改造、设计（第一层和第二层原貌保存，第三层修复）。

皇居 ➡P.19

明治生命馆 ➡P.17

建于 1934 年，保留了新古典主义样式的罗马柱式（部分原貌保存）。

东京虎屋 ➡P.18

KITTE商场

建于 1931 年，现代主义建筑的先驱（部分原貌保存）。

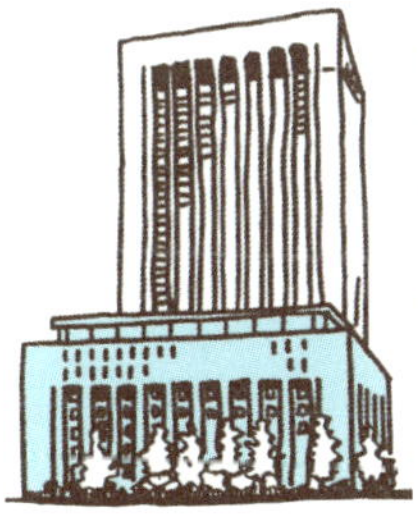

DN TOWER 21（原第一生命馆）

由建于 1933 年和 1938 年的两栋大楼组成，保留了罗马柱式的新古典主义建筑（部分原貌保存）。

三菱一号馆 ➡P.16、19

建于 1894 年（修复）。

伦敦风格的办公高楼

马场先通是日本早期的商业街区，建筑大多模仿伦敦常见的砖石结构，因此被称为“小伦敦”，以三菱一号馆为代表。

①新古典主义样式：18 世纪前后出现的一种建筑风格，是对古希腊、古罗马风格的重新认识与复兴。柱式是指古希腊、古罗马建筑中，以圆柱与房梁比例关系为基础的结构原理。

②辰野金吾：明治时代的期表建筑家，作品有以日本银行总行为代表的诸多砖结构建筑。

东京站

解读东京站的设计

东京站的三个关键词

通过行幸通与皇居相连的东京站，在建造之初有怎样的设计意图？让我们用“保存与复原的区别”、“日本天皇的车站”、“辰野金吾式设计”这三个关键词来一探究竟。

建于 1914 年，由辰野金吾设计。在保存方法上，第 1 层和第 2 层以原貌保存为主，2012 年复原了战争中被烧毁的第 3 层。

关键词1：

保存与复原的区别

第 3 层的砖块（全新）与第 2 层的砖块（原件），颜色截然不同。

爱奥尼亚柱式，柱头有涡卷装饰。

二战后应急修复时，位于第 3 层的柱头曾被拆下来，放置于第 2 层的柱子上，在 2012 年的复原工程中，柱头回到了原来的位置。

北口是最初建造时的出站口。

砖石结构的西式建筑，由第 1 层基台、第 2 层主楼层、第 3 层阁楼层，共三部分组成。基台凸显横向的线条，主楼层则凸显纵向的线条。

关键词2：

日本天皇的车站

对比左右两侧的穹顶式屋顶，车站中央大门的屋顶较低，属于日式风格。

拱顶的装饰，像关取[①]发髻的头部加上两旁伸开的手，据说源于设计者辰野金吾对相扑的狂热。装饰部件制造于辰野金吾的家乡九州佐贺县。

停车廊上方设计为露台。皇室专用出入口处设计的凹凸效果，比其他出入口更加明显，也许是利用纵深感展现天皇的权威。

也有说法认为，喜爱相扑的辰野金吾，以相扑裁判手里的指挥扇为原型，设计了门扉。

日本皇室专用出入口

丰臣秀吉的头盔

门扉的形状与丰臣秀吉的头盔也很相似。站厅南北两侧的穹顶内也有与此相同的设计。

①关取：日本相扑中对“十两”级别以上力士的尊称。

穹顶由天然石板瓦铺成。原本的石板瓦在宫城县修复的过程中，因东日本大地震受损。但大部分仍经回收，重新利用于复原工程中。

关键词3：

辰野金吾式设计

以 19 世纪后半叶，在英国流行的安妮女王风格①和维多利亚时期的建筑样式为基调，带有辰野金吾个人风格的设计。

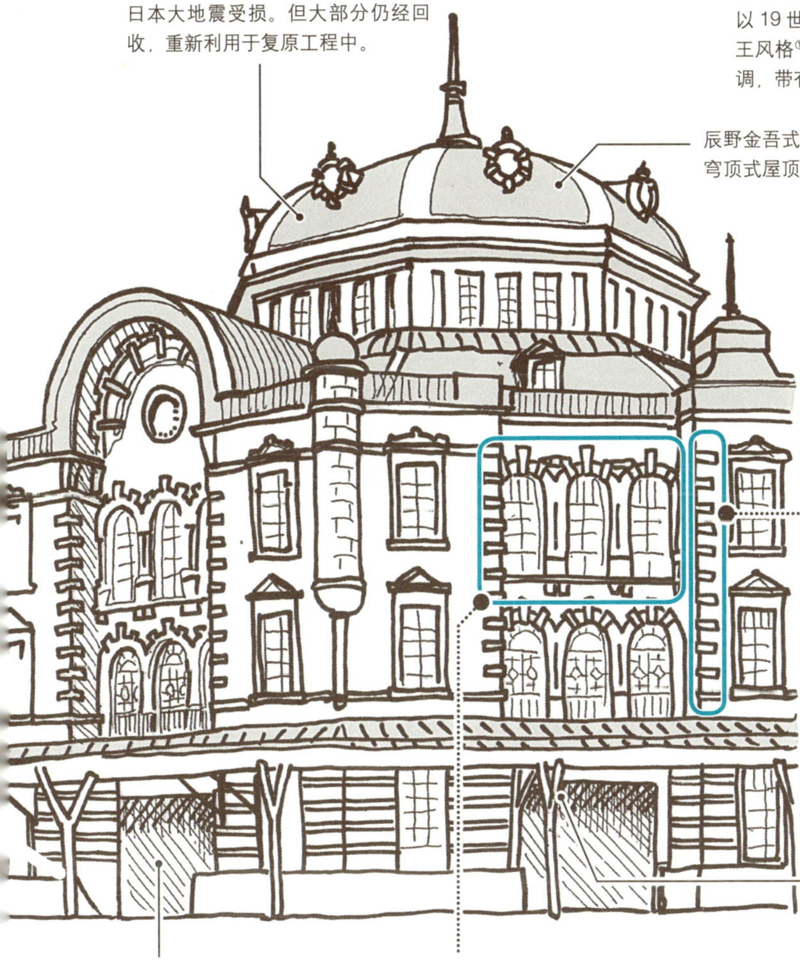

辰野金吾式的穹顶式屋顶。

隅石（墙角的石头）
为了更好的支撑力，拐角使用了大块石材。

红砖与白色花岗岩相间的条状花纹，经常出现在辰野金吾的建筑中，是辰野式设计的特征。

房檐下的支撑物带有新艺术风格②。各种风格的混合也是辰野金吾的设计特色。

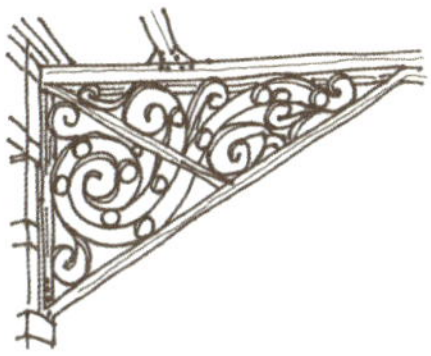

南口最初是进站口。

向外凸出的拱形石质窗框，也属于辰野金吾式设计。

日本的传统填缝技术（覆轮目地）

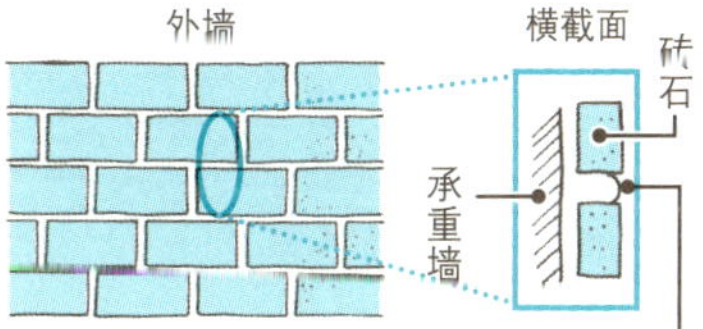

用砖石（与钢筋并用）承重属于英式砌法，但东京站的外墙使用了德式砌法（短侧面砌法，见第 128 页），接缝技术使用了耗费工时、现已消失的覆轮目地手法。

覆轮目地
“覆轮”意为“镶边”，“目地”意为“接缝”。用灰浆把接缝处理成鼓起来的凸面。

东京站为什么这么长？

东京站原计划由多幢独立建筑物（入口、出口、皇室专用出入口、邮局等）组成，最终为了看上去更加气派，采用了各幢建筑相连的设计。

由于入口和出口都是单向的，上车口和下车口之间距离过远，造成了诸多不便，于是自 1948 年起，两侧皆可上下车。

①安妮女王风格：诞生于 19 世纪英国安妮女王时期的建筑风格。在辰野金吾留学英国期间较为流行。
②新艺术风格：19 世纪末 20 世纪初流行于欧美的风格样式，以植物形态为主要元素的一种自然装饰风格。

三菱一号馆

明治时代的办公楼
要“竖着看”

你知道“小伦敦”吗？

明治时代（1868～1917），马场先通是通往皇居的主路，路两旁并排矗立着安妮女王风格的英式红砖办公楼，被称为“小伦敦”。现今可以通过复原后的三菱一号馆想象当时的风景。

屋顶为木结构，铺有天然石板瓦。

红砖、白窗框、老虎窗①和白色的隅石，都是安妮女王风格的建筑形式。

初建于1894年。现在的建筑尽可能忠实地复原了原本的样貌。

设计者乔赛亚·康德②根据前方道路的宽度（36米）设计了房屋高度（15米）。

只有这扇窗保留了初建时的窗框，窗玻璃来自丸之内大厦。

传统的日本建筑通常设有围墙和大门。三菱一号馆则采用现代样式，入口直接面向道路。

办公楼要竖着看！
纵向1～3层为一套，用来出租，所以一幢大楼有多个出入口。出入口＋3层楼＋屋顶＝1个出租单元。

基本信息
东京都千代田区丸之内2-6-2
03-5777-8600（服务热线）

Café 1894（原银行营业厅）

过去，银行二楼有警卫巡逻（现不对外开放）。

当时银行营业厅的柜台窗口。

用木材包裹的钢筋柱。

在明治初期，将砖的长短面横向交互垒砌的法式砌法很常见，但三菱一号馆则采用英式砌法，每一层轮流使用砖的长面和短面，交替垒砌。

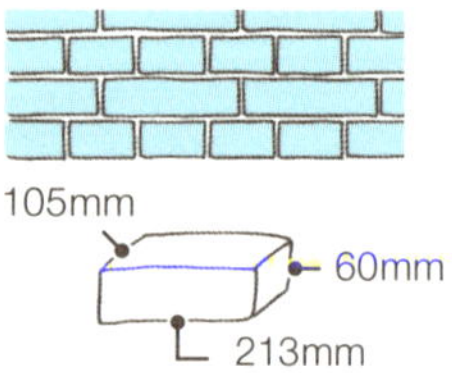

砖石并非标准规格（长210毫米×宽100毫米×高60毫米），而是旧规格的复原物，可以测量看看。

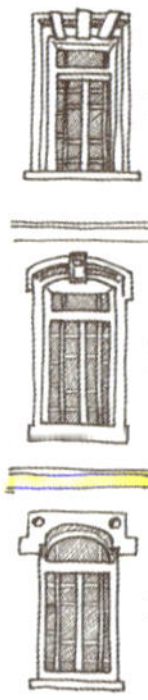

每层窗框的设计不同，也源于纵向1列为1个单元的使用方式。

①老虎窗：建于屋顶斜面上，用于阁楼采光、通风的窗户，窗面与地面垂直。
②乔赛亚·康德：英国建筑师，明治时期前往日本东京大学建筑系任教，为东京设计过多座公共建筑物，培养了辰野金吾等日本建筑师。

明治生命馆

大正·昭和时代的办公楼要“横着看”

建于1934年，初建的部分保存至今，后方高层建筑为新建。“小纽约”以行幸通为中心，一直扩展到银座一带。

基本信息
东京都千代田区丸之内2-1-1
03-3283-9252

还有“小纽约”

进入大正时期（1912～1926），人们开始追求高层的办公大楼，还从美国引入了劲性混凝土[①]和钢筋混凝土结构以及流行于纽约的新古典主义风格。这些大楼坐落于行幸大道一带，这片区域也被称为“小纽约”。

采用混凝土建造，平坦的屋顶也可以防止雨水渗入。

环绕着精致的装饰（金银花和椰子纹样），也是新古典主义的风格特点。

办公楼要横着看！
此时的建筑不再使用明治时期纵向分割的方式，转为以楼层为单位，横向为一套。各层共用电梯，每层都设有洗手间和供水处。

入口边缘装饰的花纹，形似日本拉面碗口的雷纹，这也是新古典主义风格的表现之一。

建筑样式模仿人体，设计成三段式。

新古典主义风格的不同柱头！
追求奢华的设计效果时，通常采用复杂的科林斯柱式。

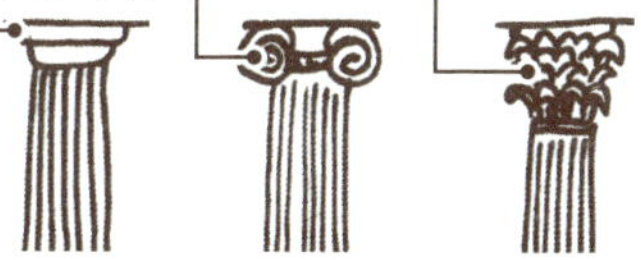

多利克柱式（简朴）　爱奥尼亚柱式（华丽）　科林斯柱式（奢华）

参观内部！（1、2层开放参观）

建造之初，馆内配备了电梯、冷气、暖气等全套设施。原本的电梯操作盘保留至今。

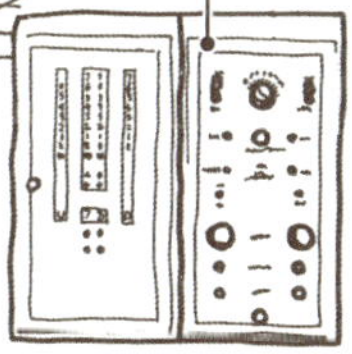

①劲性混凝土：又称型钢混凝土，是指在钢筋混凝土中加入型钢形成的复合结构，具有承载能力高、强度大、抗震性好等特点。

行幸通

发现“31 米”

视觉上的统一感

面向行幸通的丸之内大厦和新丸之内大厦，设计为低楼层和高楼层两部分，低楼层的高度不超出 31 米，遵守了昭和时代建筑限高 100 尺的规定[①]。其目的在于继承街道的历史风貌。

东京海上日动大厦
该区域第一幢高度超过 31 米的大厦。建造时，关于是否与周边环境相协调、俯视皇居不妥等问题引发了争议。

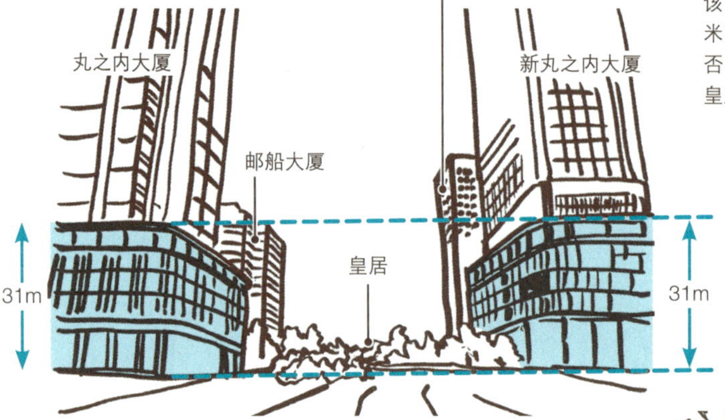

丸之内仲通两侧的建筑高度也统一为 31 米。

皇居护城河沿岸的建筑，大多保留了 31 米的建造高度。

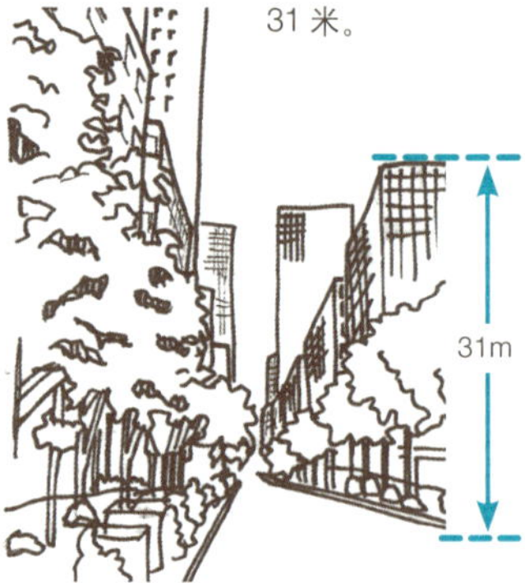

这里也能看到“31 米”

结束丸之内的散步后，可以前往东京站大饭店 2 楼的咖啡厅，从这里眺望东京站前的建筑群。

东京虎屋 (TORAYA TOKYO)

和式点心老店“虎屋”咖啡厅，位于东京站大饭店 2 楼

内部装潢采用建造东京站时使用的红砖。中间夹杂着的黑砖，是 1945 年东京遭空袭时留下的烧焦痕迹。

店内的部分位置可以清楚地看到 KITTE 商场 31 米高的屋檐和东京站，也可以仔细观赏窗外新艺术风格的栅栏。

店内售卖限量版盒装小羊羹，包装上画着东京站。一盒 5 块，售价为 1404 日元。

基本信息
东京都千代田区丸之内1-9-1
东京站大饭店2楼
03-5220-2345

① 100 尺规定：1920 年，日本参考英国伦敦的街道设计，规定建筑限高 100 尺（约 31 米），该规定于 1963 年废止。

大手町之森
（大手町塔的一部分）

丸之内的绿意
由皇居而来

又一座“皇居森林”

皇居内的植被从江户时代生长至今。自然环境丰富多样，不受外界的打扰。在皇居森林中繁衍生息的鸟类，将皇居森林的植物种子带往周边的绿地，种子落地生根，渐渐在丸之内各处长出了一片片“皇居森林”。

皇居

鸟类搬运种子

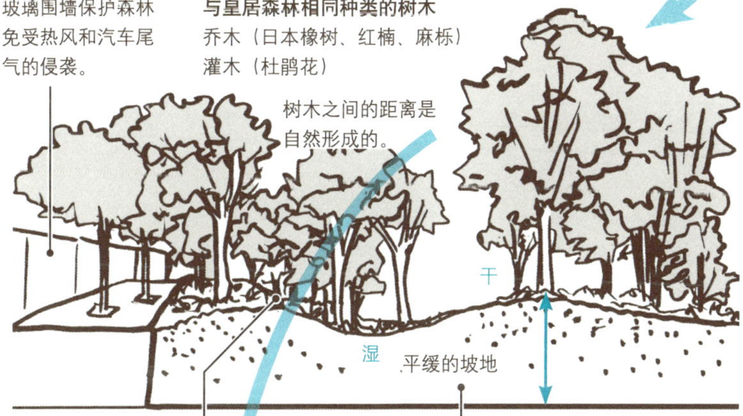

坡璃围墙保护森林免受热风和汽车尾气的侵袭。

与皇居森林相同种类的树木
乔木（日本橡树、红楠、麻栎）
灌木（杜鹃花）

大手町之森
（大手町塔的一部分）

这片绿地中生长着与皇居森林相同种类的树木，鸟儿往来其间。通过鸟类携带、传播的种子让绿地里的植物从最初的100种增加到了300种。

猪牙花等地被植物。

地形起伏，地面受热状况和干湿程度的差异，形成了适合植物生长的多样化环境。

三菱一号馆与丸之内仲通相邻，生活在皇居里的鸟类，可以穿过丸之内的行道树，来往两地。

丸之内仲通

街道两旁栽种了树冠巨大的榉树来形成树荫。

鸟类穿过行道树，飞向丸之内各处。丸之内一带的小公园逐渐变成了另一座“皇居森林”。

种有设计师乔赛亚·康德喜欢的不同种类的蔷薇。

三菱一号馆广场

起伏的地面上，根据土壤条件种植了不同种类的树木。

KOKYO

结合地形，解读护城河与石垣

皇居

附近车站：东京地铁半藏门线 半藏门站 3b 出口

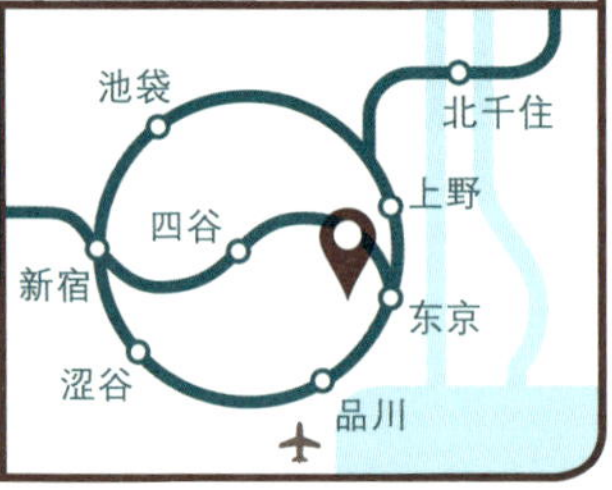

江户城的土和石

江户城的地图通常不是上北下南，而是上西下东。“西”这一方位对江户城而言十分重要。江户城的西门是半藏门，坐落在麹町高地的山脊上，四周视野开阔，是重要的据点。以此地为起点，利用地势高低差，通过切土和盛土①的方式建筑了江户城。

从半藏门开始，逆时针沿内护城河而下，会看到樱田濠堤坝上的“柳之井”遗址。历史上的江户城靠近海湾，这口井带来了极为珍贵的地下淡水，故而成了名井。

边走边观察地形，是游览城郭的关键。沿着坡道向下，一直走到外樱田门，就会发现一侧是堤坝，另一侧是石垣，景观截然不同。

外樱田门是江户城的出入口。通常，城郭的出入口呈“枡形”（瓮城），四面封闭，具有防御功能。而外樱田门的看点在于，这是一座被护城河围绕，内外有两重门构造的出入口。

穿过外樱田门，就到了大手门。大手门是江户城的正门，如今建于平地上，但这里过去是海湾。利用此处与高地之间的地势差，建造了大手门通往江户城中枢本丸的通道。通道一路上设有一道道城门，可谓固若金汤。想象自己就是大名，一起登城眺望吧。

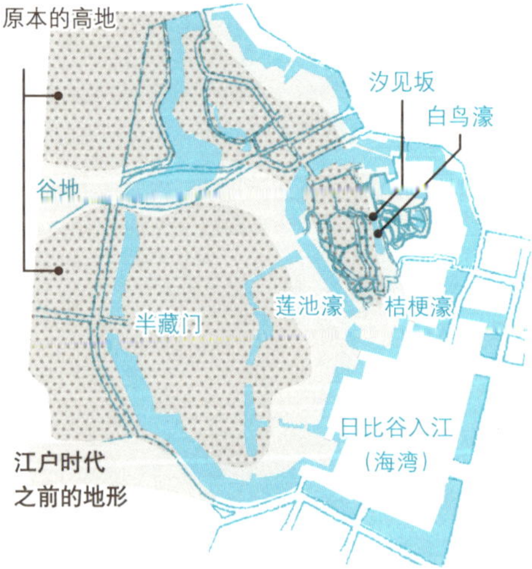

江户时代之前的地形

①切土、盛土：切土指通过取走土的方式将原来的坡地变成平地或低地；盛土则相反，通过填土将原本的低地垫平或垫高。

①最中：一种日式点心，用糯米做成薄皮包裹各种馅料食用。

半藏门

眺望半藏门的南、北、西方向

解开半藏门的两个谜

半藏门北侧的半藏濠和南侧的樱田濠之间只隔着一座土桥，为什么水位却不同？为什么要把半藏门设在平缓的、敌人容易进攻的甲州街道上？

半藏门
在内护城河沿岸的城门中，地势最高。

也有说法认为，一旦发生紧急情况，可以拆毁土桥，利用护城河上下游的水位差形成的汹涌水流，阻挡敌人入侵。

若将水排入护城河，则水位降低。

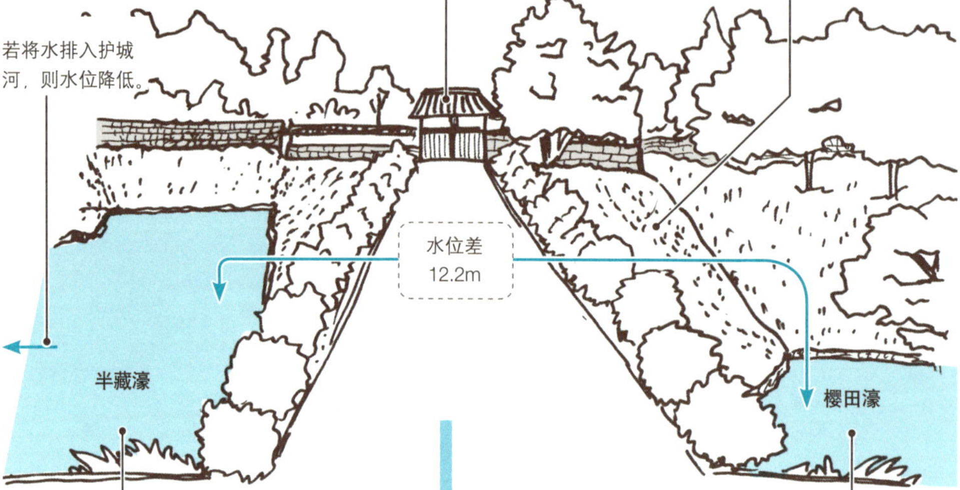

半藏濠和北侧的千鸟渊、牛渊，都是拦截河水而成的水库。江户城毗邻大海，护城河的淡水曾是珍贵的生活用水。

半藏门前，笔直向西的道路是原甲州街道（现新宿通）。

樱田濠的水位较低，接近过去的海湾水位。不适合饮用。

甲州街道是历史上江户幕府以日本桥为起点设置通向日本各地的五条街道之一，曾由亲藩①、“铁炮百人组”的伊贺组、同心②负责，严密守卫着幕府德川家。

甲州街道是山脊上的道路，路面平坦，便于通行。道路两侧为谷地，敌人难以进攻。是幕府将军在危急时刻的避难路径。

小知识 据说，半藏门得名于著名的忍者首领服部半藏曾守卫此门。

①亲藩：指德川将军近亲中的大名，以尾张、纪伊、水户三家为代表。

②同心：即警察；铁炮百人组由捕吏组成，共4组，伊贺组为其中之一，都是为守护江户城配备的警力。

樱田濠

一边是堤坝
一边是石垣

护城河的景观，随地形改变

站在外樱田门外看护城河，河的西岸是堤坝，东岸则是高高垒起的石垣。这一设置并非出于美观，而是由于地形差异。堤坝是利用丘陵地貌建造起来的，石垣则是填埋海湾形成的。

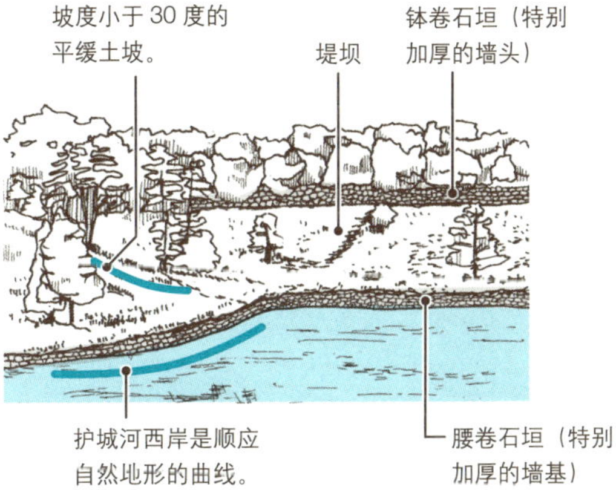

西侧为堤坝
原本的土坡被保留成了堤坝，堤坝上部加筑数层钵卷石垣，以防止雨水浸蚀；堤坝下部加筑腰卷石垣，用于防水。

东侧为石垣
为了防止土堆崩塌，需用石垣加固。为了防御敌人，石垣建造得非常陡峭。

在这里散步，江户城一目了然

从本丸遗址走向汐见坂，看白鸟濠边的石垣高度，就可以体会到本丸和二之丸之间的地势落差。

汐见坂
本丸至二之丸之间的斜坡，位置靠近日比谷入海口，因站在坡上能看见大海而得名。

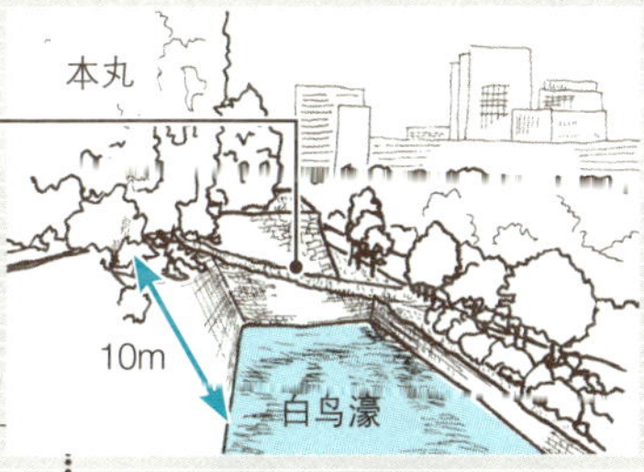

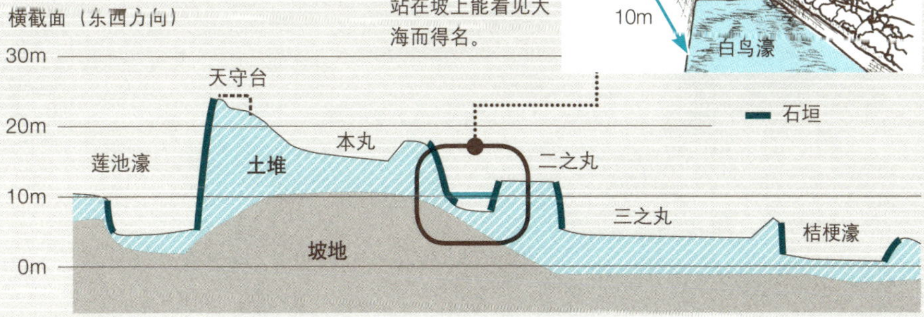

外樱田门

城门为什么要建成枡形

利用护城河建成枡形虎口

枡形虎口是由两面石垣和两座城门围成的方斗形空地，在城郭防御体系中，不可或缺。江户城有多处枡形虎口，其中的外樱田门被护城河环绕，与众不同。

渡橹门

“橹”是建造在石垣或土堆上的木造建筑物。横跨两座石垣、建在城门上时称为“渡橹门”。此处的橹可以用作储存武器、弹药、食物的仓库。

封闭的方斗形，因此可计算被困敌军的数量。

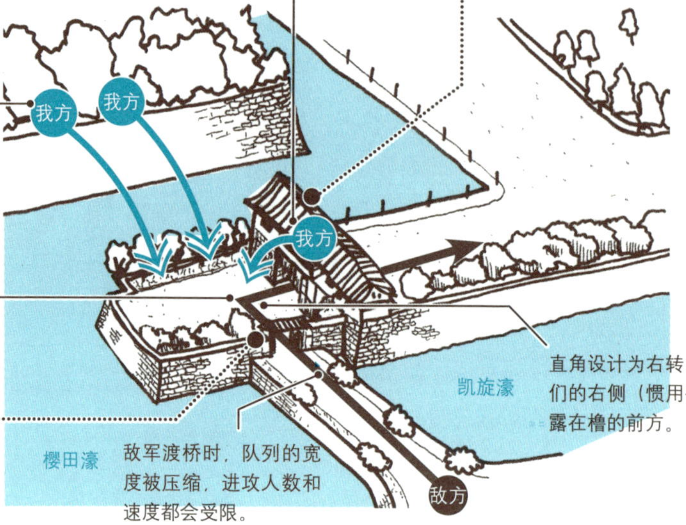

敌方入侵时，可以从护城河对岸的西之丸，发射火枪或弓箭狙击敌方。

闯过第一扇门的敌军，必须直角转弯才能到达渡橹门，队伍阵型会被打乱。

直角设计为右转，将敌军们的右侧（惯用手臂）暴露在橹的前方。

敌军渡桥时，队列的宽度被压缩，进攻人数和速度都会受限。

高丽门

高丽门虽然外侧看上去很普通，但内侧其实藏有用于攻防的设计。

从外侧看

长方形石块砌成的石垣

枡形的空地

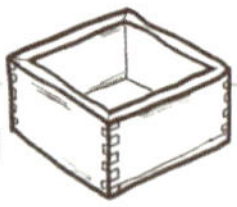

“枡”即容器“方斗”。枡形虎口是封闭的四边形，可以计算包围的敌军数量。

一般，枡形虎口的第一重门是窄窄的高丽门，进门后即进入枡形的空地，高丽门右侧是第二重门渡橹门。

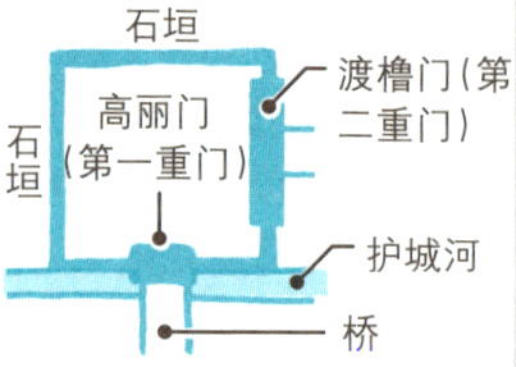

从内侧看

石垣内侧有宽幅石阶，可供多人同时上下。

通常这面城墙上开有枪眼。

枪眼指为射箭、射击而开在城墙上的孔。孔口外侧狭窄，内侧则较宽阔。便于守军进行广角攻击，并增加敌军从外侧攻入的难度。

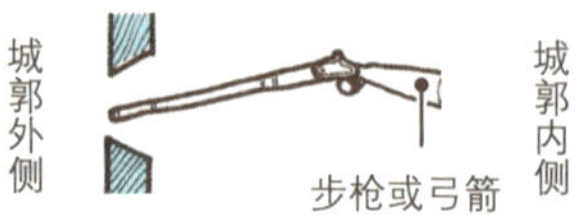

石垣

重新认识石垣

石垣的基本类型

观察石垣时，可以看出石材的加工程度和石材的堆积方式。随着时代发展，石垣也越来越整齐美观。

加工程度	**毛面砌法** 使用未经加工的天然石块。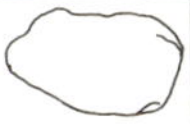	**嵌楔砌法** 将石材粗加工后堆砌，再用小石块填补空隙。	**切入砌法** 使用加工规整的石料，无需填补缝隙。
堆积方式	**乱层积** 根据天然石块的不规则形状，随意堆积。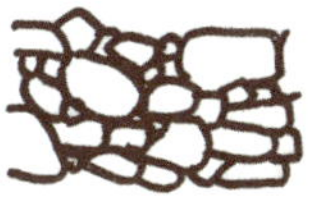	**整层积** 使用加工后的石块，接缝在水平方向上呈直线。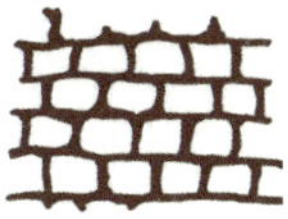	

天守台的石垣

天守阁象征权威，因此天守台的石垣使用了大块石材，采用了当时最先进的建造技术，坚固且美观。

天守台

由加贺前田藩于 1658 年修建，石材统一使用产自濑户内的花岗岩。

利用透视法，让上部石块看起来更小，强化天守台的视觉高度。

切割好的石材，以整层积法堆砌，加工精细、接缝工整。

算木堆积法

拐角处用石块的长边和短边交替堆砌，以加固强度。这些石块称为“隅石”。出隅[①]起到柱子的作用，支撑稳固。

白鸟濠的石垣

白鸟濠的石垣采用了几种不同堆积的方式。可以比较一下，不同年代的石垣展现出的精度差异。

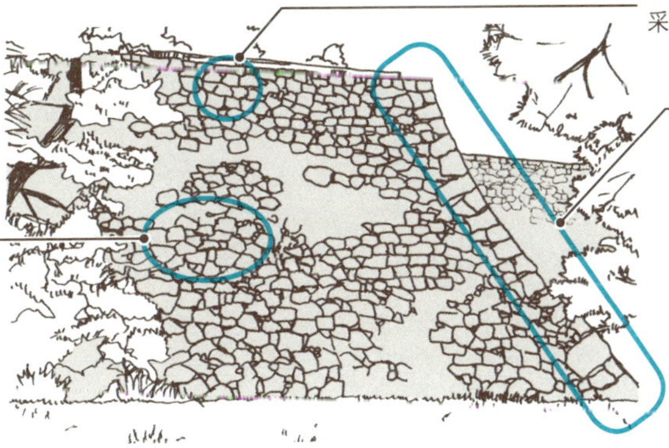

①出隅：墙角两个平面连接处向外凸出的部分，又称“阳角”。与之相对，向内凹入的部分称为“入隅”（参考第 21 页）。

东御苑

怀着当大名的心情登城吧

巨大的城门和诸多番所

从大手门到本丸，沿途必须穿过 4 座城门和 3 个番所（守卫站）。雄伟的城门、森严的戒备，在彰显德川家权势的同时让人感受到身份地位的差异。

a 大手门

江户城的重要出入口都设有枡形虎口，配备守卫。大手门也是其中之一。

b 同心番所

进入三之门前，连随从都要接受检查。同心番所原本位于三之门前方，现在位置已经被移动了。

c 三之门遗址

枡形虎口

御三家[1]以外的大名都必须在这里下马步行进入。

d 百人番所

由甲贺组、伊贺组、根来组和二五骑组各 25 人组成的守卫队，负责三之门的警卫。

e 中之门遗址

中之门原本也是枡形虎口，右墙上方曾建有巨大的渡橹门。门内即是大番所。

产自濑户内海的白色花岗岩经过切割后，砌成的无缝石垣。这种手法通常用于重要场所的修建，显示着权威。

f 大番所

进入本丸前的最后一处番所，规格高于其他番所，建筑内侧有 15 级高、用于射击的石阶。

从这里开始，包括御三家在内，所有的大名都必须下马步行。

道路变窄，上坡。

g 中雀门遗址

本丸前最后一道枡形虎口。与之前几道枡形虎口相比，枡形空间变小，道路也变窄了。

最后的陡坡

h 本丸遗址

登上本丸，就能体会到高度体现的身份差异。位于本丸内的天守台遗址，是江户城内地势最高的地方。

基本信息
千代田区千代田1-1
03-3213-1111

①御三家：指与德川家有血缘关系的、最亲密的大名，封地分别在尾张、纪州和水户，地位仅次于德川家。

COLUMN 1

街区的树木图鉴

走在街道上，会邂逅各种各样的树木。道路旁的行道树、神社里的高大神树、公园里的树木都可以让人感受到季节的变迁。下面介绍 6 种具有代表性的树木。认识它们，能让散步更有乐趣。

叶片边缘呈锯齿状。

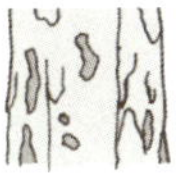

随着树龄增长，树干会从褐色变为灰褐色。

榉树

树高：约30米　落叶乔木

枝叶形态优美，过目难忘。多用来作行道树，表参道两旁就种有榉树。

叶片有光泽，边缘呈波浪状。

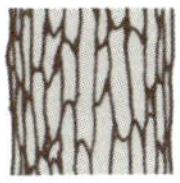

树干呈暗褐色，有纵向纹路。

樟树

树高：约30米　常绿阔叶树

枝繁叶茂，散发着樟脑的香气。明治神宫有两棵著名的樟树“夫妻樟”。

秋天可以观赏红叶和红色的果实。

四片苞叶常被误认为花瓣，其实中间小而密集的才是花朵。

大花四照花

树高：3米～10米　落叶乔木

多见于日本的住宅区，春季开白色或粉色花朵。在九段下地铁站附近的白百合学园周边可见。

雪松

树高：约30米　常绿针叶树

属于松科，树形呈圆锥形。多见于园林　例如代代木公园中就有。

针叶

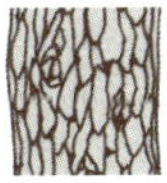

树干为灰褐色，有鱼鳞状纹路。

悬铃木

树高：10米～30米　落叶阔叶树

有净化空气的作用，多种于道路两侧，如新宿御苑附近。

掌状大叶片分成 3 ～ 5 瓣。

树干如同斑驳的鱼鳞。

染井吉野樱

树高：3米～25米　落叶阔叶树

生长在水边时，为了接收水面反射的阳光，树枝会逐渐向水面延伸。隅田川沿岸可见。

叶片边缘呈锯齿状。

树干有光泽，可见横向纹路。

GINZA

棋盘格上的银座

银座

附近车站：东京地铁银座线　银座站　A5 出口

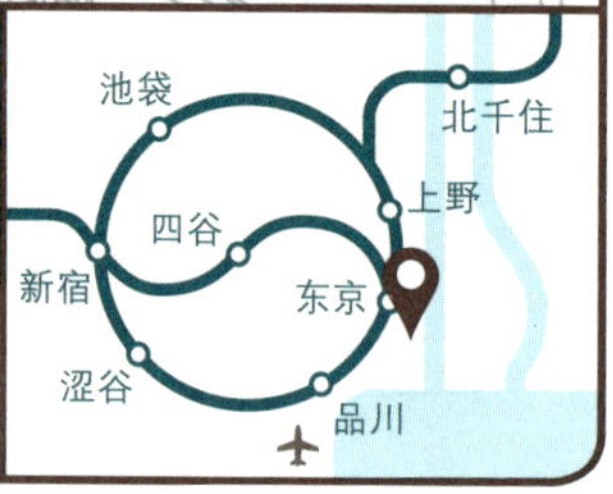

大街与小巷的不同风貌

银座的街道像棋盘格一样纵横交错。这样的规划不是为了疏导交通，而是从江户时代起保留至今的历史景观。理解了这样的街道格局，能更好地欣赏银座地区。

如下图所示，银座在 120 米 ×120 米的区域上，划分出大街、背街和小巷。

首先来逛逛贯穿银座南北的银座通。矗立在银座四丁目十字路口的银座和光大楼是银座地区的代表建筑之一。银座和光的钟塔是银座的地标，人们常选择这里作为碰面的地点。

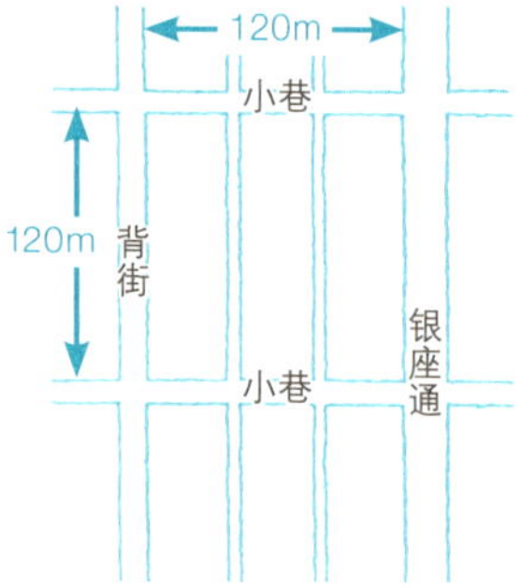

接着可以逛逛小巷。穿过六丁目路口的交询社路，一路上会经过三座古典建筑。其中交询社大楼是明治初期的社交俱乐部旧址。通过了解这些建筑的外观和用途，可以一窥当年报社的故事。

最后来看看银座人的生活。以奥野大厦为代表，这里有昭和初期上班族居住的公寓。继续走到昭和通东侧，会看到看板建筑①和出桁式建筑。这些建筑里的商店，从昭和初期开始，一直默默支持着银座人的日常生活。

漫步在大街小巷，渐渐看清银座的全貌。这片区域的古典建筑，多在 1923 年的关东大地震后复建，散步时让人仿佛穿越回了昭和初期。

①看板建筑：关东大地震后出现的一种街道建筑形式，“看板”意为招牌。看板建筑正面通常覆盖了铜板或刷上灰浆，以加强防火。

①亲柱：指栏杆、台阶两端或拐角处的粗柱。
②装饰艺术风格：1910-1940 年流行于英美的建筑风格，设计上主要以几何纹样为主题，实用、简洁。关东大地震后在日本流行，并成了灾后复兴建筑的象征。
③逛银：大正时期，由庆应义塾大学的学生们创造的流行语。指在银座的咖啡馆 Café Paulista 悠闲地喝咖啡、聊天。

银座和光

十字路口的焦点

银座通转角处的地标建筑

银座和光为什么会成为银座的象征？从它的前身服部钟表店可以读出这幢建筑的四个关键词：钟塔、隅丸建筑[①]、新式装饰、十字路口。

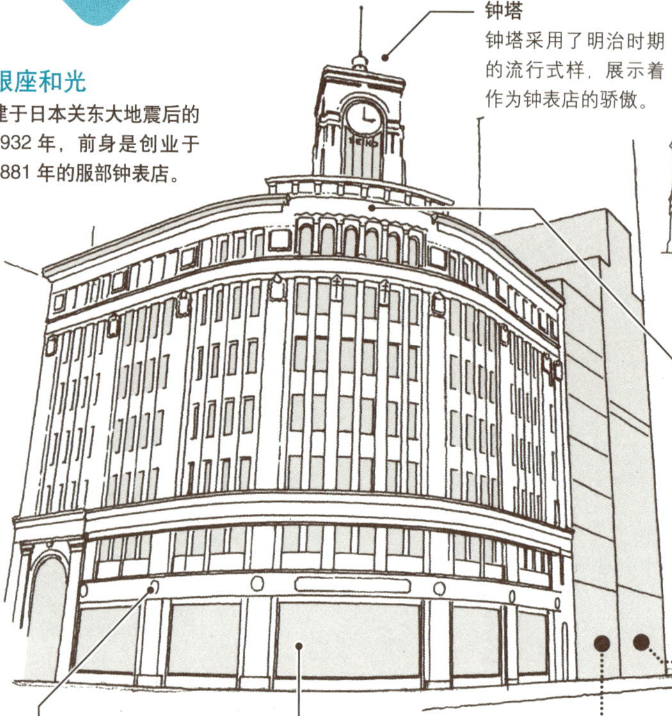

银座和光

建于日本关东大地震后的 1932 年，前身是创业于 1881 年的服部钟表店。

钟塔

钟塔采用了明治时期的流行式样，展示着作为钟表店的骄傲。

整点报时的威斯敏斯特钟。

新文艺复兴建筑

半圆形门拱、爱奥尼亚式柱头都是从欧洲引入的建筑样式。

爱奥尼亚柱式的涡卷纹样

银座山野乐器总店

成立于 1892 年，是一家经营进口西洋乐器的综合商店。

银座木村家

创业于 1869 年的面包店，将面包引入当时的日本。木村家发明的红豆夹心面包独一无二，深受日本人喜爱。

圆形浮雕

圆形浮雕上刻有子午仪和沙漏图案，二者都是测量时间的工具。明治时期钟表从西欧引入后，很受喜欢新事物的银座人欢迎。

子午仪

沙漏

橱窗

圆弧形的转角处不设店门，巨大的落地玻璃橱窗成了银座的一道风景。

在当时，制作 10 毫米厚的玻璃绝非易事。

银座和光两旁，还有 Yoshinoya（鞋店）、Mikimoto（宝石店）、教文馆（销售基督教相关书籍的书店）等其他老店。从“江户的日本桥、明治的银座”这一说法中，可见银座是当年展示西方文明的窗口。

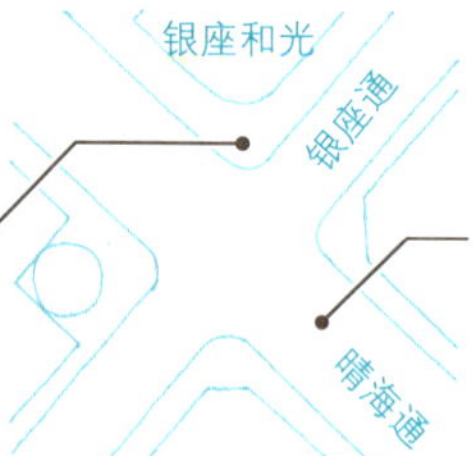

隅丸形式的路口便于行人通行。

圆弧形转角让出一块空地，方便行人等红灯。

晴海通

1940 年，为准备东京奥运会（最终停办）扩建了道路。此后，晴海通和银座通的交叉路口成为银座的中心。

①隅丸建筑："隅丸"是指拐角处的墙角或地面呈圆弧形的设计。这种转角处为圆弧形的建筑也称为隅丸建筑，通常坐落于街道拐弯处或十字路口。

交询社通

横街里看
装饰艺术风格

横街上的报社大楼

明治时期，大多数报社都集中在银座，为报社服务的公司也聚集于此。逛一逛横街交询社通上保存下来的三座装饰艺术风格建筑，就可以想象曾经报社的风景。

明治时期的四丁目路口

四个方向都是报社。

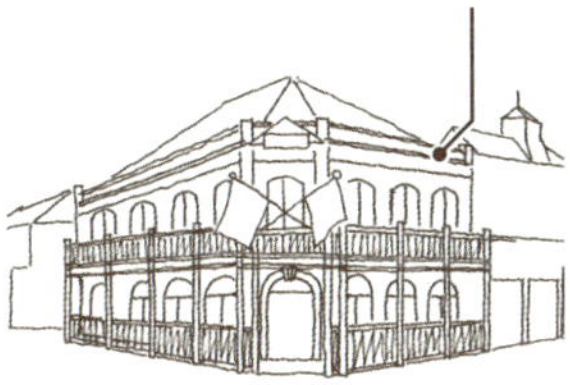

路口的四家报社
分别为《东京曙新闻》、《横滨每日新闻》、《东京日日新闻》（现《每日新闻》）和《朝野新闻》。

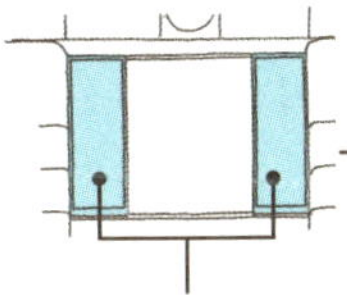

芝加哥窗
对开的两扇窗。芝加哥论坛报大厦也是芝加哥市的标志性建筑。

电梯里，装饰艺术风格的瓷砖。

电通银座大厦

广告与新闻业息息相关。电通集团成立于1901年，当时广告业务是报社收入的重要来源。这座电通银座大厦竣工于1934年。

交询社大楼

日本思想家福泽谕吉在1880年创建了社交俱乐部“日本交询社”。交询社大楼建于1929年，是当时政界人士发表评论和演讲的场所。

三面文艺复兴样式的拱窗，中间 面带有哥特式风格的尖角，整体上仍属于装饰艺术风格。

九嘉大厦

小巷里也有非报社的建筑，比如九嘉大厦。建于1929年，最初经营包袋类商品。1层和2层曾经是装饰艺术风格，后来改建。

奥野大厦等

生活在小巷里的银座职员

银座背后的小巷

离开银座的大道，走进背后的小巷，昭和初期银座职员们的生活痕迹依稀可辨。这里的建筑大多建于关东大地震后，是当时流行的欧式设计风格。

奥野大厦

建于 1932 年，是当时银座上班族居住的高级单间公寓。可以参观一下昭和时期的建筑。

一扇窗对应一间公寓。

建筑外墙贴有昭和初期流行的梳齿纹劈开砖①。

精美的木柱，充分体现了昭和时期的建筑风格。

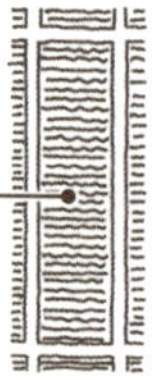

若使用了梳齿纹劈开砖，则基本可以判定是大正到昭和年间的建筑。

装饰艺术风格的圆窗，是当时最时髦的设计。

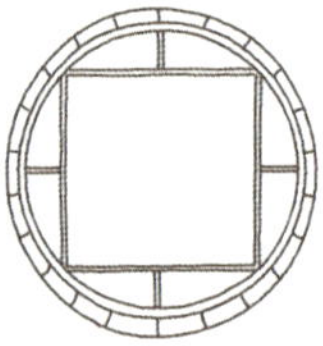

电梯的指针式楼层显示牌。

电梯门和铁格栅需要手动开关，极具怀旧气息。

不同色泽的瓷砖为建筑带来了色彩变化。

楼内安装有电梯，这在昭和初期的公寓中是比较少见的。

因为有演出厅，一楼的大门全部面向道路一侧。

铃木大厦

建于 1929 年，也是一座公寓。距离歌舞伎座较近，大厦内也有演出厅和排练厅。

①梳齿纹劈开砖（Scratch Tile）：一种表面有梳齿状平行沟槽的瓷砖。

木挽町

小巷深处的店铺

走向小巷深处

小巷深处的店铺，展示着昭和时期居民们的生活。看板建筑和出桁式建筑可以作为游览时的重点，从经营各式各样商品的店铺可以看出当时人们的生活必需品是什么。

岩濑博美商店

建于1929年的看板建筑，最初是乳制品批发商店。在那个年代就能买到黄油、奶酪和牛奶，不愧是银座。

梳齿纹劈开砖

大谷石的勒脚①和柱脚。大谷石是一种轻质凝灰岩。

西洋风格的建筑，搭配日式推拉窗。

兼具承重和装饰功能的柱子。

Glory 喫茶店

这座具有80年历史的建筑属于三段式长屋②，也是看板建筑。曾经是一间茶屋，门牌仍然清晰可见。

在憧憬西方文化的昭和时代，出桁式建筑倔强地坚守着日本的传统。

酒藏秩父锦

建于昭和初期，最初是经营冰块和木炭的店铺，这些商品都是当时的生活必需品。如今是一间居酒屋。

银座的咖啡馆

日语中的俗语“逛银”，就源自银座的咖啡馆。不在银座的咖啡馆里喝上一杯，怎能算逛过银座呢。

Café Paulista

创业于1911年，是日本最早的咖啡店之一，也是“逛银”一词的来源。店内可以品尝到正宗的巴西咖啡，离开时还能获得一张“逛银”证书。

基本信息
东京都中央区银座8-9长崎中心大厦1层
03-3572-6160

咖啡师与客人面对面，做一杯浓度、苦味、酸味都符合客人喜好的手冲咖啡。

Café de Lambre

创业于1948年，静静伫立在小巷子里的法兰绒滴滤咖啡老店。咖啡迷们可以来此品尝一杯。

基本信息
东京都中央区银座8-10-15
03-3571-1551

小知识 “木挽町”是银座东侧、歌舞伎座一带的旧称，曾居住着很多木匠。

①勒脚：建筑物外墙的墙角，可以防水防雨。

②长屋：指住有多户人家、墙壁相连的平房建筑，后来也出现了两层的长屋，是日本传统的都市建筑。

NIHONBASHI

从河畔鱼市发展起来的商铺和百货公司

日本桥

附近车站：东京地铁银座线等　日本桥站　B1 出口

游览重点：日本桥、老店、三越百货

日本桥地区的发展，起步于日本桥川的河畔鱼市以及中央通商业区的形成。

日本桥川北岸自古以来便是鱼市。在江户时期，随着人口不断增长，鱼市的交易规模扩大，品类不断增加。从被誉为“天下厨房”的大阪等地源源不断运来食材，汇集在河畔的鱼市。

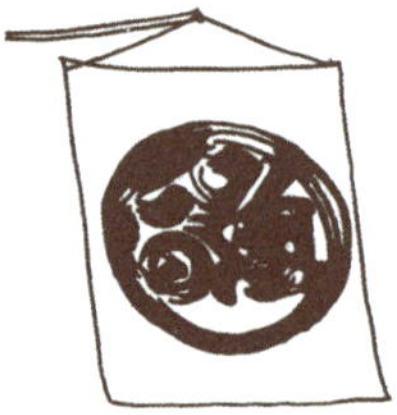
鱼河岸的标志

历史上的江户城运河密布，水运是重要的交通运输方式。日本桥作为当时的水上交通要地，依稀可见当年的热闹风景。可以在桥上走走，也可以在岸边欣赏桥的正面。看看往来船只不用扬帆，也能利用潮汐作为动力，穿过平缓的桥洞。

江户商人过去利用水运，从京都附近采购布料，采取“当场零售，明码标价，只收现金”的销售模式。以这种方式发展起来的老店铺就是越后屋，也是三越百货的前身。

现在，三越百货总店位于一幢有百余年历史、气派十足的欧式建筑中。与相邻的三井本馆之间，有一条可以直接通向江户城大手门的道路，道路尽头矗立着背靠富士山的天守阁。坐落于昔日的要塞之地，也可以看出经营者选址时的心思。

三井本馆的背后，就是日本银行总行。这幢新巴洛克式建筑加上三井本馆采用的柯林斯柱，让这片街道看上去宛如昔日的欧洲。每一条街巷，都有不同的风景，这是日本桥地区的特征之一。

大街背后未经改建的小巷子里仍保留着浓郁的昭和色彩，散步其间，妙趣无穷。如今虽然已不再有河畔鱼市，但岸边仍伫立着江户时代的老店。可以一边逛，一边猜猜商号、家徽的由来和含义，这可是只有在日本桥地区才能享受到的乐趣。

小知识 在三井纪念美术馆（三井本馆 7 层）里藏有鸟居清长的《骏河町越后屋正月风景图》。

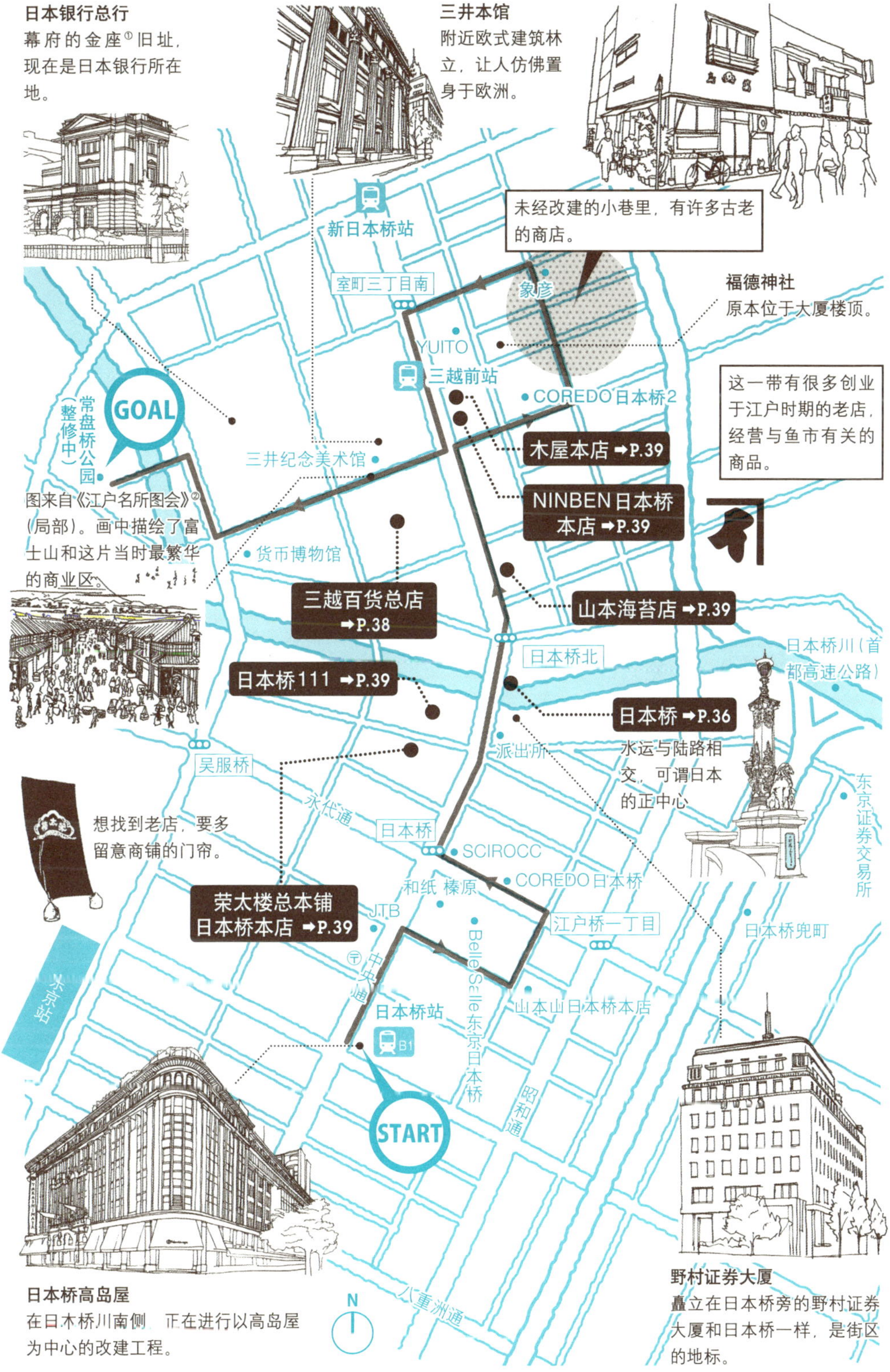

①金座：江户时期由幕府直辖的铸造、发行金币的机构。
②《江户名所图会》：齐藤月岑于天宝年间（1830-1844）编写的地方志丛书，记录了江户名胜指南和各街区的起源。

日本桥

地区的象征

从正面看日本桥

如今人们以陆路为主要交通方式，因此大家都知道日本桥是日本国内道路的起点。其实日本桥也曾经是水路交通的起点。乘船从河道的视角来观察，就会发现这里是大海与陆地的连接点。

桥身建于 1911 年，属于日本国家级重要文化财[①]。

日本国道零公里标志

在日本桥旁可以看到道路零公里标志的复制品，这里是包括 1 号国道在内的，日本 7 条主要国道的起点。

寻找狮子

亲柱上刻有 4 块狮头的浮雕，拱顶石上还有 4 块，站在停船码头前的广场上即可看到。狮子被视作“水的守护神”、“入口的守卫”和“王权的象征”。

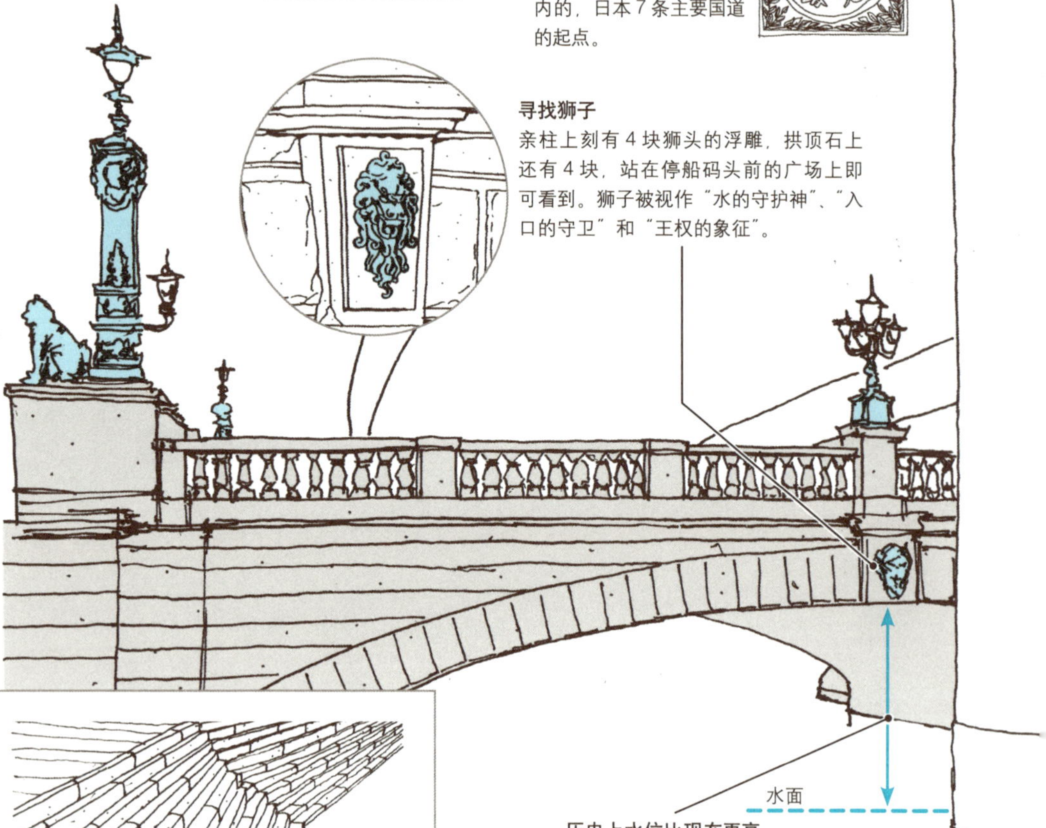

历史上水位比现在更高

船只利用潮水的涨落往返于运河之上，无需扬帆。即使桥拱不高，也能毫无障碍地通过。

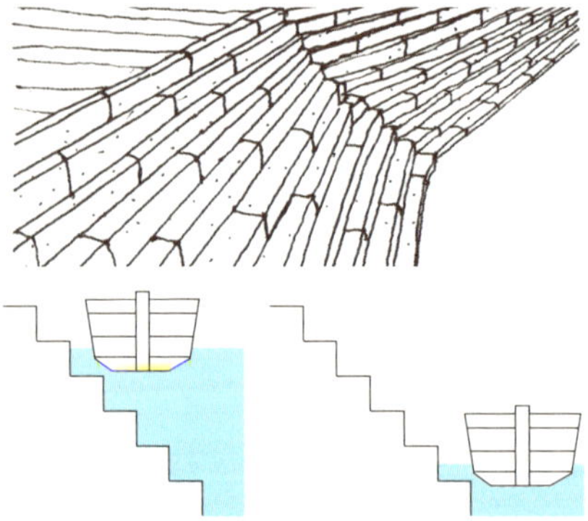

岸边的台阶（雁木）方便卸货，不受潮汐影响。

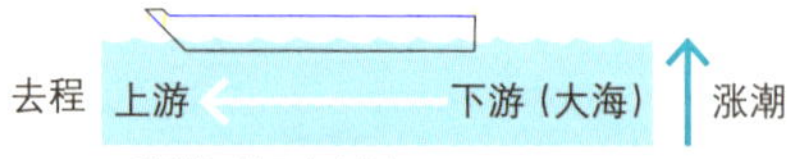

涨潮时河水倒流。

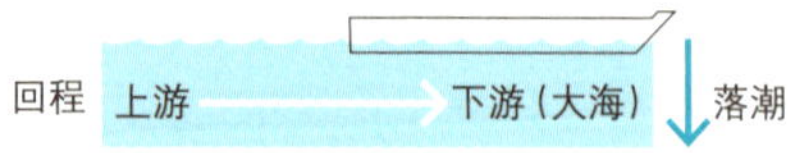

退潮时河水恢复原状。

小知识 在秋天，这里会举行祭典“日本桥·京桥祭”。

①文化财：即文化遗产。日本的“文化财”具体指《文化财产保护法》的对象。

麒麟是传说中大慈大悲绝不杀生的神兽，也是守卫交通要冲的神明。两只背靠背蹲坐的麒麟嘴部造型一张一合，西洋的样式中仍然可见日本风格。

这里也有狮像。狮子在欧洲被视作水神，因此建筑出水口多设计为狮子造型。

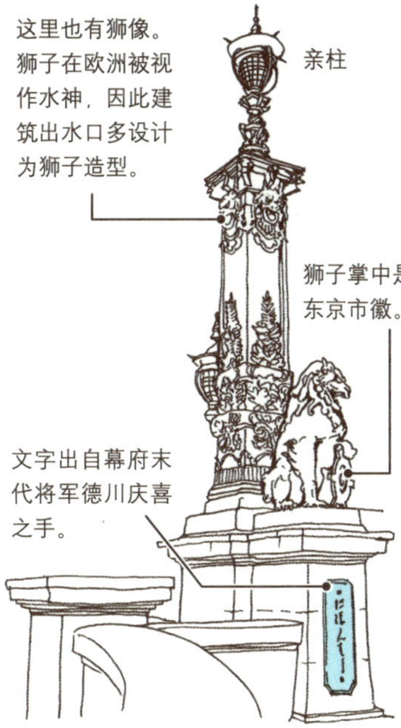

狮子掌中是东京市徽。

文字出自幕府末代将军德川庆喜之手。

桥面中央嵌有道路零公里标志。横架于桥上方的高速公路车道之间也有同样的标志。

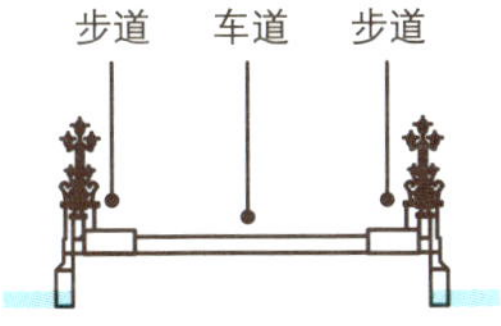

桥面中心柱高于亲柱是桥梁建筑中的特例。这一构造暗示了日本桥的中心点是日本的道路起点。

历史上往来于河道上的平底高濑舟。在东京湾的浅滩上，人们将货物从大船上卸下，用小舟装载，再经运河运入。

三越百货总店

玄关前的诸神像

装饰品中蕴含丰富的信息

三越百货大楼有两个看点：气派的玄关和中央大堂的天井。玄关外墙上的装饰传达着丰富的信息，大堂内的装饰艺术风格也值得一看。一起来感受一下大正时期的时尚吧。

金碧辉煌的文艺复兴风格引人注目。这幢竣工于 1914 年的建筑经过扩建和改建，于 1935 年基本形成了现在的样子。2016 年入选日本重要文化财。

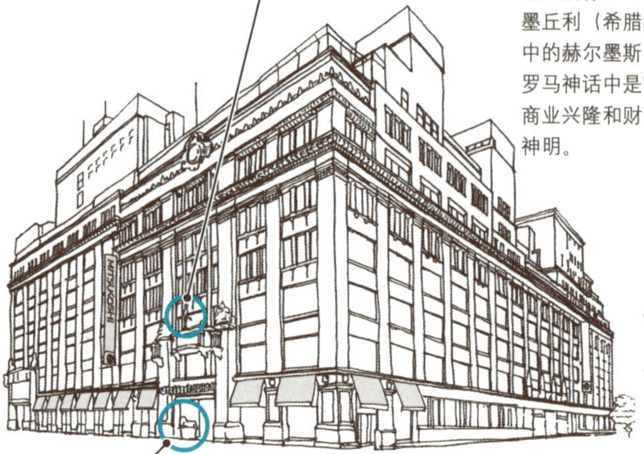

墨丘利像

墨丘利（希腊神话中的赫尔墨斯）在罗马神话中是带来商业兴隆和财富的神明。

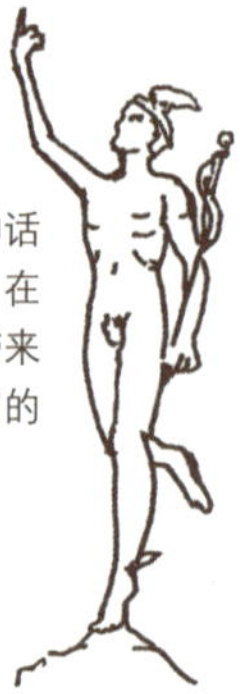

狮像

著名的三越狮像于 1914 年制造于英国，模仿了伦敦特拉法尔加广场上的狮像，被视为夜晚的守护神。

墨丘利手中的权杖是商业的象征，也是一桥大学的校徽。蛇是神的使者。

巨大的天井

屋顶曾使用彩画玻璃，便于采光。考虑到当时的供电状况，这是一个解决巨大空间照明问题的高效设计。

大堂中央的女神像吸引人们的视线看向上方的天井。目光所及之处，照明用具和柱子上的装饰细节全部统一为装饰艺术风格。

管风琴是赞美神明时的必需品。

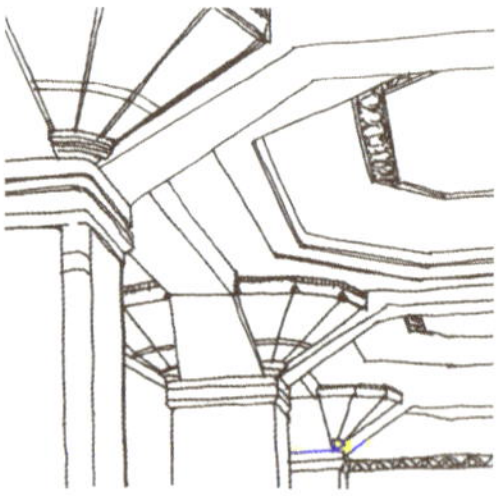

纹式的重复是装饰艺术风格的特征之一。

大楼下方与当年最先进的交通工具——地铁相通，是日本第一栋安装了自动扶梯的现代化商业建筑。建造初期的电梯如今仍在使用。

基本信息

中央区日本桥室町1-4-1

03-3241-3311（总机）

小知识 在老字号百货店楼梯和墙壁的大理石上，时常可以看到鹦鹉螺的化石。

日本桥室町

家徽和商号讲述着老店的故事

在新街区里寻找旧鱼市的影子

建筑虽然是新的，但商号却是代代相传之物。观察商号，便可以了解老店的历史。一边走一边寻找印有商号的门帘，不知不觉往日的鱼市和卸货码头的光景就会渐渐浮现在眼前。

NINBEN 日本桥本店（鲣鱼干）

创业于1699年。店名是创始人伊势屋伊兵卫的雅号。家纹上的直角图案象征着木工的曲尺，曲尺在日语中与“钱”同音，意在祈祷生意兴隆。

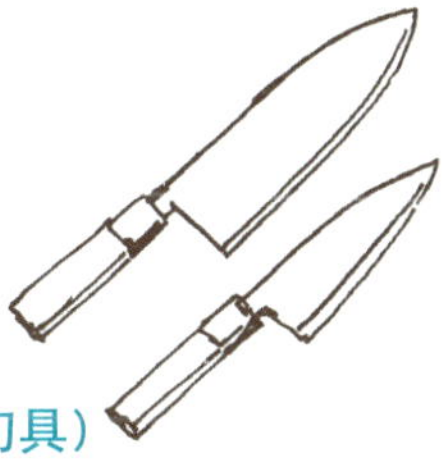

木屋本店（刀具）

刀具是鱼市不可或缺的物品。世界级刀具名店木屋创立于1792年。据说商号中的“木”是由于创业者姓林，且在大阪和江户两地都设有店铺，因此“林”字一分为二成为“木”。

山本海苔店

1690年创业，商号中的梅字源于质量上乘的海苔通常收获于梅花盛开的季节。

荣太楼总本铺日本桥本店（日式点心）

因金锷饼①而闻名的荣太楼总本铺创业于1818年。日本桥地区有许多从江户时代起传承至今的老店，如出售茶叶的山本山（1690年）、出售和纸的榛原（1806年）等。

在“日本桥111”小憩

走累了，可以来这里小憩，一边眺望日本桥，一边悠闲地喝上一杯。架高的露台上可以感受到微风和潺潺的河水。

露台的地面特意抬高至堤坝上方，让视野更开阔。这家创业于1702年的老字号饭店地址在国分的本社大厦一层。

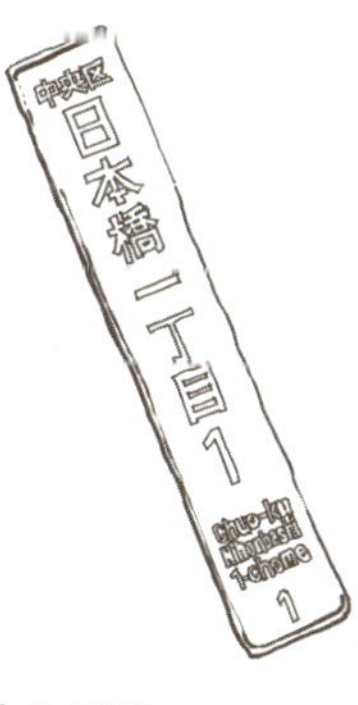

基本信息
中央区日本桥1-1-1
03-3516-3111

①金锷饼：将赤小豆馅包入米粉或面粉制作的外皮中，烤制而成的日本点心。

SHINJUKU

可以体验黑市的街区

新宿

最近车站：东京地铁丸之内线等　新宿三丁目站 B4 出口

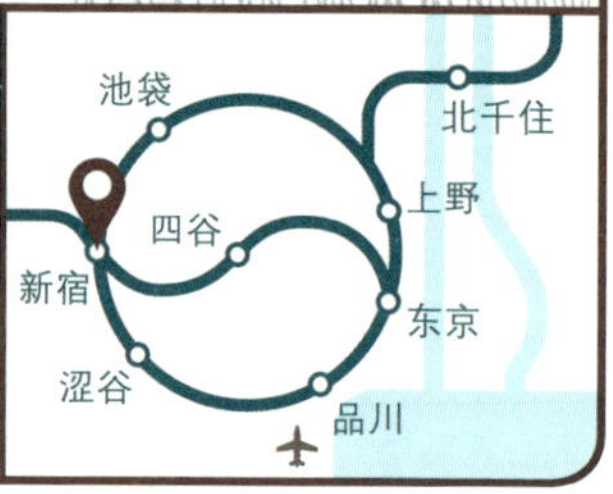

二战前发展起来的伊势丹百货和二战后繁荣的黑市

以新宿三丁目作为散步的起点最合适。这里是江户时代甲州街道和青梅街道的分叉口，也是铁路京王线曾经的起点。

关东大地震后，为避开地基脆弱的下町，人们逐渐移居到了山手线西侧的郊外。新宿可谓是这片区域的玄关，而新宿最引人注目的建筑莫过于伊势丹百货大楼。采用了当时欧美流行的装饰艺术风格，曾经是人们憧憬的时髦场所。

新宿的有趣之处在于，既有如伊势丹般光鲜亮丽的去处，也有不为人知的黑暗角落。在二战后的混乱时期，新宿站周围出现了由简易棚屋组成的交易市场，也就是黑市。虽然黑市在 20 世纪 50 年代初应驻留军队的要求遣散消失，但位于歌舞伎町的黄金街和新宿站西口的回忆横丁至今仍鲜明地保留着黑市的氛围。

二战后，色情业集中的区域分为警方默许经营的红线区和非法经营的蓝线区。黄金街就位于蓝线区内。与红线区域内显眼、豪华的色情旅馆不同，蓝线区域的这类场所都不太起眼。从现在黄金街的酒吧中，仍然可以看到当时这类店铺特殊的建筑构造。此外，战后新宿站西口成排的黑市被取缔后，留下了作为餐饮街的回忆横丁。这两条小街保留着黑市时期的街道划分，店铺也在继续经营。留心观察入口的门扉和厕所，就可以看出昔日的地下色情旅馆与餐厅的区别。

此外，中华料理店“上海小吃”等餐馆也保留着二战后黑市的氛围。风林会馆的对面可见多条交错的小巷，这里也曾属于蓝线区域。“上海小吃”就位于这片区域。随着客流的增加，店面渐渐扩张，可以前往这家像密室一样的小吃店，享用一顿正宗的中餐。

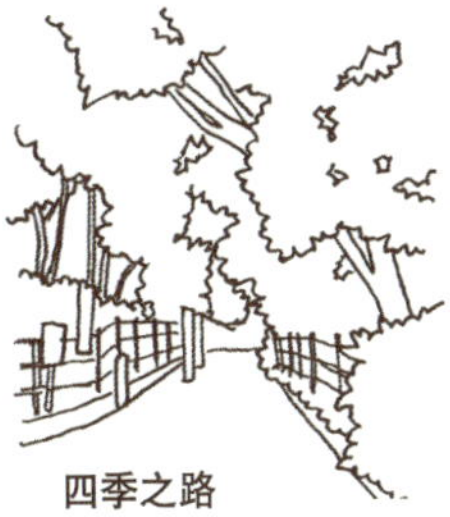

上海小吃 ➡P.43

由黑市迁来的店铺聚集在这条小巷里，其中有一家热闹的中华料理店。

四季之路

由蟹川的支流填埋而成，曾经是都营电车的路线，现在成了绿道。

黄金街 ➡P.44

曾经是蓝线区域里的风俗场所，现在成了一条酒吧街。

吉本兴业的东京本部（原四谷第五小学）

地震后重建的小学，国际风格①的校舍较为罕见。

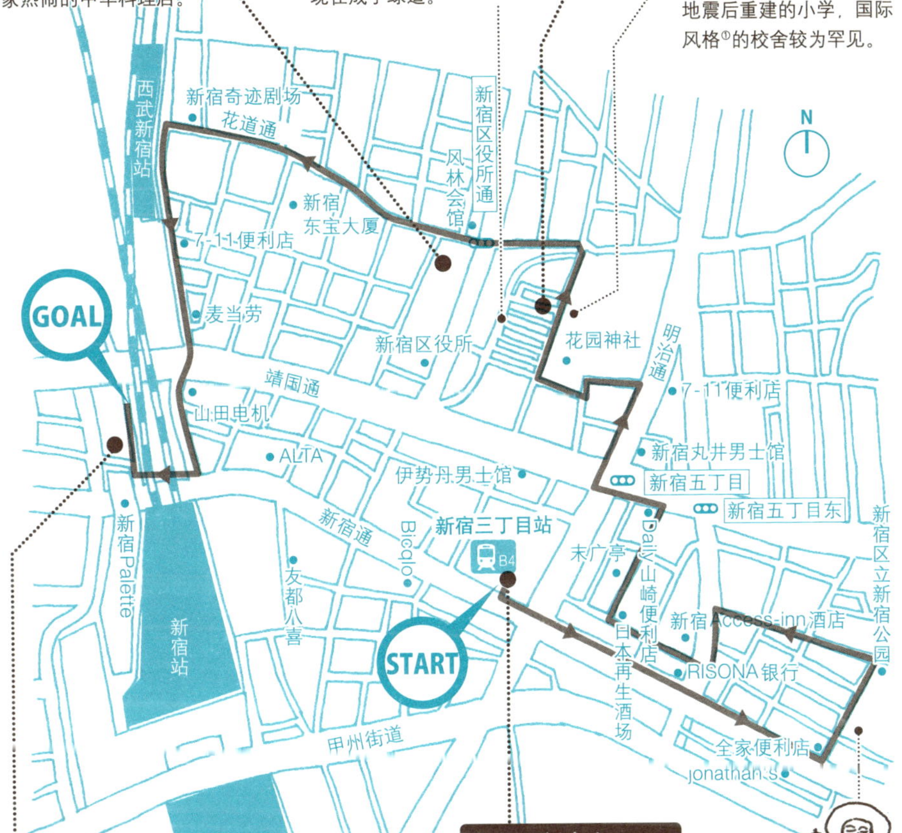

伊势丹新宿店 ➡P.42

回忆横丁 ➡P.45

保留着黑市风貌的小巷，经营烤鸡肉串的居酒屋一间挨着一间。

1933年开业，新宿地区的代表性百货商店，建筑采用了当时流行的装饰艺术风格。

太宗寺

寺内有守护甲州街道第一驿站内藤新宿的江户六地藏之一。

①国际风格：1920～1930年间兴起，受现代主义影响的一种建筑风格。强调空间与建造上的经济性，形式简洁抽象，外观多为相似的方盒子，平屋顶和白粉墙。

伊势丹新宿店

欣赏装饰艺术风格

寻找重复出现的几何纹样

伊势丹新宿店的建筑采用了昭和初期最流行的装饰艺术风格。与不断翻新的内部相对，商场的外墙和楼梯一直保留着建造初的模样（2013 年复原了正面玄关）。让我们近距离欣赏一下装饰艺术风格的设计吧。

外墙

直线与圆构成的图案重复出现，是装饰艺术风格的特征。

招牌附近的外立面并不整齐，可以看出原本是两栋入口相连的建筑。

装饰艺术风格的建筑往往采用同一类型的装饰，多数情况下左右对称。

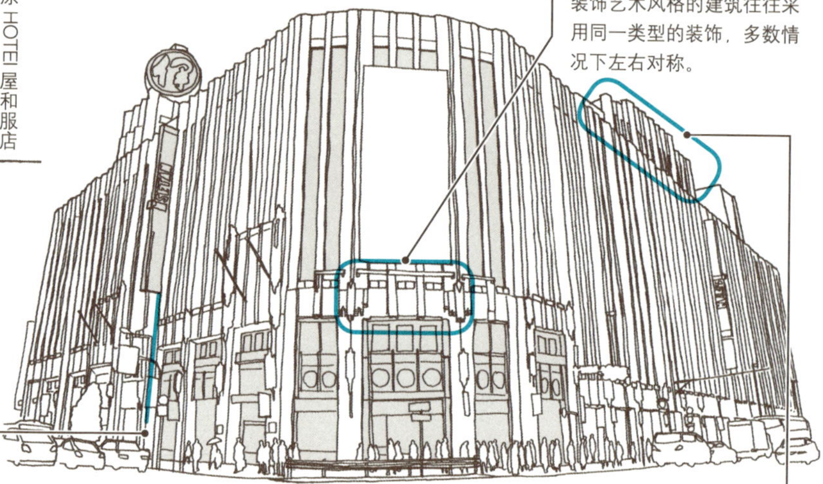

玄关大堂

玄关大堂作为百货店的门面，可以在天花板、玻璃、照明灯具、门扉各处发现繁复的装饰设计。

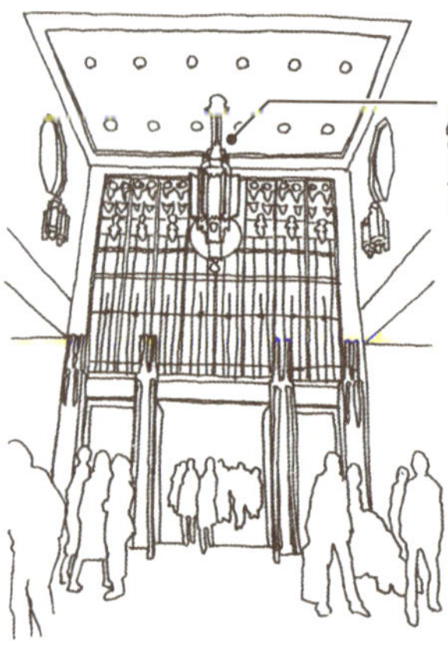

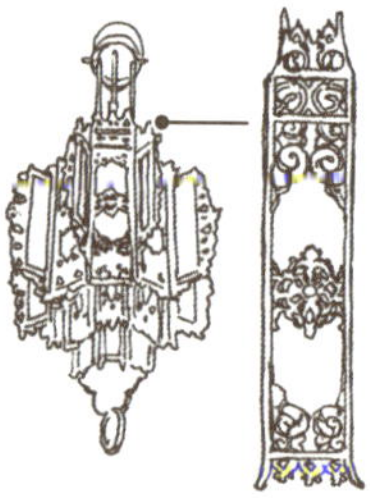

八面体的灯具是用同一铸模做出 8 面，再组合在一起的。

楼梯（靠明治通一侧）

楼梯中间平台处的彩绘玻璃一直伸展至楼顶。虽然图案多为花卉和昆虫，但从直线和圆的元素组合可以看出属于装饰艺术风格。

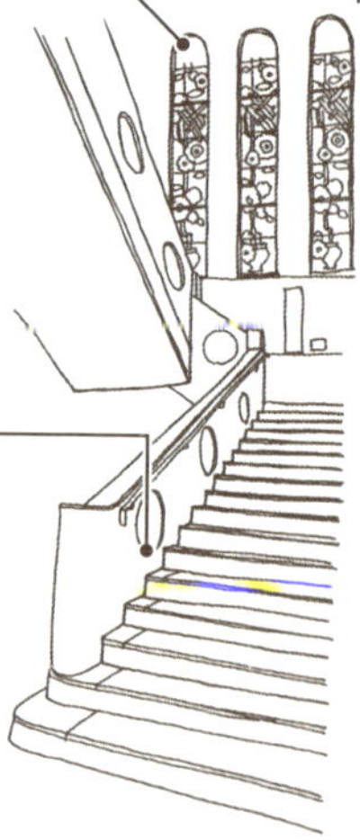

大理石扶手采用圆弧形设计。

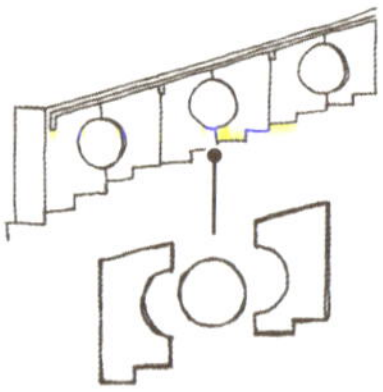

重复出现的三类部件。

基本信息

新宿区新宿3-14-1

03-3352-1111

上海小吃

杂乱小巷里，洋溢着异国风情的人气小店

风林会馆附近的小巷虽然偏僻，却有一间每天都很热闹的小餐馆。这一带的店铺都由曾经的黑市迁来。上海小吃就位于这条菜市场般的小巷一隅。

不断扩大的店面

店面最初很小，后向相邻建筑扩张，变成了现在的样子。

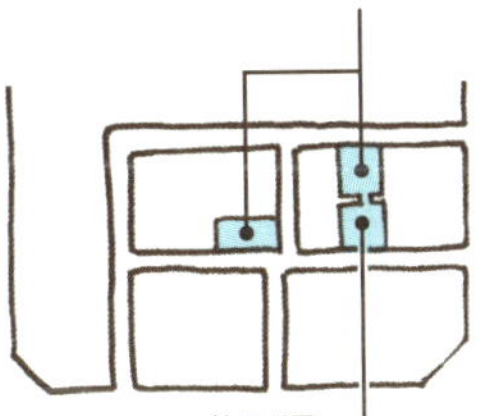

贴满一面墙的菜单

客流增加，店铺扩建。打通了后方原本的空房间，店面前后相连。

随处张贴的中国海报和装饰渲染了中式氛围。

波浪形塑料板顶篷，将一半的小巷划入了室内。

有时还晾晒着抹布和洗完的衣物。

小巷的横截面图

水池和料理台就设置在小巷里，配餐准备都在这里完成。

门口的人偶是店铺的标志。据说摸摸人偶的头就能沾到福气。

炸面包
店里的招牌菜品。微甜的炸面包要蘸着炒菜的汤汁吃。

麻婆豆腐、炒空心菜等
除了常见的中华料理，还提供蛇、蝎子等珍奇食材料理。

基本信息
新宿区歌舞伎町1-3-10
03-3232-5909

黄金街

曾经的
非法蓝线区

从黑市迁来的黄金街

位于新宿站东口的黑市后来迁到了花园神社的西侧（现在的黄金街）。离开了人流密集的车站，生意渐渐无法维持，于是变成了非法提供色情服务的场所。散步时可以观察昔日风俗旅馆的建筑结构。

历史上蓝线区内的店铺构造一例

现在的黄金街 店铺构造一例

店铺面积：约 3.5 坪①
店铺门面：约 2.4 米

狭窄的店铺和门面是黑市风格的遗存。

很多建筑都保留了过去的外观，只是内部重新装修。
1 楼和 2 楼开设了酒吧，3 楼是储藏室。

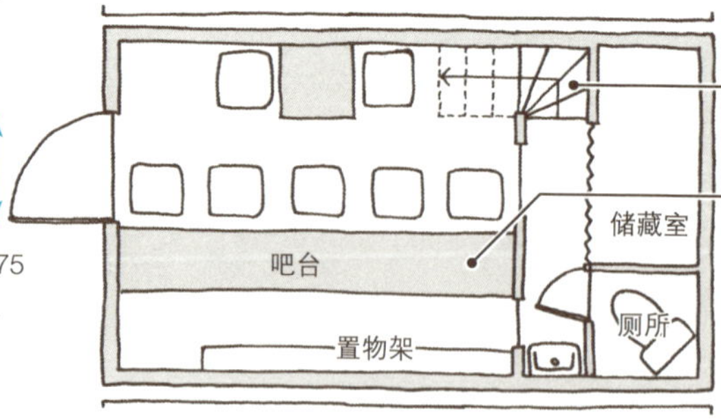

小知识 非法色情业区域之所以称为蓝线区，是因为当时警察会用蓝笔将地图上相应的区域圈出来。

① 1 坪约等于 3.3 平方米。

回忆横丁

体验黑市的氛围

完整保留黑市面貌的回忆横丁

回忆横丁这条小巷里保留了新宿站西口黑市的一部分，街边几乎都是餐饮店，提供美味的内脏料理。和黄金街的隐蔽小门不同，回忆横丁里的店铺大多采用了开放的推拉门，店内一览无余，营造出热闹的街头风景。

以前常有人在铁路一侧的墙角小便，因此曾得名“小便横丁”，如今改名为“回忆横丁”。

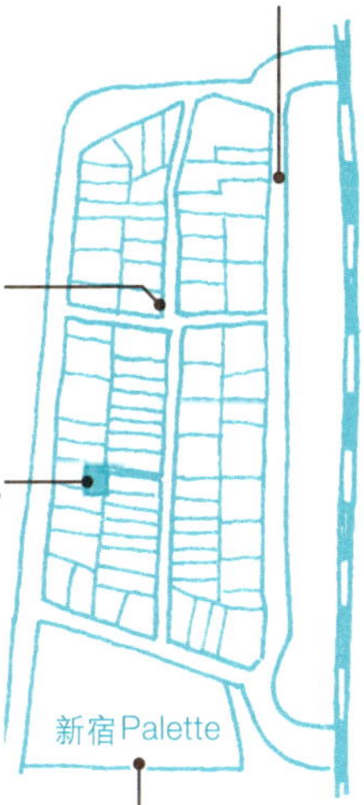

十字路口的一侧人流密集，是横丁的中心区域。

小巷内设有公共厕所。

现在的新宿 Palette 大楼和小田急百货所在地曾经也是黑市。

现在的回忆横丁 店铺构造一例

店铺面积：约 2.6 坪
店铺门面：约 2.0 米

最初为平房，后来增建了2楼用于居住。现在各家店铺的2楼几乎都是客席。

店铺之间有时只隔着一面墙，这也是黑市的特点。

餐饮店需要烹饪空间，因此厨房比座位区更宽敞。

每家店的楼梯位置都不同。

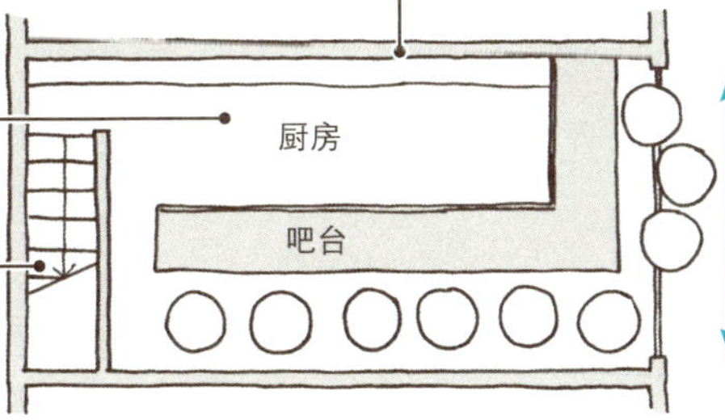

拆掉宽 1.7 米的推拉门，摆上座位。

店内没有厕所，小巷深处设有公共厕所。

SHIBUYA

涩谷的繁华从山坡上开始

涩谷

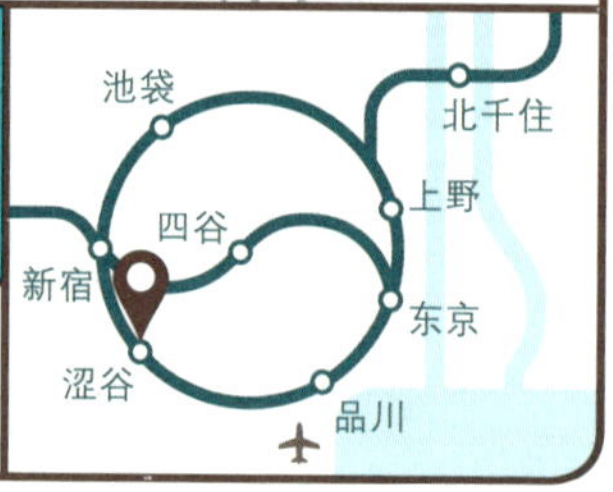

最近车站：JR 山手线等　涩谷站　八公口

通过历史与地形解读涩谷

从涩谷站出发去往任何地方，都必须上坡，因为涩谷站位于谷底。

以车站为中心，眺望上坡的尾根道、河边的谷地和二者之间的陡坡，会发现小山坡、谷地和坡道构成了涩谷。

小山坡上矗立着百货商店等大型店铺，谷地内的街边小店鳞次栉比，商品种类也多种多样。不同的地形让街区各处有着不同的风景，感受这种差异正是散步涩谷的乐趣所在。

涩谷区域的繁华发源于西之丘。大正 2 年（1913），西之丘的圆山町作为三业地①，还是一条热闹的花街。接着由于大正 12 年（1923）关东大地震的灾后重建，成了名为百轩店的新街区，汇集了很多老铺和名店。此后，开始出现电影院和咖啡厅，形成了流行娱乐文化发达的街区。

接着来看看谷地。谷地的中央街所在地曾经是宇田川，现在成了暗渠②，附近聚集了很多商店，形成了繁华的商业街。散步时可以探寻昔日河流的痕迹。

人群在通向中央街的坡道上来来往往，不同的地形和不同氛围的店铺，赋予各条坡道独特的个性，坡道的名称也千奇百怪。

涩谷有各种各样的都市传说，新事物层出不穷，是流行文化的发源地。著名的忠犬八公像就在这里，古老传说流传至今。

散步的终点在宇田川和涩谷川交汇处的谷底。铁道旁的小酒馆一条街上依稀可见战后的光景，洋溢着昭和的怀旧氛围。在这条时光仿佛已凝固的小巷，喝上一杯，为这趟旅程画上句号吧。

①三业地：指江户时期获得酒馆、料理店和艺伎屋这三类营业许可的场所。
②暗渠：因城市化和地产开发而被埋入地下的河流或水沟。明渠则是指没有埋入地下的河道。

二·二六事件慰灵像

二·二六事件是昭和 11 年（1936）日本陆军青年军官发起的政变。据说只要在慰灵像前向爱慕的对象告白，那些志向未竟便遭处刑的青年军官们就会为你加油。这种带着一丝戏谑的荒谬传说，正是涩谷的特色。

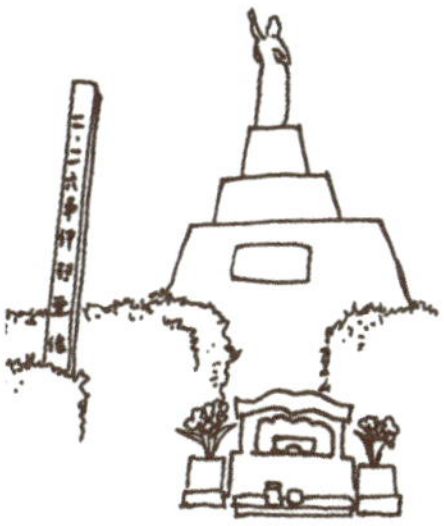

道祖神

伫立在间坂旁的守护神——道祖神以一对男女的形象出现，守护着路上的人们。

七公（NANAKO）猫

与忠犬八公相呼应，既寓意招财，也代表幸运数字 7①。

宇田川派出所

宇田川流淌在中央街的道路下方，派出所就位于宇田川与其支流交汇处的路口。

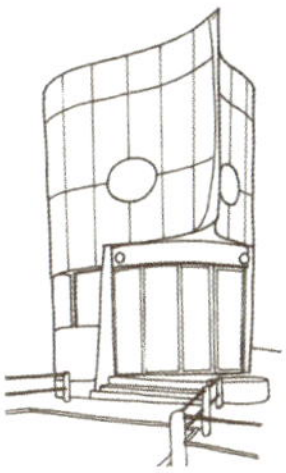

吞兵卫横丁

保留着黑市风貌的酒馆一条街。

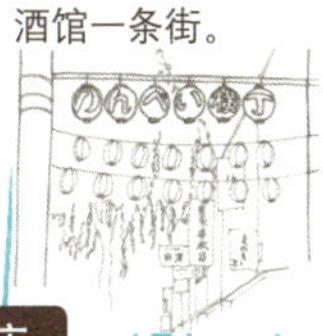

丽乡

关东大地震后建成的繁华商业街，汇聚了东京下町的老店，保留着大正时期的氛围。

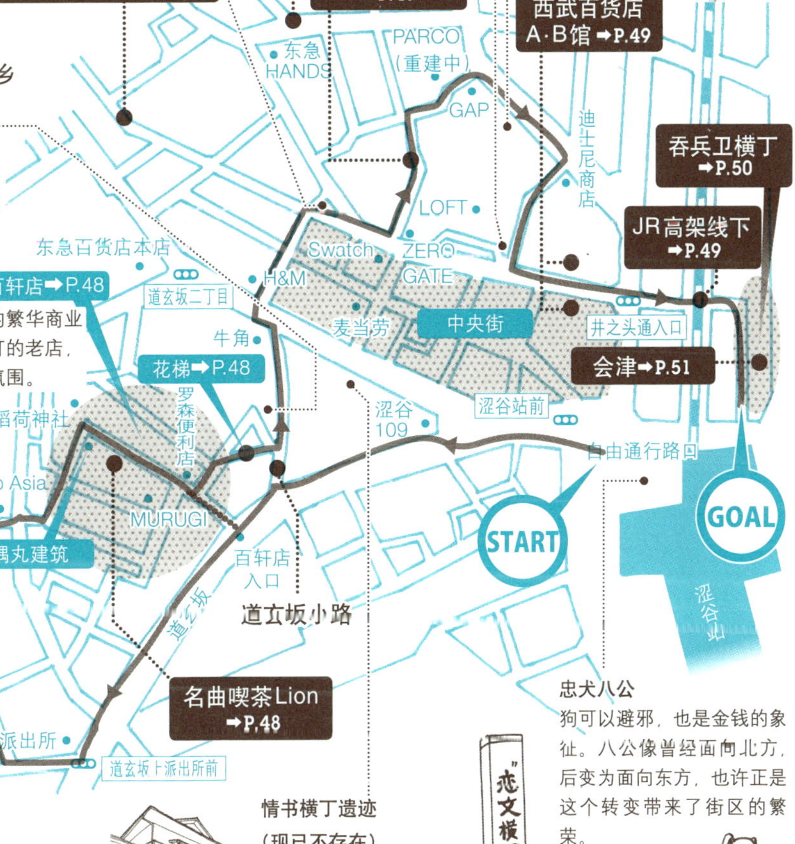

忠犬八公

狗可以避邪，也是金钱的象征。八公像曾经面向北方，后变为面向东方，也许正是这个转变带来了街区的繁荣。

情书横丁遗迹

（现已不存在）

二战后，这里曾出现代笔商店，代人用英文给美国军人写情书。直到今天仍然流传着一个说法，据说用附近的信箱寄信即可收获爱情。

割烹 三长

在圆山町还是一条热闹的花街时，这家老店曾是花街上的一家料亭②。据说在大正到昭和初期，聚集在圆山町的艺伎多达 400 名。

①日本人认为 7 是幸运数字，有“Lucky Seven”的说法。

②料亭：提供日本料理的高级餐厅，通常地点隐蔽、提供包厢且费用高昂。料亭建筑多采用日本传统风格的设计，宴席上也可以请艺伎前来助兴。

圆山町
百轩店

从小山坡开始
涩谷散步

品味大正浪漫

百轩店曾经是人人憧憬的街区，在这里可以体验时下流行的新事物，接触外国电影和古典音乐等娱乐方式。直到今天，这片街区仍保留着大正浪漫[①]的怀旧气质。

百轩店

名曲喫茶 Lion

创业于昭和元年（1926）的老店，初代店主山寺弥之助设计了店铺的内外装修，是多种欧式建筑风格的杂糅。

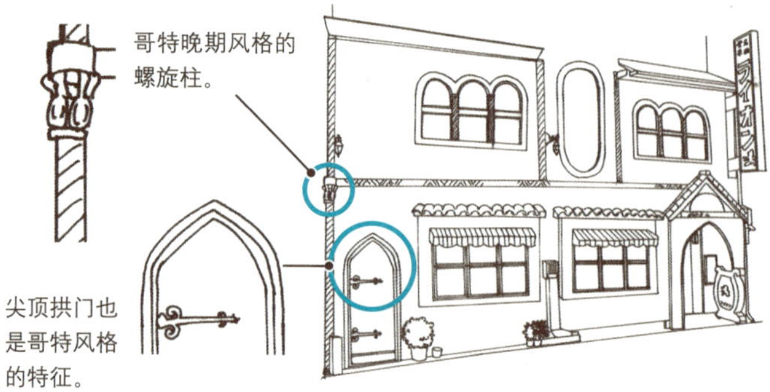

名曲喫茶 Lion 2 层

环境让人仿佛置身于欧洲的音乐厅。在购买唱片还很奢侈的年代，普通人也可以来这里，亲身感受古典音乐的魅力。

基本信息
涩谷区道玄坂2-19-13
03-3461-6858

大正浪漫的氛围是市民创造出来的。通过采用多种欧式风格要素，来模仿欧洲的建筑物。

花梯

平缓的阶梯方便艺伎行走。从道玄坂通向百轩店的这道阶梯可能是因此而得名。

①大正浪漫：大正时期，西欧的自由思想渗透至市民阶层，催生出日本与西欧风格融合的现代文化。大正浪漫即指具有这一时期特点的思潮与文化现象。

西班牙坂

想象中的地中海小镇

坡道就像河流

下雨时，雨水沿坡道而下，流入宇田川暗渠上方的中央街。西班牙坂就是这样的坡道之一。就像河道汇集水流，坡道也能汇聚人流。小巧的台阶和小巷仿佛是地中海小镇的风光。

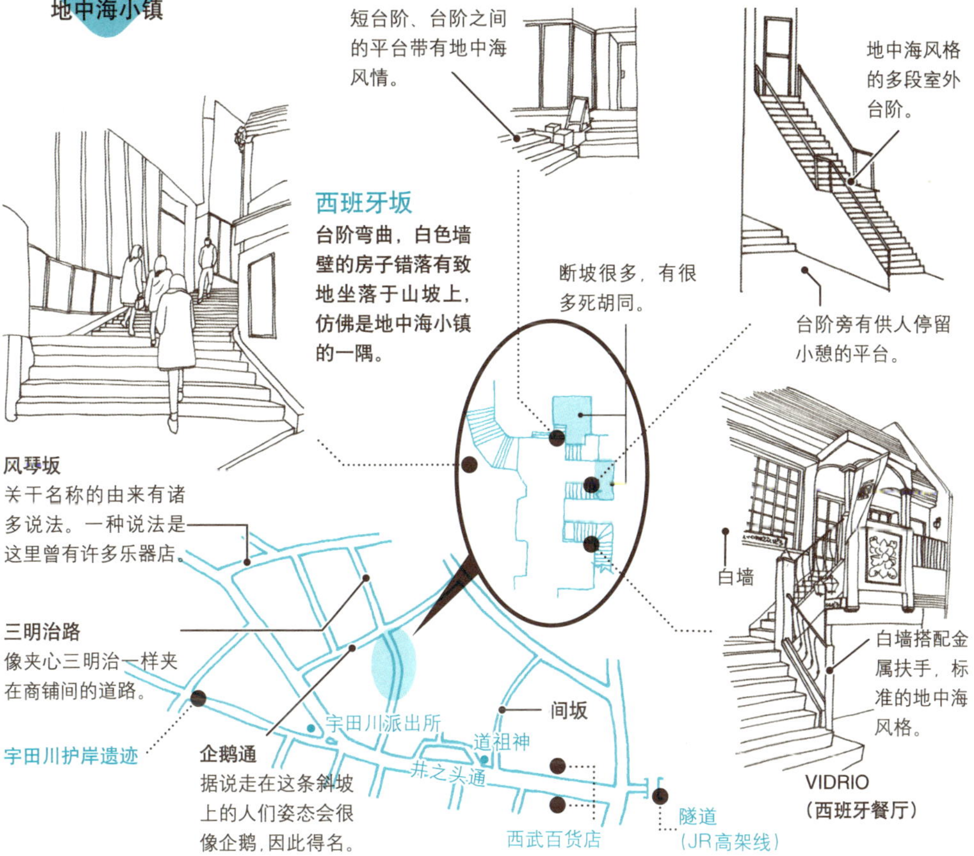

在中央街寻找暗渠

宇田川护岸遗迹

曲折的路径让人回忆起昔日的河道。

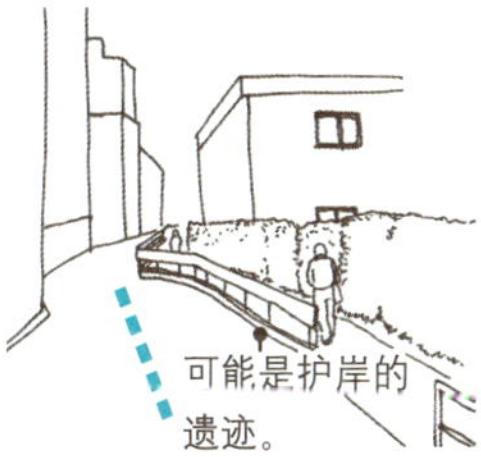

西武百货店 A · B 馆

由于宇田川暗渠的存在，连接 A 馆和 B 馆的不是地下通道，而是廊桥。

JR 高架线下

位于高架线路下方的道路，路面下方就是暗渠。在前方与涩谷川的暗渠汇流。

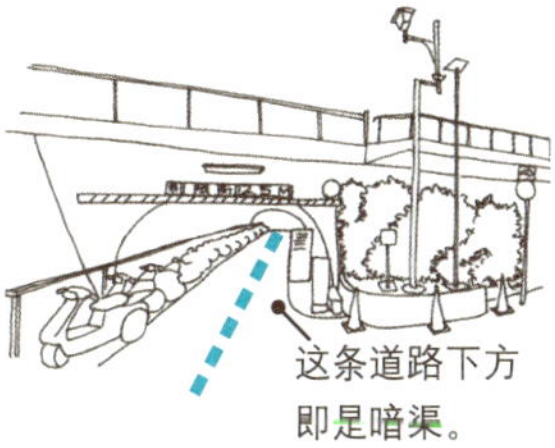

小知识 百轩店位于小山坡上，周围视野开阔，可以感受非日常的空间。

呑兵卫横丁

人流最终聚集于谷底

小巷背后的记忆

涩谷站铁道旁的小路兼有新宿回忆横丁和黄金街两处的特点，别有风情。

呑兵卫横丁

横丁的风貌

呑兵卫横丁里既有居酒屋风格的开放式店铺，也有隐蔽的封闭式店铺。

和新宿的回忆横丁一样，拆下拉门，店铺内外的界线就变得模糊，与来往的路人融为一体。

与新宿的黄金街类似，从门外看不见店内，店铺与小巷完全隔开，营造出私密的氛围。

呑兵卫横丁立体图

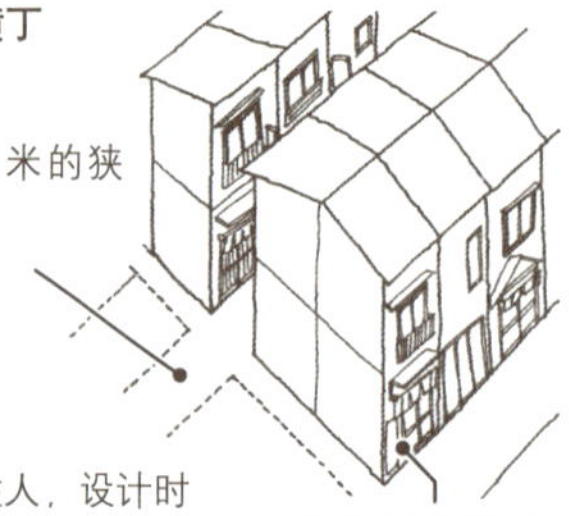

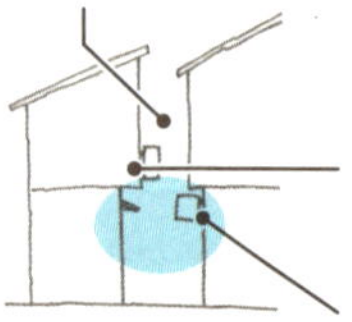

中间通道

横丁内侧有一条小巷，两侧店铺林立。小巷宽度大约为 2.5 米，房屋造型小巧，1 楼的房檐较低，2 楼又向外凸出，闭塞感由此而生。

昔日的黑市

二战后黑市迁移至此，这里有不少小割②店铺。从狭窄的门面可以看出昔日黑市的影子。

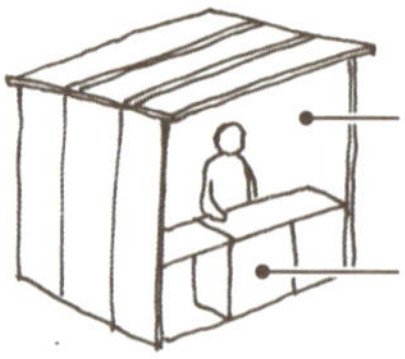

① 1 间约为 1.82 米，1 间半约为 2.73 米。

②小割：指面朝道路、门面窄小、若干间并排相连的店铺。

令人怀念的昭和气息

在日新月异的涩谷也有经营多年的乡土料理店。平房的店铺让人联想到黑市，狭窄的店内空间反而营造出亲密的氛围，客人之间有如老相识般的融洽关系，成了吞兵卫横丁的特色。

会津

可以喝到产自会津荣川酒造的酒，品尝乡村料理。

两位妈妈桑每周交替打理店内事务，第一次进店也会有怀旧的感觉。

招牌吸引着会津爱好者。

家常的味道和红灯笼都很吸引人。

可以先看一眼有没有坐着熟人，再拉门进去。

店内构造

平房店铺让人联想到曾经的黑市。在狭窄的店内，空间得到充分利用，店主无需走来走去，一切都在伸手可及的范围内。

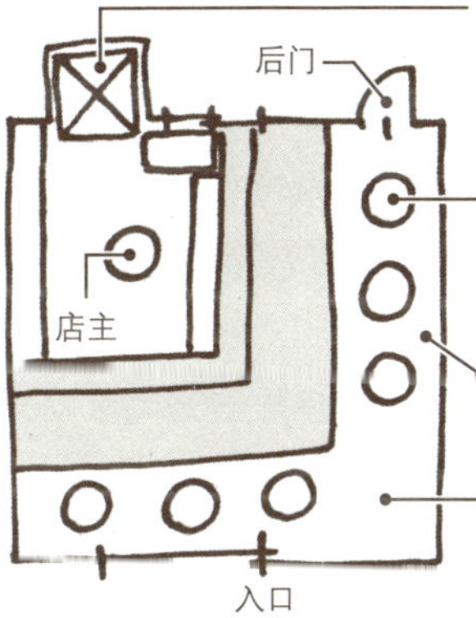

店内放不进大型冰箱，于是将墙壁改造成向外凸出的形式来收纳冰箱。

常客往往坐在里面，新客则坐在入口附近。

坐了6～7人就满满当当。

店铺的宽度和深度一般在2.1～2.3米。

推荐

Nigori酒用入选日本著名水源地的磐梯之水酿造而成，容易入口，可以尝尝。

基本信息

涩谷区涩谷1-25-9

03-3409-2300

视线与交谈

在狭小的店内，客人们肩并肩坐着，视线交汇，营造出一种可以聊天的亲切氛围。

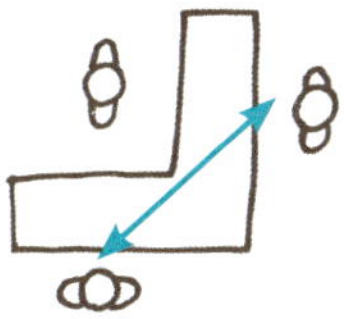

L形吧台

很多居酒屋都会采用L形吧台。客人彼此的视线更容易交汇，便于交谈。

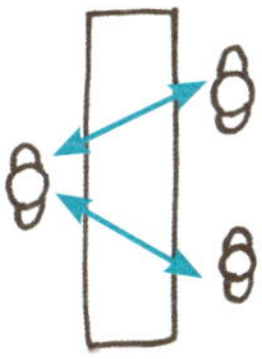

I形吧台

I形吧台多见于酒吧。主要由店主与客人交谈，独自前来的客人也很容易融入。

小知识 除了颇有年头的居酒屋，吞兵卫横丁还有一些小酒馆，随着时代变迁，店铺也在不断改变。

KANDA

“伊势屋、稻荷神加狗粪”①，菜市场漫步

神田

最近车站：JR 山手线等　神田站　北口

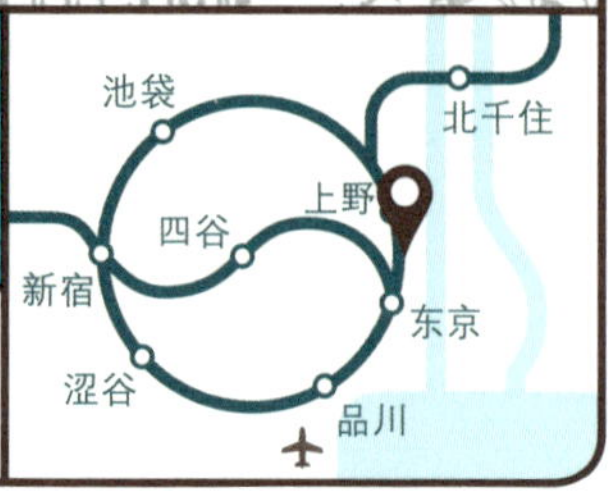

街前寻找伊势屋，街后寻找狐狸神

神田地处神田川和日本桥川之间，是江户时代的城下町。江户时代的物流以水运为中心，因此两河之间的神田地区在江户时代不断发展。

重建江户城与整治街道所需的物资沿河运来，人们在岸边卸下货品，工匠和商人也在神田居住下来。街区按照工匠和商人的职业进行划分，很多街道由此得名。神田绀屋街、神田锻冶街等名称都源自昔日的街道面貌。

在神田多町，食材由两条河流水运而来，形成了蔬果批发市场。菜市场不仅支持着普通民众的饮食生活，也是德川幕府的“御用市场”。与一般的市场不同，当时的菜市场分为前街的店铺门面和后街的住宅，表里面貌不同。正如形容江户城的俗语“伊势屋、稻荷加狗粪”，神田的大街上有很多店铺取名伊势，很多地方也祭祀着稻荷神。这座诞生于江户初期的菜市场，一直经营至昭和 3 年（1928），后在关东大地震后迁往秋叶原。

神田须田町与神田多町一样，同为蔬果批发市场的一部分，周围有许多住宅区。到了明治时期，这里不仅水运发达，陆路运输也繁荣起来，靖国通一带发展成为交通枢纽。旅馆和剧场如雨后春笋般涌现，餐饮业也很繁荣。在这里，商人、老板、文人们欣赏表演，品尝美食。如今仍有许多老店通过独具匠心的店铺设计，保留了这片街区原本的风韵。

① “伊势屋、稻荷神加狗粪”：江户城里有很多来自伊势的商人，江户初期，近半的商户都打着“伊势”的名号。此外城内多处也供奉着稻荷神，因此有“江户有三多，伊势屋、稻荷神加狗粪”的说法。

T 邸
建于关东大地震后。过去曾有多栋住宅并排矗立于坡道上，如今只有这一栋保存下来。

须田町的小巷里有甜品店和餐馆，洋溢着江户风情。

高低不平的地形让住宅、大门和围墙看上去浑然一体。

山本牙科医院
诊所兼作住宅的看板建筑，外墙的装饰引人注目。

松尾神社 ➡P.55
背街里有多座稻荷神社，松尾神社曾经也是其中之一。

鹰冈株式会社东京支店大厦
建于昭和 10 年（1935）。进入明治时代后陆路运输逐渐发展，靖国通上汇集了一批布料批发商。

多町大通
这条大街曾是蔬果批发市场，看看保留下来的看板建筑和出桁式建筑，便能遥想当年风貌。

希腊雷纹
雷纹寓意永恒。建筑上精美的浮雕诉说着街道的繁荣往事。

神田多町

大街上有许多家伊势屋

寻找菜市场的踪影

曾经在蔬果批发市场附近时常能听见“卖菜、卖菜”的吆喝声。菜市场从江户初期一直经营至 1923 年发生关东大地震。从看板建筑和出桁式建筑的外观就能辨别哪家曾经是菜市场里的店铺。

越后屋（豆腐店）

创业于明治末年，曾经是市场里的茶屋。在茶屋，可以将市场上买来的货物打包并进行配送。这是菜市场曾经存在于此地的证据。

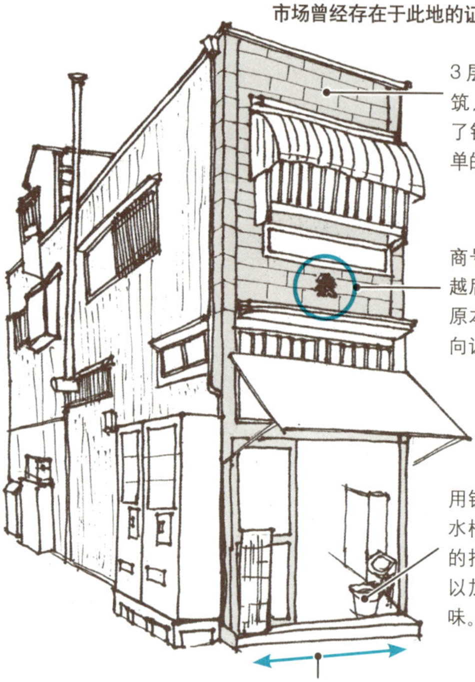

3 层的木造看板建筑，只有正面镶嵌了铜板，采用了简单的一文字葺法①。

商号破损，只留下越后屋的“后”字。原本文字的书写方向让人好奇。

用铁皮水桶制作的水桶豆腐是这家店的招牌，豆腐中可以加入海藻粉末调味。

狭窄的门面宽 1.5 间（约 2.7 米），继承了江户时期的规格。

青果盐菜

建于昭和 2 年（1927）的看板建筑，保留着蔬果批发市场的色彩，曾经是茶屋的代表店铺，现已经关闭。

镶有铜板的看板建筑修建于昭和初期。店铺创业年份也很久远，看着让人不禁好奇它在菜市场时代的模样。

起初是一间荞麦面店，商号是“荣屋”。

荣屋 Milk Hall

创业于昭和 20 年（1945）。战后很难采购到制作荞麦面的原料，因此改成了餐厅。现在是一家主营拉面的面馆。

松本家住宅主屋

建于昭和 6 年(1931)，三层高木造出桁式建筑。原为蔬果批发商的店铺兼住宅，商号为伊势长。江户城里有许多来自伊势的商人，不少店名都带有伊势二字。

出桁式建筑是从关东大地震前就有的建筑样式。在菜市场时代，这样的建筑在街头比比皆是。

小知识 所谓 milk hall，是指在明治到大正年间流行的、提供牛奶的餐饮店。

①一文字葺法：看板建筑外墙上铜板的修葺方式，有一文字、菱形等式样。具体可参见第 172 页。

**神田多町
小巷**

寻找狐狸神

背后的小巷里住着神明

“伊势屋、稻荷神加狗粪”是一句描绘江户街道风貌的俗语。大街上有很多名为伊势屋的店铺，背后的小巷里则祭祀着祈祷菜市场安全繁荣的稻荷神。随处可见的稻荷神代表着它们与各街区的密切关系。

悬鱼①上有狐狸②形象的浮雕，象征这里曾是稻荷神社。

巷子的尽头是松尾神社，巷子仿佛是神社前的参道。

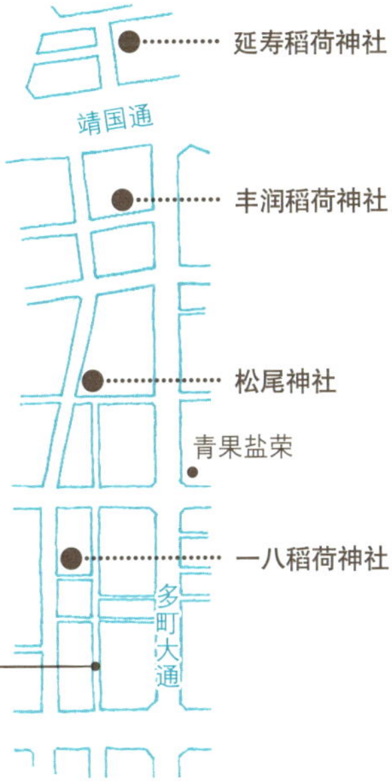

松尾神社

虽然供奉着京都松尾神社大山咋神的分灵，但狐狸的浮雕表明这里曾经是稻荷神社。

刻有“伊势万”、“伊势秋”等供奉者的名字，可见大街上曾有很多以伊势为名的店铺。

等距离排列的这些稻荷神社是守护街区的组稻荷，与守护个人、家庭的屋敷稻荷相区别。

还有和光稻荷和真德稻荷，数量之多，甚至能规划一次稻荷之旅。

一八稻荷神社

每逢有一和八的日子开市，因而得名。

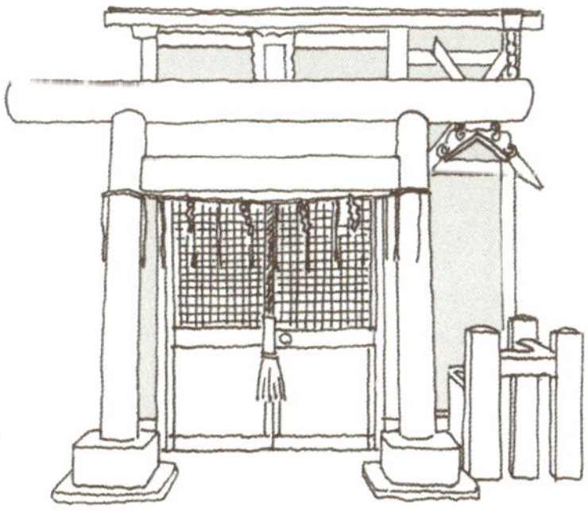

丰润稻荷神社

在大正时代，这里供奉着市场商人和街区居民的守护神。

①悬鱼：一种古建筑装饰，多为木板雕刻，位于屋顶两侧博风板的下端。
②人们认为，狐狸是稻荷神的使者。

神田须田町

传承味道的老店

保留着神田的老味道

须田町的小巷里曾有许多餐馆和甜品店，满足往来靖国通的商人和高地住民的挑剔口舌。二战中这片区域得以幸免于空袭，昭和氛围保留至今。

竹村

入母屋式[1]设计从昭和 5 年（1930）创店初起从未改变，已成为东京的历史建筑。

基本信息
千代田区神田须田町1-19
03-3251-2328

磨砂玻璃是仿和纸的效果。为了营造出和式空间，磨砂玻璃必不可少。

组子[2]的设计与拉门一样。

炸馒头脆脆的外皮配上豆沙馅十分美味。

通过门帘和招牌（灯笼）来寻找老店

从关西地区来的老店
长门帘

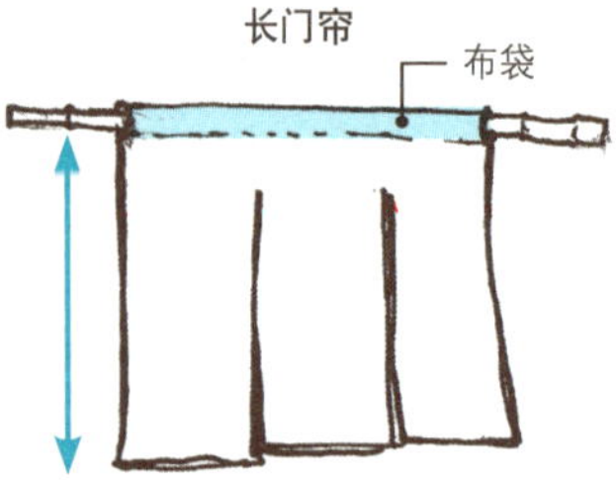

长度可达 160 厘米

关东地区的老店
半门帘

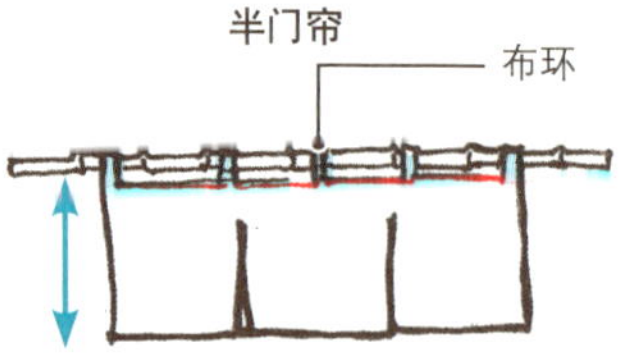

长度为 57 厘米或 113 厘米

样式随季节而变，夏季用白色麻布，白底黑字；冬季用深蓝色棉布，蓝底白字。

灯笼相当于会发光的招牌。招牌若是江户风格，则多为老店。

①入母屋式：日本古建筑的屋顶样式之一，比较近似中国古建筑中的歇山顶，有九条屋脊。
②组子：构成门窗隔扇的细小建材。

通过灯笼辨认老店

神田有很多美味的老字号店铺。老店不仅继承了味道，还继承了建筑，洋溢着江户风情。即使改建，也仍然保留了传统的门帘、灯笼和招牌。通过灯笼来寻找老店，也很有乐趣。

伊势源

建造于昭和 5 年（1930）。竹帘、招牌和入母屋式建筑都让人印象深刻。

这里的鮟鱇鱼火锅不用味噌汤底，而是利用鲣鱼干和酱油调味，来凸显鮟鱇鱼的鲜美。

神田薮荞麦面

创业于明治 13 年（1880）。修建于大正时代的店铺在火灾中烧毁，但灯笼保留至今。

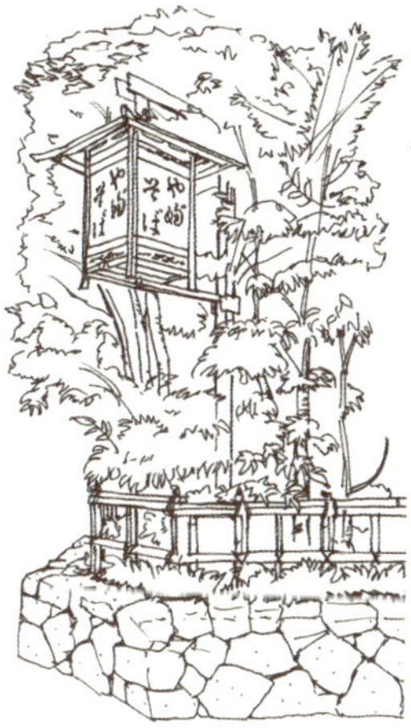

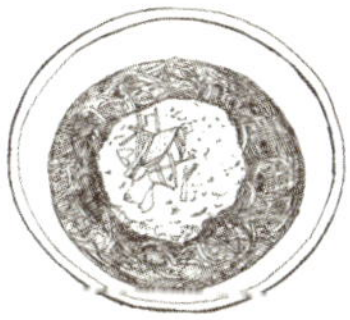

天妇罗荞麦面里的天妇罗用对虾和蔬菜炸成。

牡丹

创业于明治 30 年（1897）的鸡肉寿喜烧专门店。店铺建于明治初期，摇摇晃晃的老式玻璃窗别有韵味。

外墙使用木板，设计为日式风格，为了防火涂有灰浆。从窗框和扶手等位置可以看出是茶室风格的建筑。

神田松屋荞麦面

创业于明治 17 年(1884)，町屋式建筑[①]建于大正 4 年（1915）。灯笼和门帘等带有江户气息的标志一个不少。

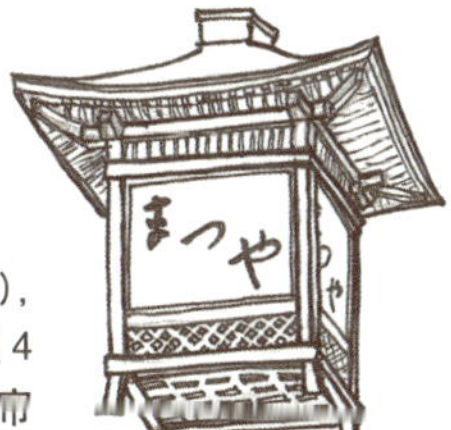

酸橘热汤荞麦面和芝麻蘸汁体现了传统口味上的创新。

①町屋式建筑：日本传统商铺建筑的式样之一。通常出入口面向街道，入口小但内部纵深，且二楼较一楼向外凸出。

UENO

上野恩赐公园里的近代建筑，街区里的西式建筑

上野

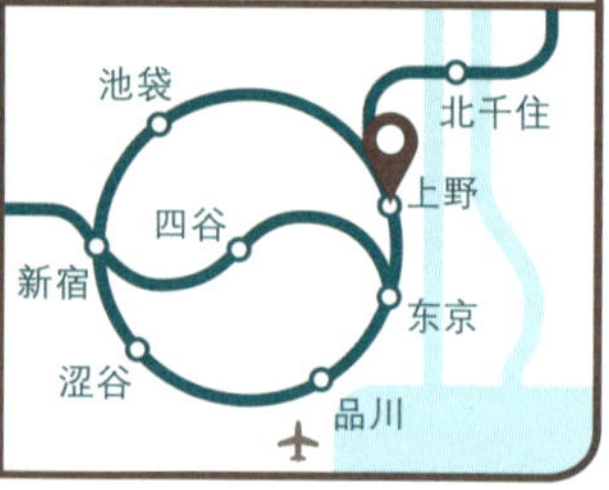

最近车站：JR 山手线等　上野站　公园口

区分明治、大正、昭和不同时期的建筑

明治时期，根据荷兰军医 Bouduin 的建议，原本位于江户城东北角鬼门外的宽永寺改建成了日本第一座公园。此后，博物馆、美术馆、图书馆等公共设施逐渐完善，建于明治、大正、二战前和二战后的近代建筑汇聚于上野恩赐公园。

建造的年代不同，构造、建材和设计也会不同。掌握了这些差异，就可以区分建造的年代。集明治、大正、昭和时期的建筑于一堂的上野恩赐公园最适合观察这些差异。了解判断建筑年代的方法后，就可以开始漫步街区了。

先来看看东京艺术大学的红砖 1 号馆和 2 号馆。这两座建筑均为砖石结构，墙壁厚达 50 厘米，门窗的上端为拱形，建于明治时代。

在大正时代末到昭和时期流行的是梳齿纹劈开砖。看见这个部件，就可以推测是这一时期的建筑。

建于二战前的建筑，在西式风格中常常带有日本特色，东京国立博物馆就是其中之一。

二战结束后，席卷世界的现代主义建筑登场。柯布西耶①采用钢筋混凝土，以地面、柱子和台阶作为建筑的主要元素，让墙面的设计更加自由，建筑样式也发生了巨大的变化。

另一方面，这片区域还有诸多为市民建造的西式建筑。在医疗和教育领域，引入西方技术的同时，建筑也采用了西式设计，留存至今。

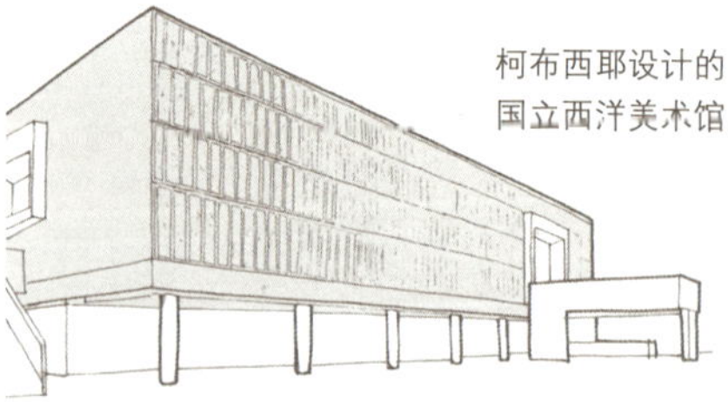

柯布西耶设计的国立西洋美术馆。

①柯布西耶：建筑家，提出“近代建筑的五原则”，对现代建筑的发展影响巨大。

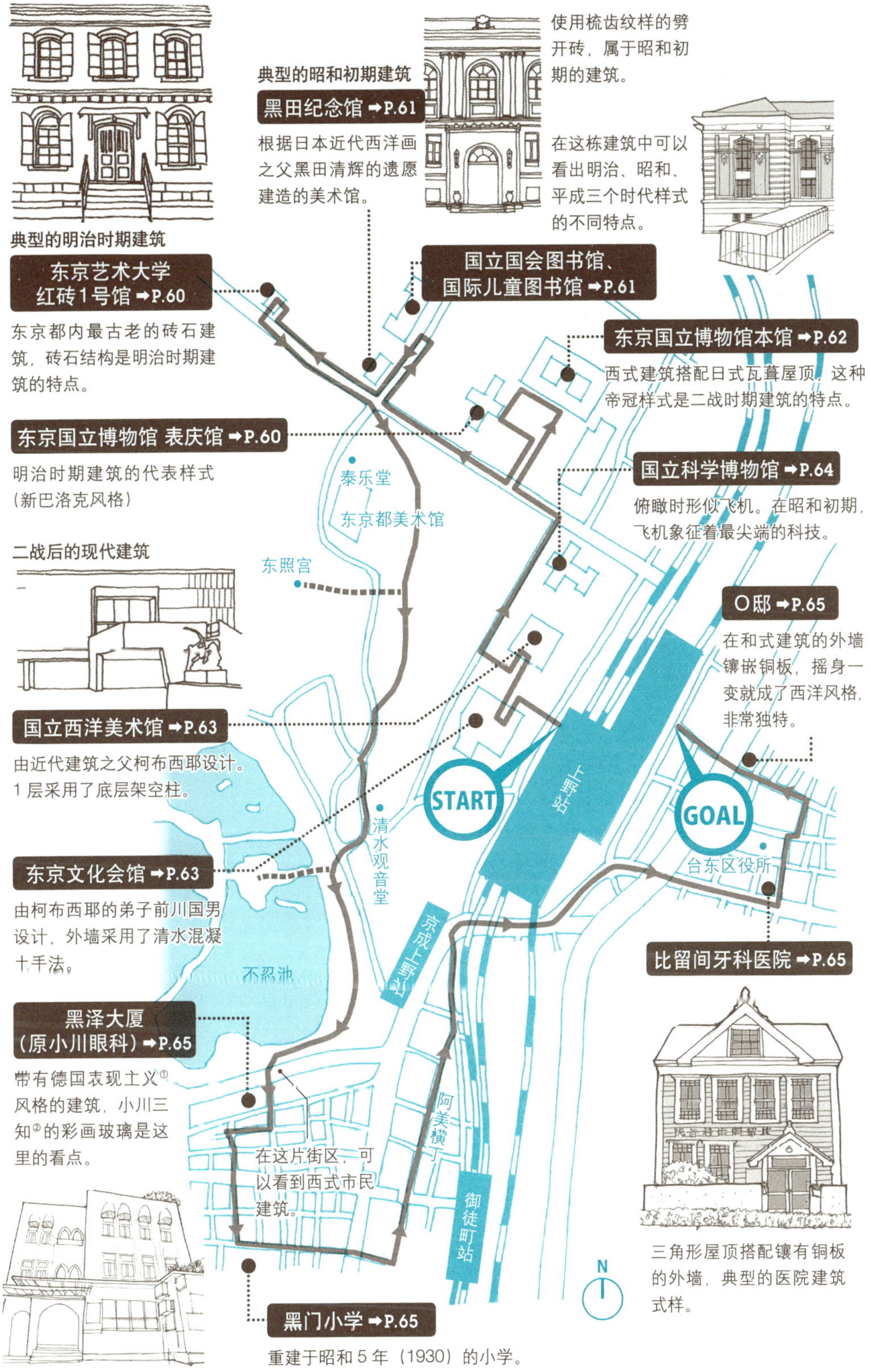

①德国表现主义：第一次世界大战后，以德语圈为中心兴起的艺术运动。建筑多使用钢筋混凝土，特征包括抛物线的大量应用。
②小川三知：日本的彩画玻璃艺术家，活跃于大正到昭和初期，作品中能感受到浓浓的日式风情。

分辨明治时期建筑的三个要点

砖石建筑不仅流行于明治时代，直到平成年代，砖石始终是人们喜爱的建筑材料。因此，要想判断一栋砖石建筑是否建于明治时代，需要观察三点：①外墙的厚度。②门窗上端的形状。③砖石的尺寸。

东京艺术大学红砖 1 号馆

建于明治 13 年(1880)，砖石结构，是东京都内现存最古老的砖石建筑。最初用作国会图书馆的书库。

考虑到日本气候多雨，木结构房顶上方盖有瓦片。

②窗户上端为拱形

如果有砌体结构[①]的拱形，则可能是明治时代的建筑。

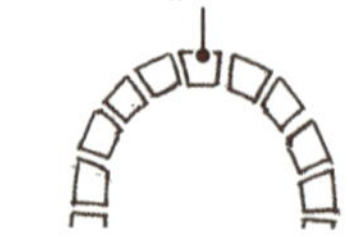

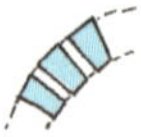

使用梯形砖。砖之间的接缝均匀是砌体结构的特点。

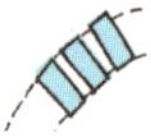

如果不用梯形砖，接缝就会参差不齐，这种情况大多不是砌体结构。

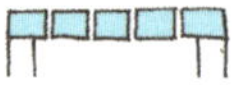

水平堆砌的砖石会掉落，因此，也一般不属于砌体结构。

此处称为檐口，上方架有支撑地板的梁木，是楼层的分界线。

①外墙较厚

不使用钢筋混凝土，只用砖石堆砌而成的砌体结构常见于明治时代的建筑，墙壁较厚。

1 楼外墙厚约 50 厘米
2 楼外墙厚约 40 厘米

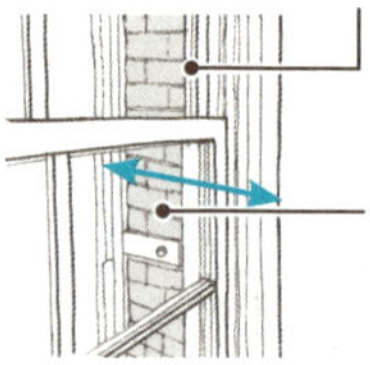

可以从窗户或门框处测量墙壁的厚度。

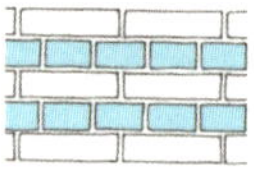

外墙为英式砌法（长侧面一列，短侧面一列，交替堆砌）。

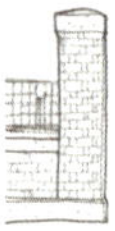

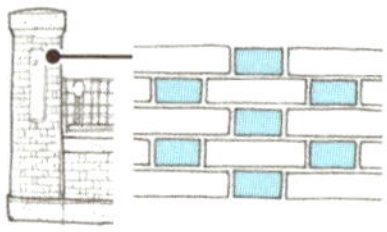

门柱为法式砌法（长侧面和短侧面横向交替排列）。

③测量砖石尺寸

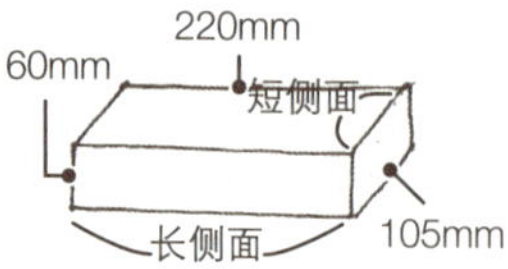

不是 210×100×60（毫米）的标准规格，据此可以判断是旧砖。

东京国立博物馆表庆馆

为庆祝大正天皇大婚而建，明治 41 年（1908）竣工。砖结构，外镶石材。设计师为负责设计赤坂离宫的宫廷建筑家片山东熊。

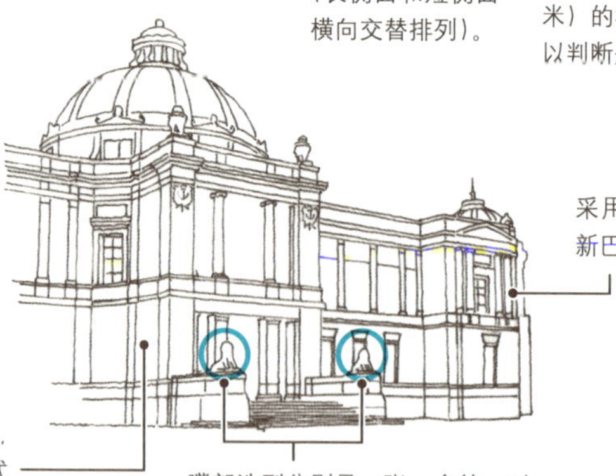

采用双子柱[②]的新巴洛克样式。

双子柱

在砖结构的主体外镶嵌石材，墙壁较厚。砖石建筑是西式建筑的精髓。

嘴部造型分别是一张一合的一对狮子像是当时的流行设计。

①砌体结构：以砖、石、砂浆砌筑而成的墙或者柱作为建筑物主要受力构件的结构。
②双子柱：柱子上端用水平建材连接的柱列。

大正、昭和时期流行的梳齿纹劈开砖

进入大正时期，混凝土和钢材开始运用于建筑上，修建平屋顶变得容易起来。外墙装饰通常使用砖、石和彩砖，墙壁的厚度减至 30 厘米以下。关东大地震后，带有梳齿纹样的劈开砖受到青睐。看到这种瓷砖，就可以大致判断是昭和初期的复兴建筑。

黑田纪念馆

建于昭和 3 年（1928），钢筋混凝土建筑，贴有梳齿纹劈开砖。

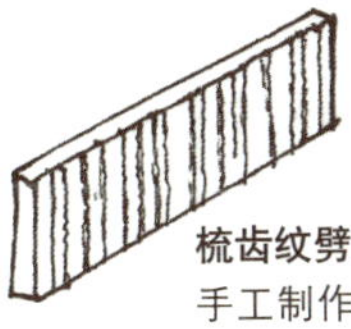

梳齿纹劈开砖
手工制作出梳齿痕迹。这种瓷砖的流行源于美国建筑师弗兰克·劳埃德·赖特在帝国饭店上的运用。

钢筋混凝土结构或钢架结构可以实现平屋顶。

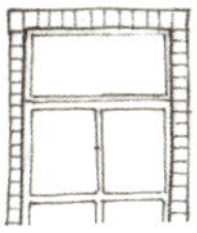

如果门窗的上部是平的，砖石或瓷砖通常是贴上去的，不是砌体结构。

玄关的扇形窗设计带有新艺术风格。

跨越时代的混合建筑

明治时期建成的部分为砌体结构，昭和时期建成的部分为钢筋混凝土结构，玻璃外墙部分建于平成时期，三个时代的不同风格汇聚于一栋建筑物中。现用作儿童图书馆。

国立国会图书馆 国际儿童图书馆

昭和时期

建于昭和 4 年（1929），钢筋混凝土结构，贴有瓷砖（部分为人造石）。

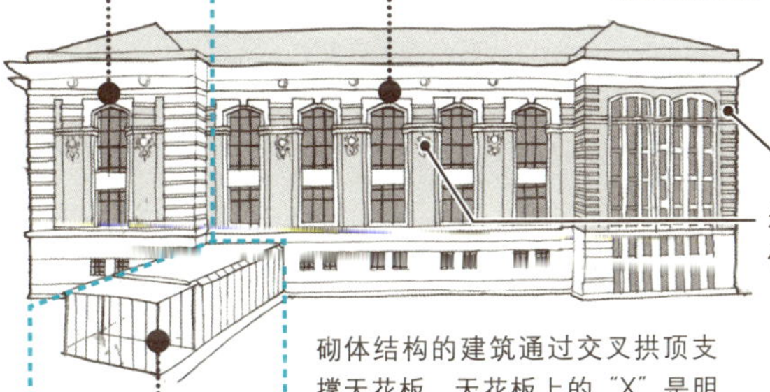

明治时期

建于明治 39 年（1906），砖石结构，钢架加固。用的是米黄色装饰砖（部分为安山岩白丁场石）。梁为钢架，墙壁为砖石。

砖石垒砌（法式砌法）

米黄色的装饰砖乍看之下不像砖石材料。

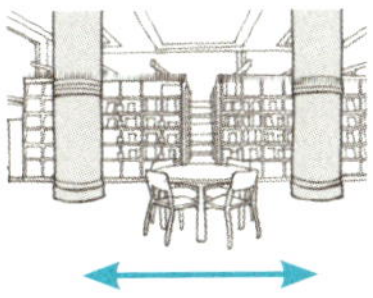

钢筋混凝土结构，因此柱子之间距离较大。砌体结构的建筑通常柱子之间的距离较短。

平成时期

平成 12 年（2000），根据建筑家安藤忠雄的提议，玄关大堂采用了玻璃外墙的设计。

砌体结构的建筑通过交叉拱顶支撑天花板。天花板上的“X”是明治时代建筑的又一标志。

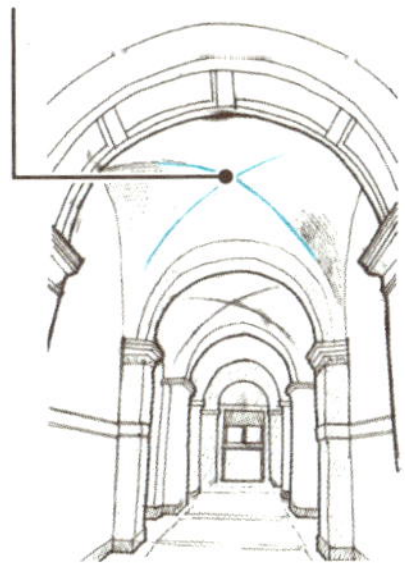

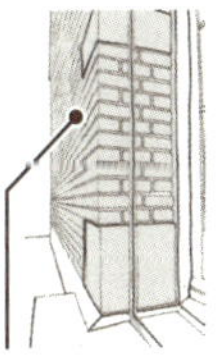

墙壁厚达 1 米，这是砌体结构才有的厚度。

由铸铁制作、沉甸甸的扶手是明治时代的产物。

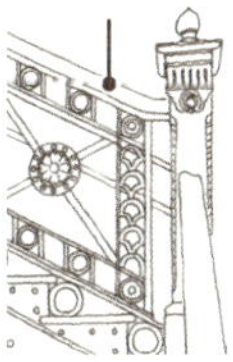

基本信息
台东区上野公园12-49
03-3827-2053

战火中的时代建筑

战火纷飞的昭和第二个十年（1935-1944），这一时期的建筑更为强调日本文化的独特性，被揶揄为“礼服大衣搭配丁髻①”，正如在西式主体建筑上顶着“日式帽子”的东京国立博物馆本馆。

东京国立博物馆本馆

建于昭和12年（1937），钢架结构，钢筋混凝土建筑。建筑师是曾经设计服部钟表店（现和光百货）的渡边仁。

基本信息
台东区上野公园13-9
03-5777-8600（服务电话）

鬼瓦
悬鱼
格栅

鬼瓦、悬鱼和格栅都是日式风格要素。

西式建筑配上和式屋顶，被称为帝冠式样。

玄关前设置门廊是欧美建筑的常见设计。

门廊
由柱列支撑的、带屋顶的入口。

没有西式建筑的平屋顶和穹顶，而是采用了圆瓦和平瓦相间铺设的仰合瓦式切妻屋顶②，简洁的窗户和椽表现日本风格。

鬼瓦
共使用了33块。33这一数字来源于观音可化身33种形态救济众生。

内部

在巴洛克式③楼梯上点缀日本风格的花纹，强调东方文化。

格栅天花板风格的顶灯
格栅天花板多见于寺院或武家住宅内规格较高的房间。

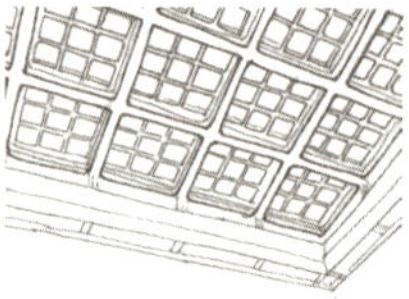

钟表浮雕

休息厅墙壁上阿拉伯风格的马赛克花纹。

楼梯平台处的彩画玻璃
上面有宝相花的纹样。

宝相花的纹样
宝相花融合了牡丹、莲花的特点，是一种想象中的花。

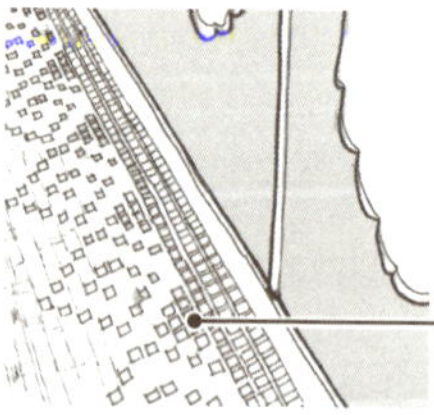

地板为马赛克瓷砖。

特意设计成东方风格。

①丁髻：日本传统上带发髻的男子发型的总称，剃去额发后将发髻向前弯曲。
②切妻屋顶：日本古建筑的一种屋顶构造，由屋顶一条正脊和四条垂脊组成，像一本倒扣的书，构造简单，较为常见。
③巴洛克式：1590年前后始于意大利的样式。巴洛克的语源为“不圆的珍珠”，以凹凸的曲线和椭圆等不规则轮廓为特征。

为市民而生的现代建筑

柯布西耶和弟子前川国男的建筑相对而立，共同的特征是采用天然建材和底层架空柱（由多个独立柱排列来支撑建筑，营造通透的空间）。现代化的市民建筑更为关注简洁的设计和空间的功能性。

国立西洋美术馆

柯布西耶在日本国内设计的唯一一座建筑，建于昭和 34 年（1959），钢筋混凝土造，可谓是近代建筑的先驱。平成 28 年（2016）入选世界文化遗产。

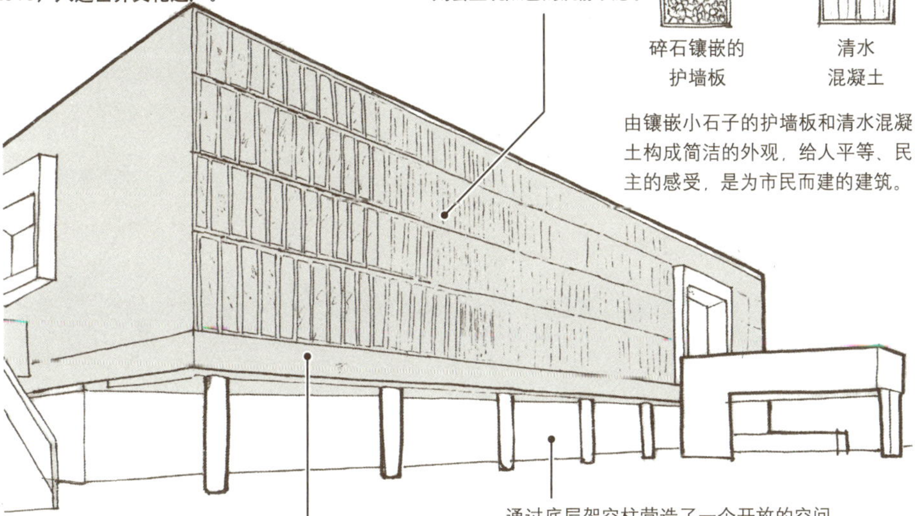

东京文化会馆

建于昭和 36 年（1961），钢筋混凝土建筑。由柯布西耶的弟子前川国男设计，可以看出对柯布西耶思想的继承。

俯瞰是飞机的形状

这是一栋以飞机为意象来设计的博物馆。在象征飞机头部、两翼和驾驶舱的位置都有特别的设计。一边想象着对应飞机的部位一边参观，是欣赏这座建筑的独特方式。

国立科学博物馆

建于昭和 6 年（1931），钢筋混凝土建筑，部分采用劲性混凝土结构，贴有梳齿纹劈开砖。

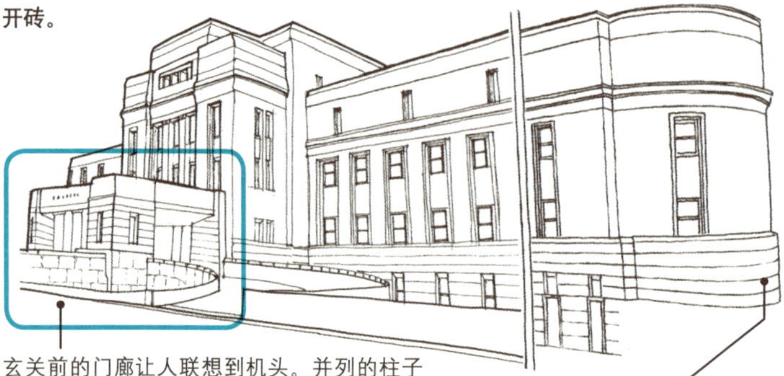

玄关前的门廊让人联想到机头。并列的柱子让人联想到古希腊、古罗马的神殿，属于新古典主义样式。

两翼为弧形。

建筑中央的穹顶仿佛是驾驶舱。

平面图

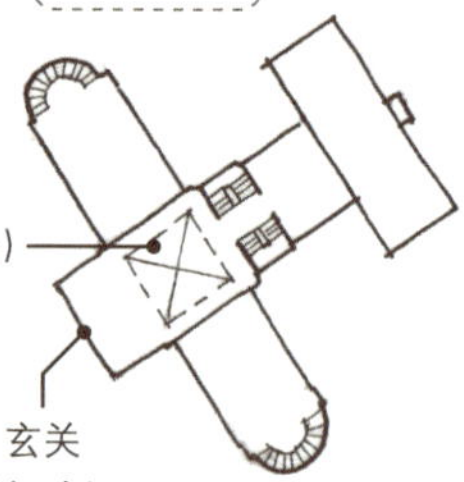

天井（驾驶舱）

玄关
（机头）

帆拱式的拱顶上有华丽的装饰。

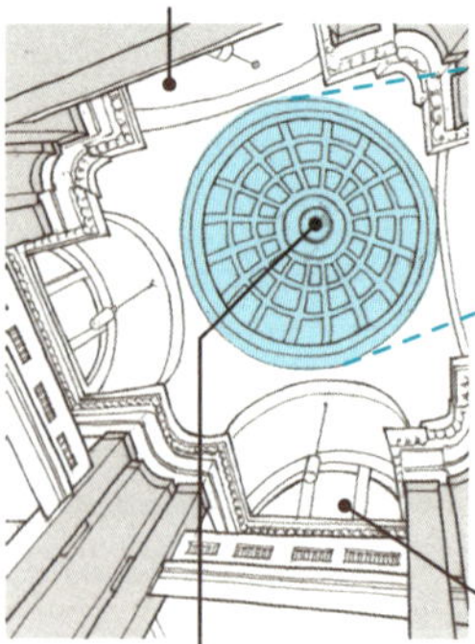

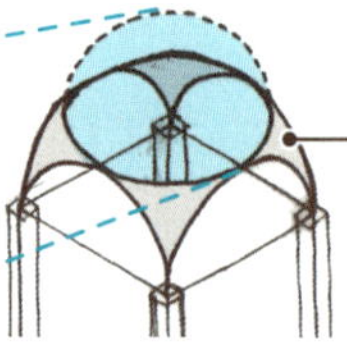

帆拱常见于伊斯兰教的清真寺。

在四方形的平面上加盖圆形穹顶是非常困难的。将四边的柱子作为脚手架，在上方加上拱形，并将各自的顶点连接在一起，形成的穹顶就叫做帆拱。

凤凰
由日本彩画玻璃之父小川三知的工坊制作。

顶部的彩画玻璃上是宝相花图案。

彩画玻璃的纹样采用了传说中的中国灵鸟凤凰①。

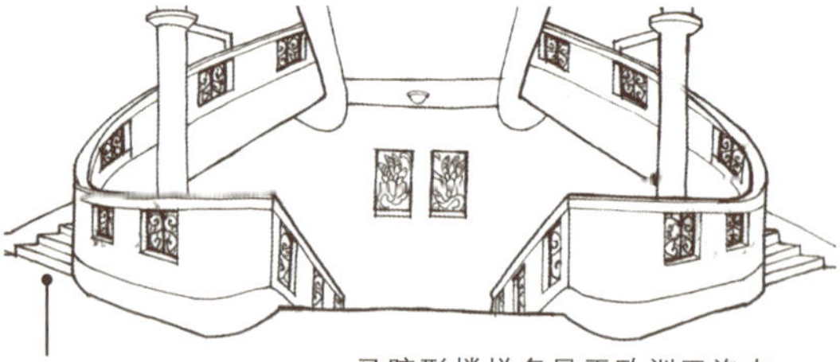

大楼两侧形似机翼的半圆形空间设计成了马蹄形楼梯。

马蹄形楼梯多见于欧洲巴洛克式样的建筑。

西式的彩画玻璃上使用了东方风格的图案。

基本信息
台东区上野公园7-20
03-5777-8600（语音服务电话）

①凤凰：象征着智慧，与科学博物馆非常相称。

上野一带的复兴建筑

仿照欧美的街区设计

在日本街区里寻找西洋建筑！

在上野附近的街区里，可以看到关东大地震后的复兴建筑。原有的建筑加强了抗震防灾功能，同时，生于昭和时代的人们接受了现代风格，对欧美文化的憧憬催生了一批西洋风格的建筑。

黑泽大厦（原小川眼科）

医生，也是大楼建造者的小川剑三郎在关东大地震发生5天后便恢复了医院的营业，为灾民带去了勇气。如今的建筑建于昭和4年（1929）。

基本信息
台东区上野2-11-6
03-3835-1011

尖拱形的哥特样式。

半椭圆形的窗檐受到了德国表现主义风格的影响。

彩画玻璃

装饰使用了小川剑三郎的哥哥小川三知设计制作的彩画玻璃。小川三知是从美国将彩画玻璃技法引入日本的第一人。

与西方的彩画玻璃制品不同，带有独特的日本风格。

许多作品的灵感源于日式隔扇。

关键部位采用西式设计，是这类市民建筑的特点。

拱窗营造出西洋风情。

O邸

在日式建筑的外墙装上铜板，既是表现西洋风格，也是为了防火。

弧形的转角和半椭圆形窗户带有德国表现主义风格。

黑门小学

重建于昭和5年（1930）的小学。玄关为装饰艺术风格。校舍四面的设计各不相同。从明治时期开始，校内就配置了桌子和椅子，致力于西化。

瓦檐饰

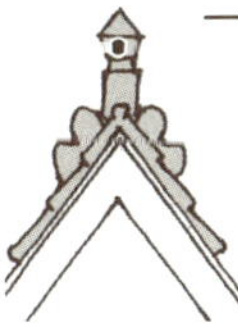

这是一栋标准的木结构洋房，坡屋顶、瓦檐饰、护墙板和提拉窗一个不少。

比留间牙科医院

建于昭和4年（1919），深绿色的铜板与白色窗框相映成趣。这座建筑由主人自己设计。

安装铜板是为了防火。

关东大地震后的复建桥梁

通过关东大地震后的复兴重建，城市的基础设施也得到了发展。当时，急于近代化的日本从西欧引入了最先进的建筑技术和设计，桥梁就是其中的代表。亲柱的设计展现了每座桥梁的不同特点。

亲柱不仅是装饰，也是路标。用汉字写有桥名的一端通常是街道的起点。

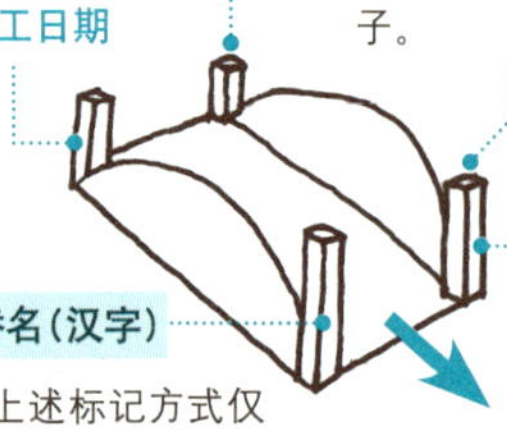

*上述标记方式仅为示例，不同的桥梁有不同的标记方式。

厩桥（台东区·墨田区）

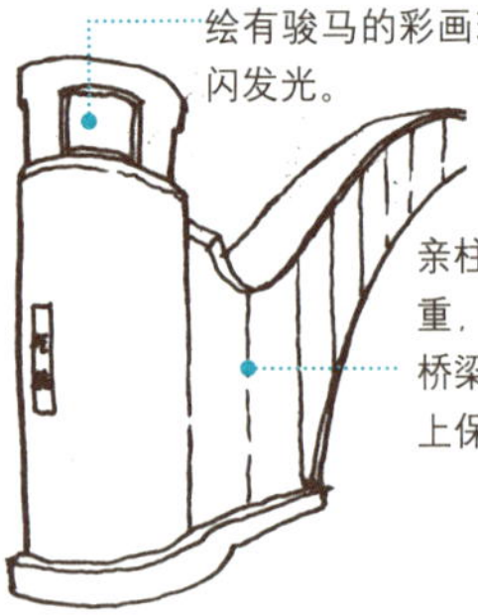

两国桥（中央区·墨田区）

新桥（港区）

桥梁也像人一样有"头、腹、腰"，以拟人的方式观察，能更好地理解。

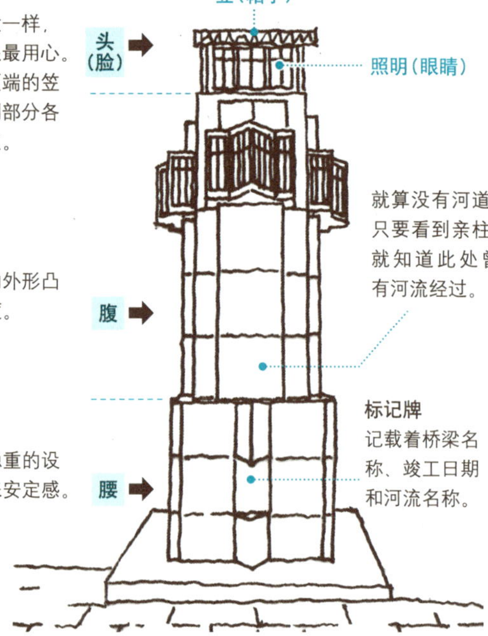

万世桥（千代田区）

山手

SHINAGAWA

品川不只是驿站街

品川

最近车站：京滨急行电铁本线　北品川站

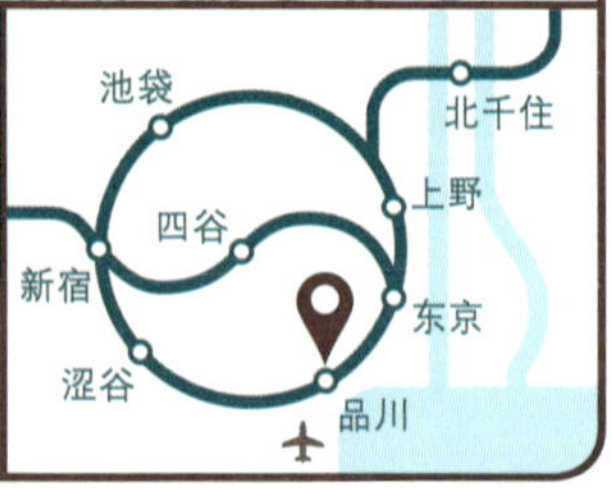

驿站建筑展现历史，富士冢和码头是江户的边界

品川是江户五大道之一东海道上最大的驿站所在地。历史上的品川是一片可以眺望海湾的街道，两侧寺院和游郭林立，还聚集了众多现已成为老字号的店铺。作为驿站街道，品川地区与渔业同时发展起来。

在这片区域散步的关键词是“边界”。品川位于两处重要的边界上，一是河与海的边界，二是历史上江户城区与郊外的边界。现在，在河与海交汇处仍建有供船舶停靠的码头，可以一窥当年的渔村风景。另一方面，作为江户城区与郊外的边界，建有众多寺院，各主要街道出入口处也可以看到六地藏神像、祭奠妓女的首冢和源于富士信仰的富士冢等。

可以将北品川站作为散步的起点，首先去码头看看。在江户时代，码头周围不是大海，而是河流。船只为了避开大海的风浪，停靠在目黑川河口。人们认为河口的三角洲蕴藏着灵力，因此建在河口的利田神社历史悠久，拥有诸多传说。

回到街道，路边能看到多座砖石建筑、出桁式的町屋和看板建筑的商店。这些店铺都保留着大正或昭和年间的流行样式。榻榻米店、鞋店与游郭的生意密不可分。有很多家从江户时代起经营至今的老店，店铺的样式随时代而改变。

这片区域的寺庙和神社大多使用砖石修建。砖石是明治时期流行的建材。从明治中期目黑川沿岸开设了砖石工厂后，砖石便开始普及。

品川的街道上，还有很多创业于明治时期的老字号点心店。这些老店带有旧时驿站街道的风格，可以想象自己品尝的正是当时的旅人们享用过的味道。

停船码头

河口处的码头风景

在江户时代，目黑川的河口曾是渔船停泊的码头。河口非常适合作为海上渔船的避风港。同时，由于海角和河洲自古以来被视为蕴藏灵力的地方，人们还在这里修建了寺庙与神社。

为什么还有私家栈桥

海角或河口是陆地和大海的分界。与人们生活的陆地相对，大海被视作神的领域。因此在凡界与神域的交界处常常建有神社。

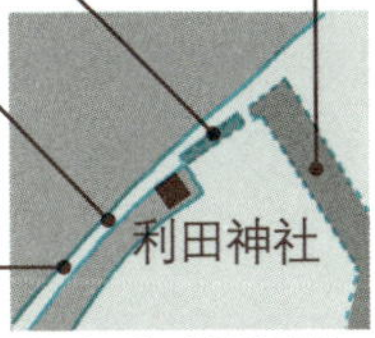

江户时代的风景

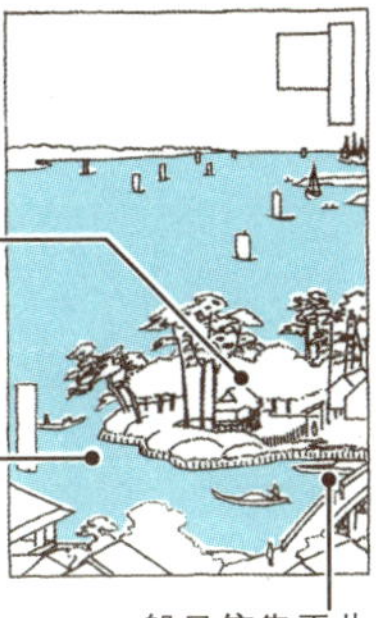

根据过去的习惯，与自家宅地同等宽度的水面可以私用，因此公共河道上也设有私家栈桥。

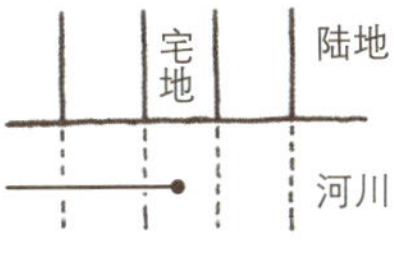

利田神社

曾经位于河口三角洲，宽永3年（1626）时请来了大海的守护神弁财天，为码头带来灵力。

鲸鱼冢

位于利田神社内，祭祀误入品川海湾搁浅的鲸鱼。

东海道 品川宿

街道的 3 个关键词

区分江户、明治、大正与昭和时期的不同景观

悠久的历史让街道的景观混合了各个时期的特点。通过神社寺庙、砖石和店铺门面这 3 个关键词，我们得以走近江户、明治、大正与昭和，了解不同时代的街道历史。

竹内医院

外观具有东瀛风情，是明治 45 年（1912）的建筑。

稻垣商店 · 点心店

店铺与对面神社的风景融为一体。形成了一个怀旧的空间。

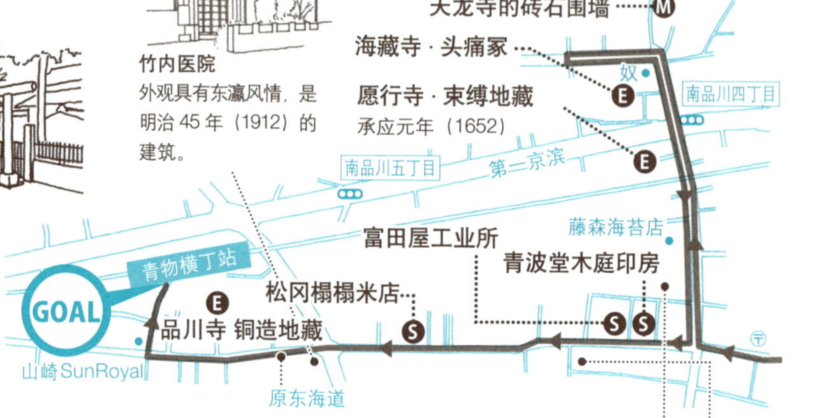

江户时代的石墙曾是海堤。

E 江户时代

江户时代的重要街道上，代表“圣”的寺院神社与象征“俗”的游郭相依相存。如果看到和圣俗相关的六地藏神像、妓女冢和灰浆浮雕，就是江户时代的景致。

品川寺 铜造地藏尊

地藏是掌管边界的神明。六座地藏被供奉在江户城六条街道的入口。寺庙建于宝永 5 年（1708）。

善福寺

墙上可以看到著名工匠伊豆长八的灰浆浮雕，创作于安政 7 年（1860）。

海藏寺 头痛冢

头痛冢里祭祀着去世的妓女。江户城的重要街道上都曾设置游郭。建于宝永 5 年（1708）。

M 明治时代

关键词是砖石。在明治时代的厂房建筑中，砖石不可或缺。工厂以外的地方也有应用。

日本 PAINT · 明治纪念馆

1887 ～ 1897 年间的目黑川周边厂房林立，明治纪念馆就是那个时代的遗迹。

这座砖石工厂于明治 20 年（1887），从深川搬迁而来。

法禅寺

在大门边，围墙的砖石上还保留着明治时代的刻印。

江户时期信仰富士山的人们来到富士冢，面朝富士山的方向礼拜。建于明治2年（1869）。

如今还有好几家古老的品川点心店。

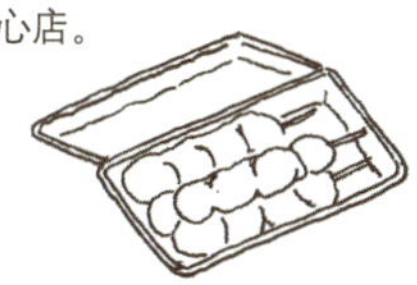

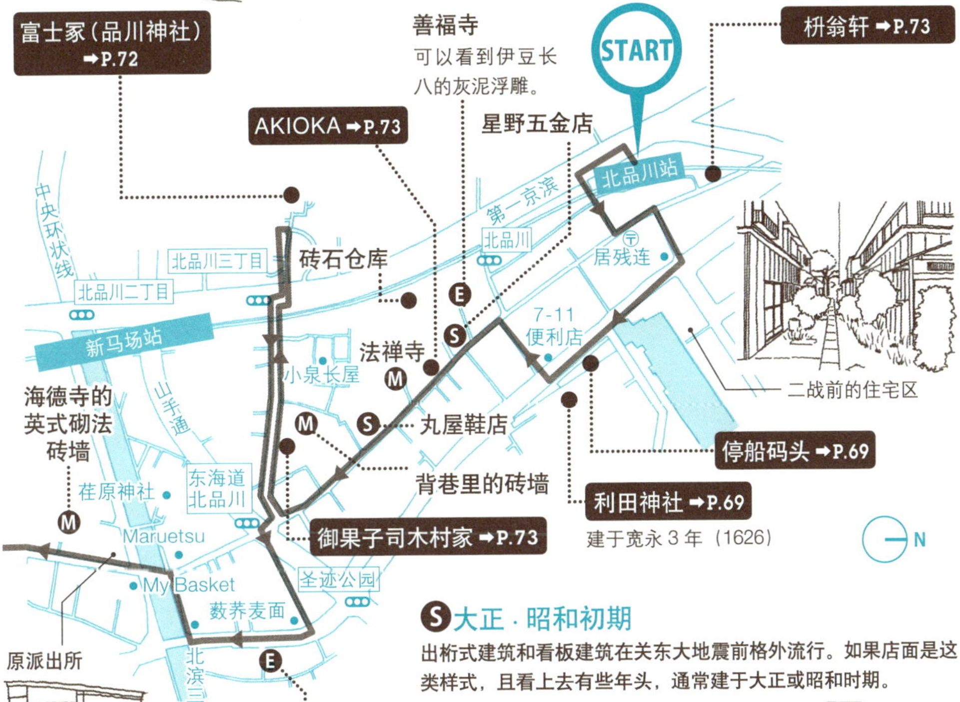

Ⓢ大正·昭和初期

出桁式建筑和看板建筑在关东大地震前格外流行。如果店面是这类样式，且看上去有些年头，通常建于大正或昭和时期。

装饰艺术风格的派出所是震灾后重建的建筑。

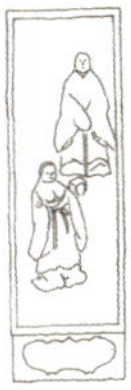

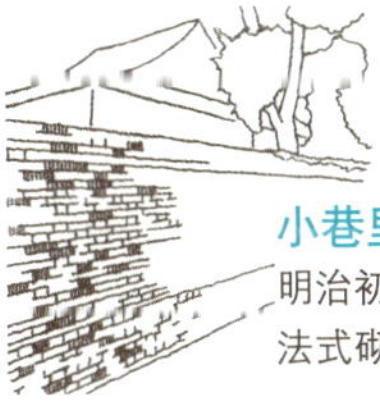

小巷里的砖墙

明治初期常见的法式砌法。

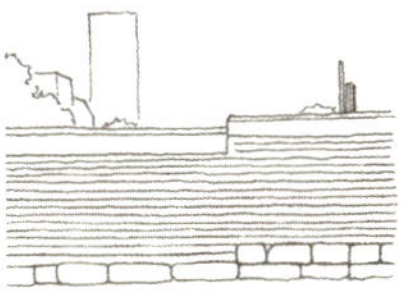

天龙寺的砖墙

明治中期后开始使用英式砌法。

松冈榈榈氷店

建于大正6年（1917），店铺创业于安永8年（1779）。

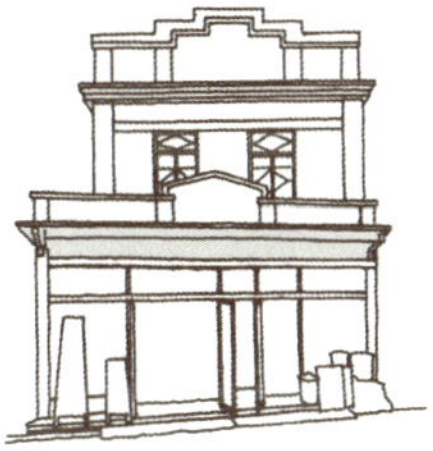

星野五金店

建于昭和初期，店铺创业于明治15年（1882）。

富田屋工业所

建于大正7年（1918），店铺创业于明治27年（1894）。

丸屋鞋店

建于大正初期，店铺创业于庆应元年（1865）。

富士冢
（品川神社）

寻找隐藏的
猿与蛇

小富士山

品川神社里的富士冢是模仿富士山形态堆成的小山丘。江户时代，富士山信仰盛行，各地纷纷建起这样的小山丘，信徒们登上山顶参拜。

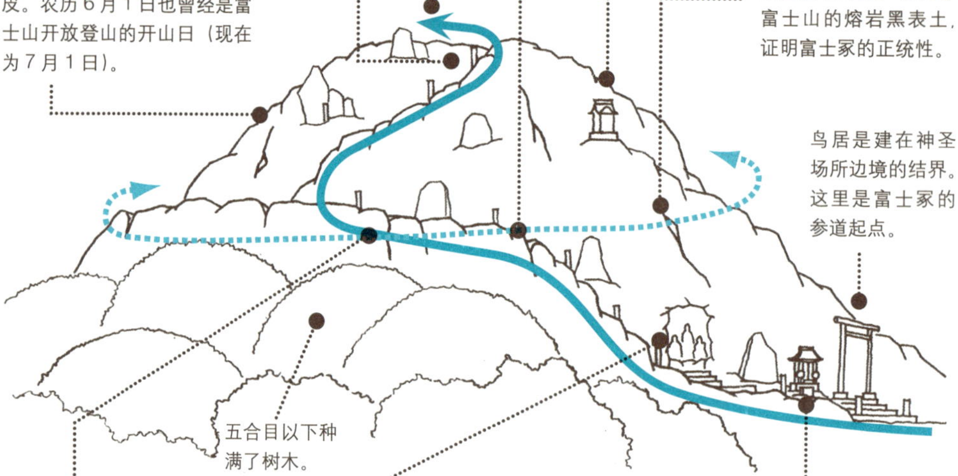

洞窟中的修行者
洞窟象征着母体，相传在此处潜心修行便能重生。

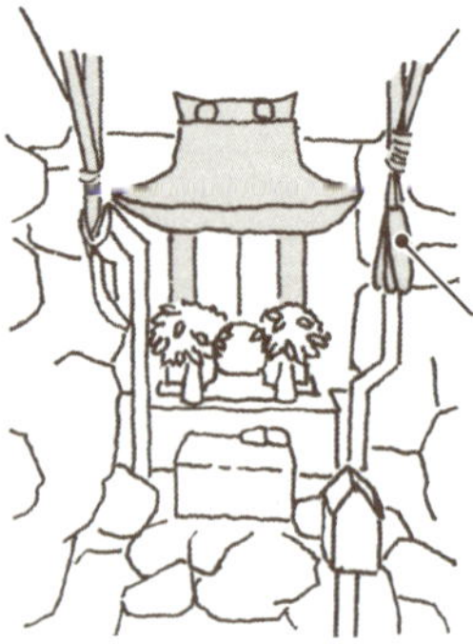

小知识 传说穿上模仿死者的白色装束登上富士冢礼拜，就可以重生。

①五合目：根据高度将山体划分为十段，一段为一“合目”。山脚为“一合目”，山顶为“十合目”，“五合目”通常在山腰处。这种划分方式通常用于富士山等成为信仰对象的山岳。

街边的名点心

传承至今的味道

诞生于驿站街道的名点心

街边有很多老字号点心铺，以出售米粉丸子和米饼的店铺居多，这些食物对过往的旅客们来说更容易饱腹。和店员聊聊，说不定能收获出乎意料的街道往事。

AKIOKA

创业于明治 28 年（1895）。将品川附近海域采获的海苔包在米饼外面，就是品川卷。AKIOKA 的品川卷在制作时注重口感，又细又长的外形是其特征。

米饼保质期长，常用作法事上的供品。

基本信息
品川区北品川2-2-8
03-3471-4325

枡翁轩

创业于嘉永 2 年（1849）。曾经是一间经营了近 200 年的茶屋，现在的主人是第六代传人。推荐甜辣口味的烤团子。

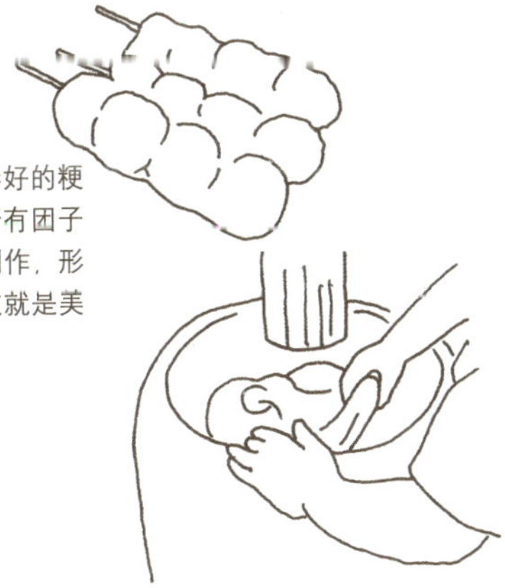

烤团子以舂好的粳米制成。所有团子均为手工制作，形状不一，这就是美味的秘诀。

基本信息
品川区北品川1-2-8
03-3471-3385

御果子司木村家

创业于明治 25 年（1892）的日式点心店，常有客人远道而来购买品川年糕。

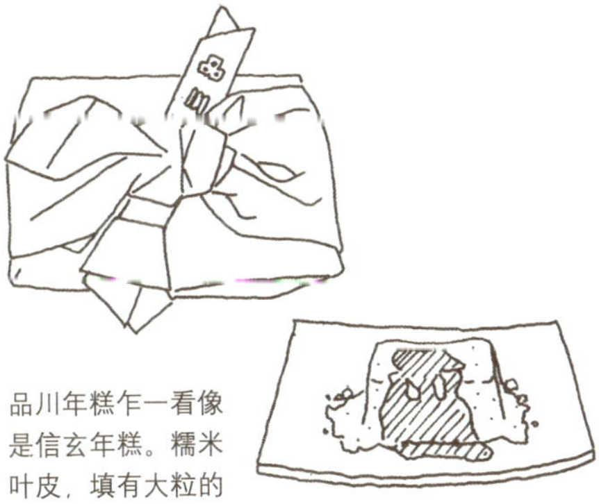

品川年糕乍一看像是信玄年糕。糯米叶皮，填有大粒的红豆馅。

基本信息：
品川区北品川2-9-23
03-3471-3762

AZABU

山丘与谷地，神圣与世俗

麻布

最近车站：都营大江户线　麻布十番站　7号出口

享受皱褶地形带来的景观变化

麻布区域的地形起起伏伏。历史上，河流由西南流向东北，形成了山丘和谷地，进而水流侵蚀山丘，形成了皱褶般的地形，很有特色。

江户时代的大名们曾在高地上建起下屋敷[1]，周围寺院林立。大面积的下屋敷用地后来成为了学校和使馆，高地也逐渐变为高级住宅区。

高地之间的洼地并未再开发，昔日的小巷得以保留至今。在洼地区域的长屋、墓地和涌泉口散步，便可一窥平民区的风貌。

从麻布十番站穿过商店街，进入环绕高地、夹在断崖之间的一条谷地小路，就能听到脚边从地下传来的细微流水声。位于谷地小路处的河流如今已被填埋，成了暗渠。在这里，可以一探曾经的河流痕迹。

沿谷地小路继续前行，会进入三面被高地环绕的洼地。洼地小巷子里的长屋静静地伫立在流淌的时光里，这里是步行的空间，车辆难以驶入。从洼地沿坡道向上走，回头一看，窄小而密集的商铺与巨大的宅邸形成鲜明对比，景色让人印象深刻。

将视线放远一些，山丘上随处可见教堂和寺院，是象征“圣”的灵地。与此相对，谷地则是象征“死”的墓地。谷地曾建有火葬场，可谓与死亡“比邻而居”。地形被赋予了信仰上的意味，这一点颇值得玩味。

散步的终点是麻布十番商店街。以更科荞麦面为代表，这里有不少从江户时代起营业至今的老店。书里也为大家介绍了能边走边吃的老字号店铺，一起来探索吧。

①下屋敷：在江户城内，大名被赐予大、中、小，不同大小的宅邸，分别称为上屋敷、中屋敷和下屋敷。下屋敷可以用于火灾时的避难，也是散心的别墅。

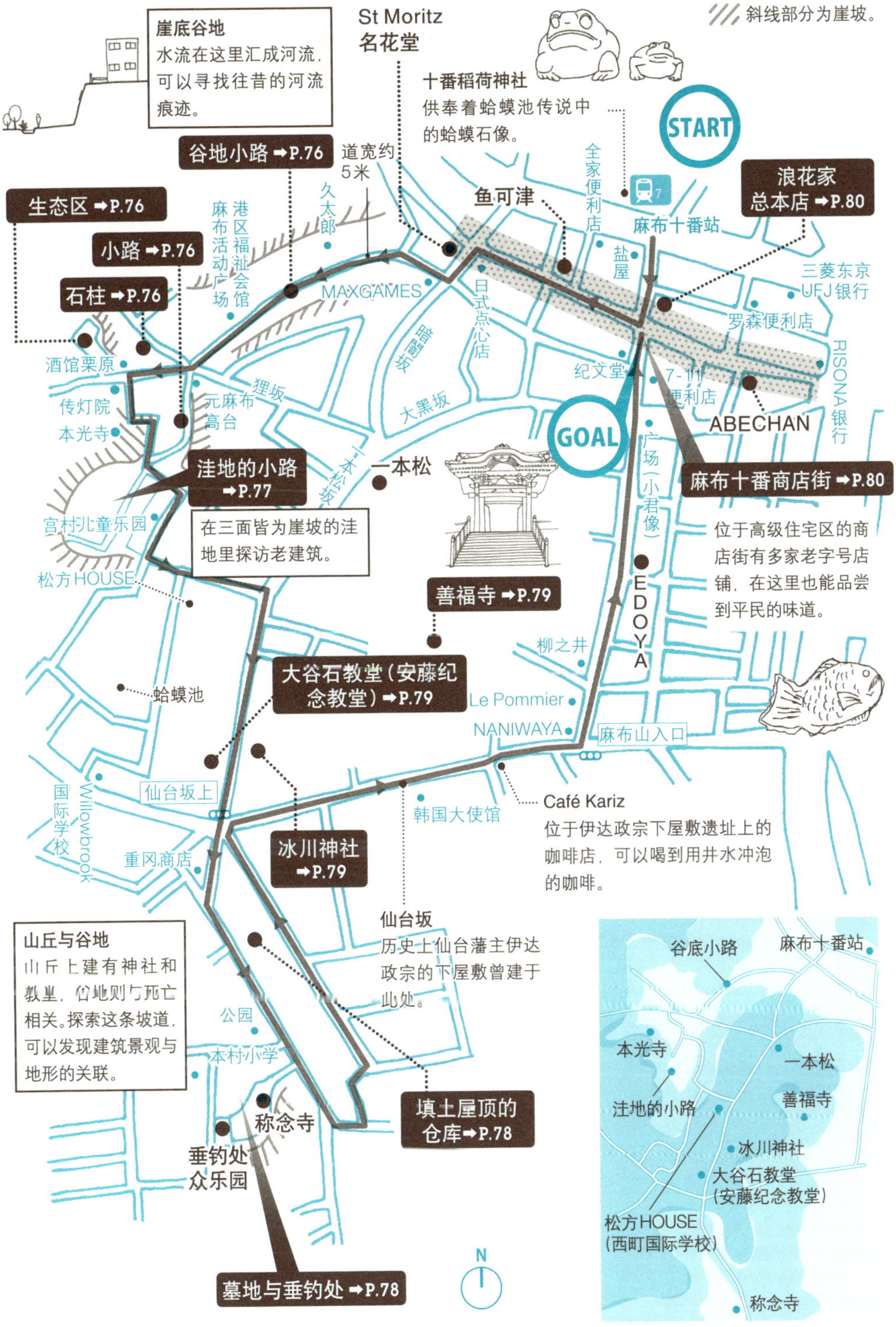

麻布一带地形多起伏，高地和洼地交错。（颜色深→浅表示海拔高→低）

谷地小路

这里有水流

寻找看不见的河流

谷地小路略带弯曲，两侧被高耸的崖壁包夹，很是奇特。过去只要一下雨，谷地就会积水成河。沿着下方有暗渠的道路向前走，就能找到曾经的河流痕迹。

如果两侧是崖壁或高地，谷地就会积水。现在的道路很有可能是昔日的河流。

谷地小路

可以选择雨天散步，侧耳倾听便能听到脚下暗渠里的水声。

修建护岸是为了防止湿气侵入和降雨时涨水。

如果井盖较多，很有可能是暗渠。

像是通到河边的楼梯。

道路地势较低的方向是下游，水向箭头方向流动。

小路

建筑或住宅间的狭窄小路很有可能是暗渠。

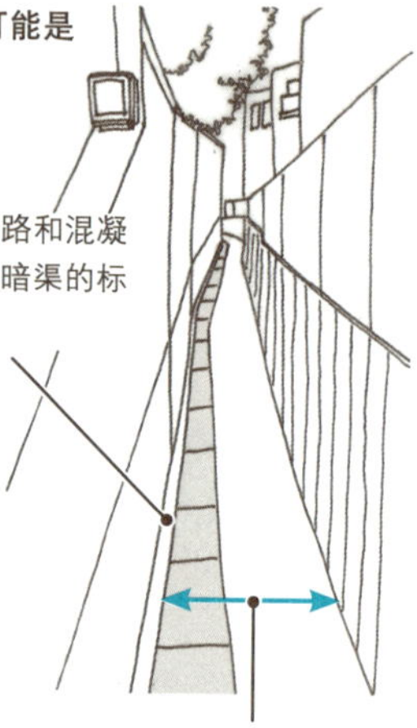

弯曲的道路和混凝土盖板是暗渠的标志。

宽度不到 1 米的狭窄小路可能曾经是河流。

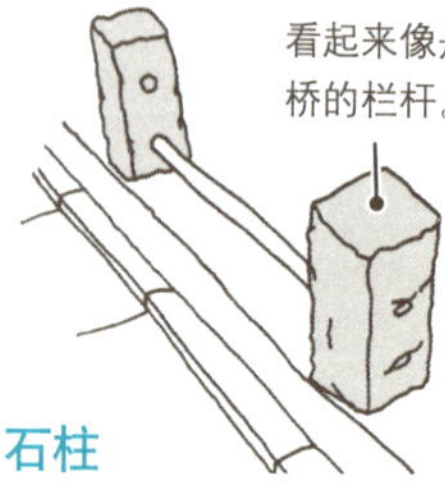

看起来像是桥的栏杆。

石柱

石柱表示水流从暗渠流至地表的出口（明渠）就在附近。

生态区①

利用从崖壁下涌出的水，建成了一个小型生态区域。

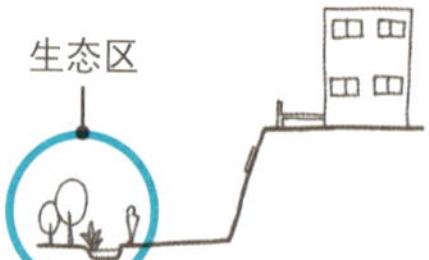

（现已不再使用崖壁下涌出的水）

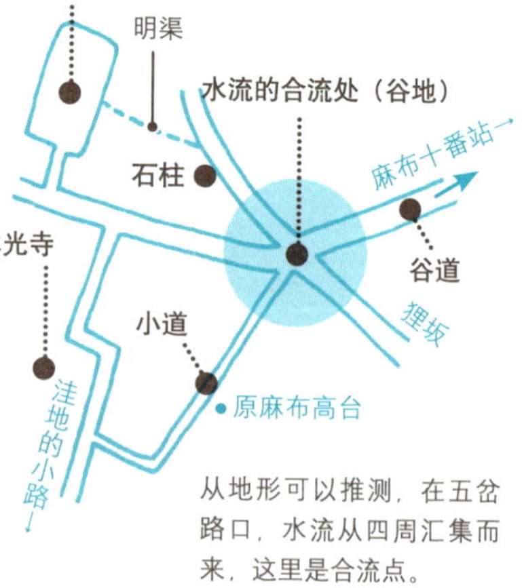

从地形可以推测，在五岔路口，水流从四周汇集而来，这里是合流点。

①生态区：Biotope，又称群落生境，是为了保护自然生态系统而人工营造的水边生态环境。

洼地的小路

感受昭和的余韵

时光仿佛静止的洼地街区

洼地里的小路仿佛已经被时代遗忘。走进去，能看到路旁伫立着历史悠久的长屋，镶木板的墙壁、木窗、屋外的铸铁电灯和盆栽都让人仿佛回到了过去。漫步这片留住了旧时光的街区，感受昭和的余韵吧。

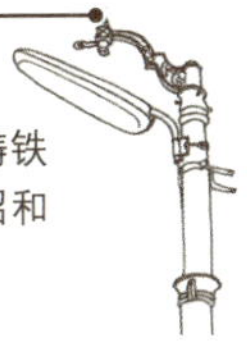

路灯
如今少见的铸铁路灯流露出昭和时代的气息。

高地上的高层建筑与洼地之间有段距离，不会影响洼地建筑物的采光。

洼地底部平坦，因此光照良好。

洼地的生活
坡面未经开发，没有高层建筑，因此坡底部的日照良好且并不潮湿。洼地的地形也确保了生活必需的水源。

洼地的小路

道路的尽头是崖壁，少有行人经过，是一片静谧的区域。

不通的道路是这里安静的原因之一。

阳台设置在朝南的建筑正面。

精心打理的玄关展现了邻里之间的友好氛围。

只有50厘米的小花坛，也可以视作庭院。

小路宽约2.5米，车辆无法进出。车辆能否通行会影响小路的景观。

庭院般的小路
各家的玄关并不相对，而是全部朝南。小路的宽度可以确保室内的采光。

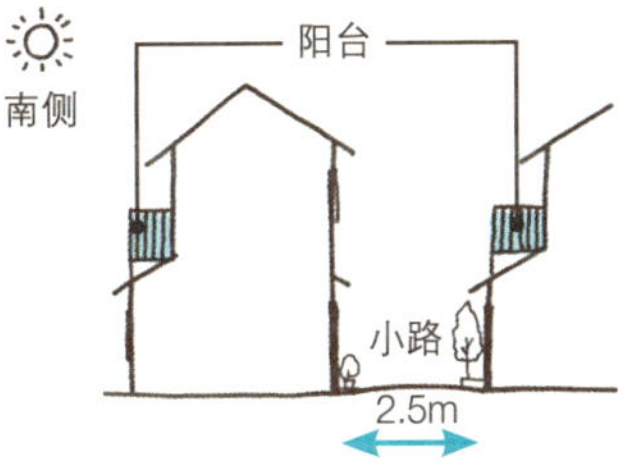

建筑腹背相对，小路就像自家屋前的庭院。

住宅的设计
格栅门窗起到了遮挡视线的作用，确保隐私的同时带来了良好的通风与采光。在潮湿且房屋之间距离很近的环境下，这样的设计是必需的。

老旧的护墙木板内侧是土墙，可以缓解潮湿。

格栅门窗可以保护面朝道路房间的隐私。

阳光透过疏密相间的格栅射入室内。

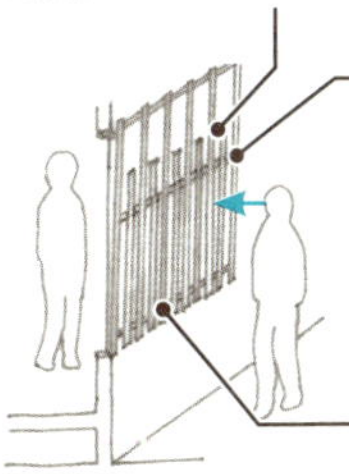

下方密集的细格栅可以遮挡视线，上方稀疏的粗格栅保证了室内的视野。

格栅具有防盗作用，通风效果也不错。

山丘与谷地

从神圣到凡俗

坡道的明与暗

坡道的上方建有象征神圣的建筑，例如寺院、教堂和神社，靠近下方的建筑则与阴界相关。坡道的中部也一分为二，高处是大宅，低处是平民的家。这种“明”与“暗”的对比，富于故事性。

填土屋顶的仓库

屋顶与天花板之间填入土，用来隔热。具有这种填土屋顶的仓库称为“豆腐仓库”，因为去掉屋顶后，建筑就会变成像豆腐一样方方正正的形状。

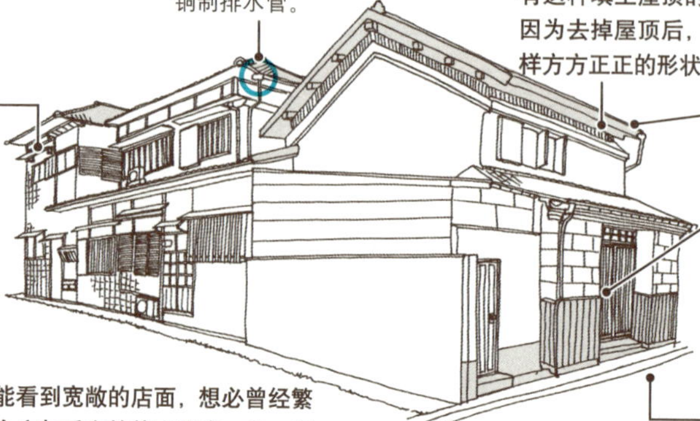

坡道的上半段能看到宽敞的店面，想必曾经繁盛一时。店铺仓库与后方的住宅连成一体，很是气派。

垂钓众乐园

沿墓地所在的斜面走到底部，有一块池塘，现在是收费的垂钓场所。

六地藏·六观音
供奉着六地藏和六观音，表示此处是通向另一个世界的入口。

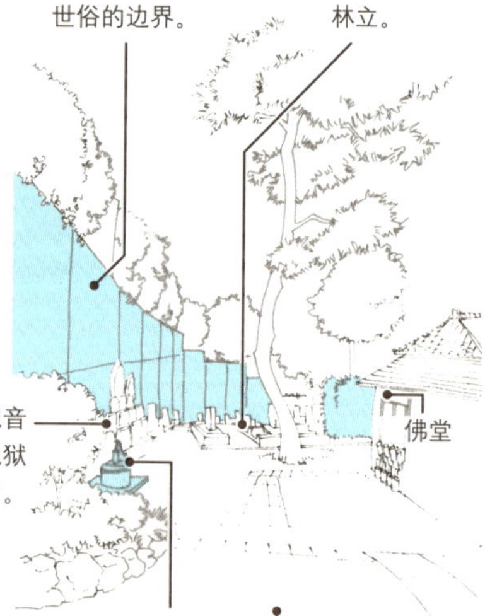

称念寺的井
在过去，逝者可能就在井前的空地上火化。

称念寺

崖壁下是一片墓地，一直延伸到谷底。

小知识 六地藏神像前留有空地，是为了便于葬礼时抬着棺材在此处转圈，祈祷逝者不要回到阳间。

使用大谷石的教堂（安藤纪念教堂）

大正 6 年（1917）建成，属于罗马风格。

教堂的创立

创立者安藤太郎在出任首任夏威夷总领事时接触到了基督教，与夫人同时受洗，后捐赠自家宅邸作为传教所。

位于坡顶的“一本松”相传是神明降临之处。

山丘顶部或中部较为开阔的地段是历史上武家宅邸的遗迹，现建有大使馆和高层公寓。

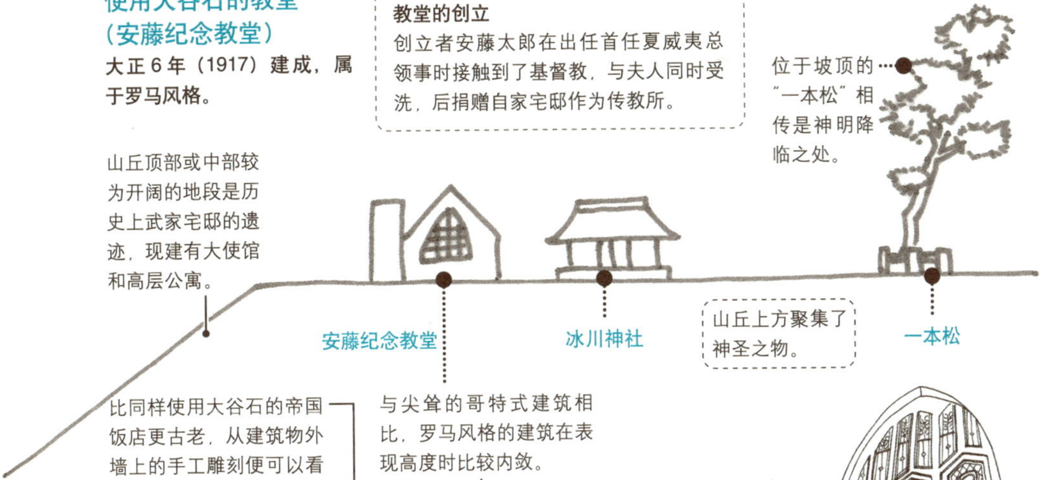

山丘上方聚集了神圣之物。

比同样使用大谷石的帝国饭店更古老，从建筑物外墙上的手工雕刻便可以看出这一点。

与尖耸的哥特式建筑相比，罗马风格的建筑在表现高度时比较内敛。

彩画玻璃由从美国学成归来的小川三知制作。

经历关东大地震，仍岿然不动的坚固构造。

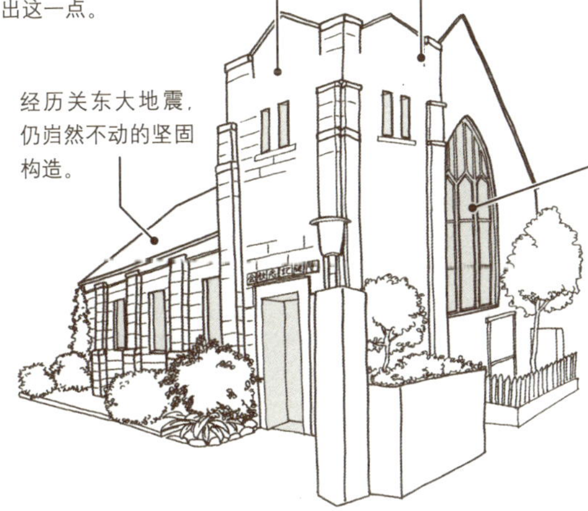

彩画玻璃上有“夏威夷首次受洗者”的纪念文字。

一本松

位于坡顶，传说是通天的神木。

唐破风①弯曲向天。

善福寺

寺内流传着通天银杏和地下涌水的传说。

冰川神社

山丘上视线所及之处的居民，皆为氏神的子孙。

神明镇守高地的边缘

在能够眺望整个街区的小山丘边缘，往往建有历史悠久的神社和寺院。就像嫩芽韧久成长一样，人们相信边界或地表突出的地方蕴含着生命力。

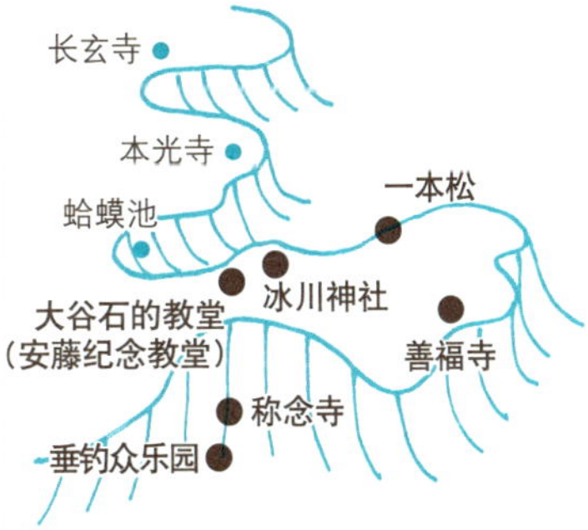

①唐破风：两侧凹陷，中间凸出成弓形的日本传统建筑部件。

麻布十番商店街

品尝平民的味道

属于平民的麻布十番商店街

麻布十番街位于通常是富人区所在的高地区域，却洋溢着平民住宅区下町的风情。这条拥有众多老字号店铺的商店街古往今来都充满了活力。不少店铺都采取了街边制作的方式，可以一边吃一边欣赏制作过程。这里介绍几家让人想一尝味道的别致店铺。

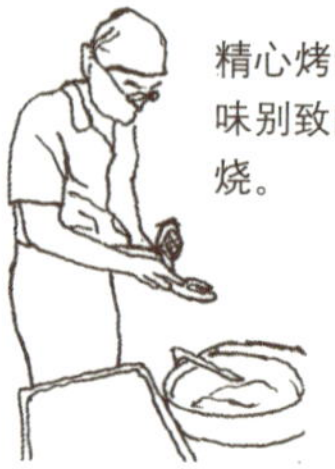

精心烤制、风味别致的鲷鱼烧。

St Moritz 名花堂

充满怀旧氛围的面包店。

用保鲜膜包着的面包有一种回忆里的味道。

蛋糕中间夹着羊羹的“西伯利亚蛋糕”。

基本信息
港区元麻布3-11-6
03-3408-6381

浪花家总本店

明治 42 年（1909）创业的老字号鲷鱼烧店，门口总是排着长队。

基本信息
港区麻布十番1-8-14
03-3583-4975

鱼可津

售卖鱼类套餐的餐厅，可以品尝到直接从市场进货的应季鱼类。店里的当日特选套餐最为新鲜。

基本信息
港区麻布十番1-6-5
03-3401-7959

ABECHAN

烤鸡肉串的香气会让路人和游客都停下脚步。无论是在店内品尝还是买来送人都很合适。

基本信息
港区麻布十番2-1-1
03-3451-5825

虽然是烤鸡肉串专卖店，但煮牛肠也很受欢迎。

EDOYA

西餐厅，有蛋包饭等多种经典菜品。要注意周末和法定节假日不提供蛋包饭。

基本信息
港区麻布十番2-12-8
03-3452-2922

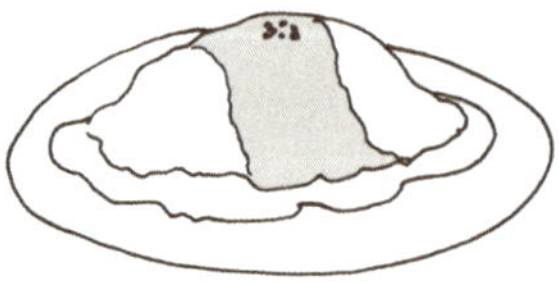

小知识 创业超过 200 年的老字号店铺更科荞麦面在麻布十番街有 3 家分店，每家店的创业故事都不同。

从坡道的名字想象昔日的风景

江户人给坡道取名字的方式非常直率。长坡的就叫长坂，阴暗的就叫暗闇坂。通过这些传达了感官信息的名字，可以想象江户时期的坡道风景。江户的街区很少有街道名，下町通常以桥名为标记，山手区域则以坡道名为标记。

眺望风景

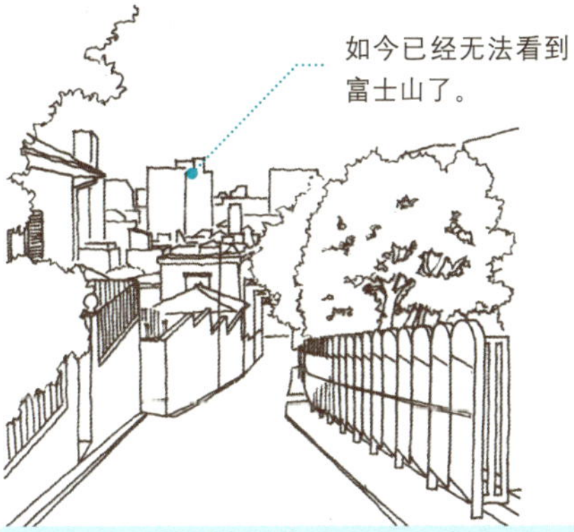

富士见坂（台东区谷中）

正如其名，曾经从富士见坂可以看到富士山。富士山位于江户西侧，因此这条路曾经朝西。汐见坂（位于港区虎之门）的“汐”指东京湾，因此道路朝东。可以眺望江户城的坡道被命名为江户见坂（位于港区虎之门），朝向东北。

观察地形

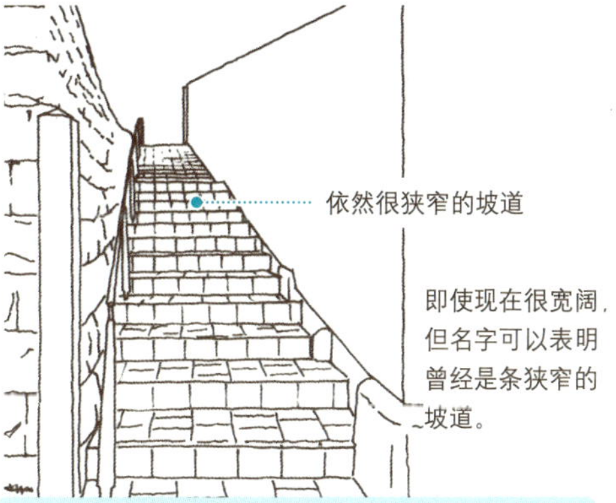

袖摺坂（新宿区牛入神乐坂）

袖摺坂因窄得让错身而过的行人袖子相蹭而得名。有七道弯的称为七曲坂（新宿区下落合），蛇坂（港区三田）和鳗坂（新宿区牛入）也是弯曲的坡道。鼠坂（文京区音羽）因像老鼠洞一样狭窄而得名，大坂（目黑区青叶台）则因大而得名。这些都是用地形命名的坡道。

丈量坡度

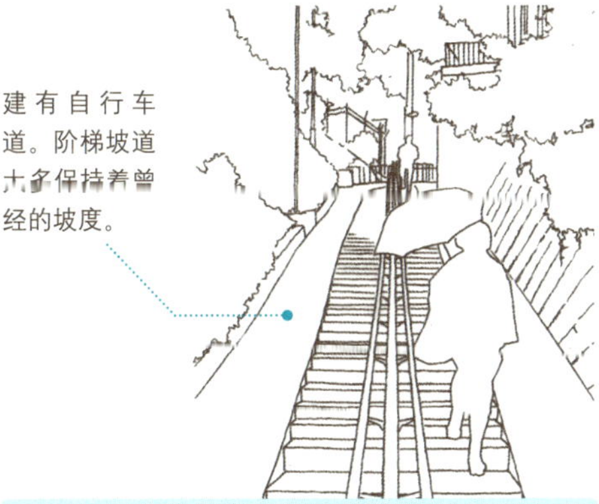

胸突坂（文京区目白台）

因坡度大，爬坡时需要前倾身体乃至膝盖碰到胸部的程度，所以得名胸突坂。炭团坂（文京区本乡）也是因为坡度较陡，行人容易摔倒在泥中，以至于脏得像黑煤球而得名。此外，有台阶的坡道还有雁木坂（港区麻布台）、梯子坂（新宿区新宿）。

感受明暗

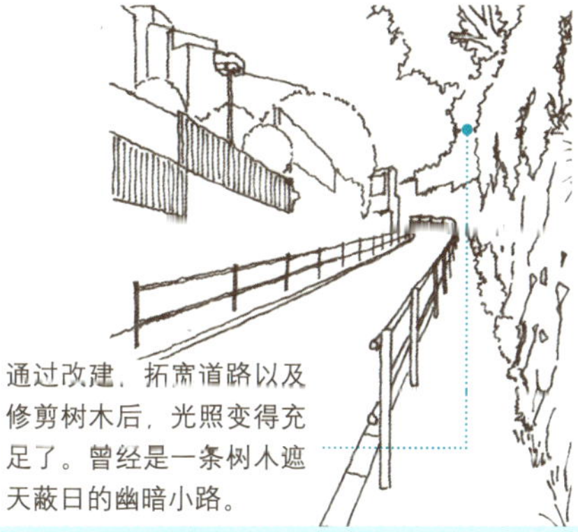

暗闇坂（港区麻布）

昏暗的坡道充满危险，因此得名。这里曾经树木茂密，光线昏暗，被称为暗闇坂。日无坂（文京区目白台）和树木谷坂（文京区汤岛）同样因幽暗而得名。

ARAKICHO (YOTSUYA)

洼地中“不可思议的国度”

荒木町(四谷)

最近车站：东京地铁丸之内线　四谷三丁目站　2 号出口

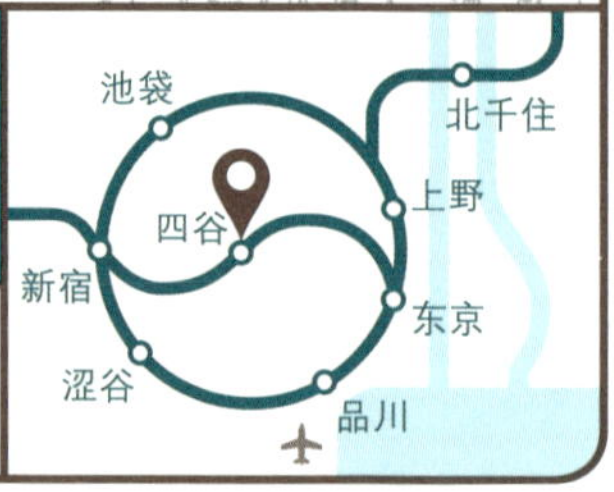

水流与坡道营造出洼地里的异质空间

荒木町是一片地形低于四周的洼地，底部平坦。因此，虽然与周围环境相连，却宛如陆地上的孤岛，成了一片异质空间。荒木町在江户时期曾是大名庭园的池塘，明治时期改为民用地。游人们欣赏池塘边的瀑布，或在池上泛舟，整个地区热闹起来，逐渐发展成了一条花街。

通向洼地的下坡是异质空间的出入口，一路下行，仿佛走向了另一个世界。

从四谷三丁目站沿车力门通向下，走到金丸稻荷神社。可以看看神社围栏上留下的昔日花街上的料亭名，然后沿神社旁边的小路前行。狭窄的台阶小路曲折蜿蜒，让人心中逐渐生出对前方景色的期待。

下坡路的尽头是一方池塘（策之池），供奉着神明弁财天。弁财天是象征水和技艺的神明。水暗示风俗业，加上艺伎需要的“艺”，保佑着花街的繁荣。

再向前走，便走到了基石上刻有“仲坂”的一条笔直长台阶。按照自然地形，坡道和台阶理应是弯曲的，所以直线台阶可以推断是人工之作。台阶的顶端就是崖壁，可以看出，荒木町原本三面被崖壁包围，之后在余下的一面筑起堤坝，便形成了现在的洼地地形。因为是人工建造的堤坝，因此坡道也是直线的。

汇集在洼地的水流据说会流向修建于江户时期的石头暗渠。根据地势的走向，想象水流的方向，再寻找暗渠的位置，想必很有趣。

还可以看看各户人家的外墙。镶嵌石头的勒脚、开在围墙上的入口，都是花街常见的设计。感受花街的余韵，是在荒木町散步的独特体验。

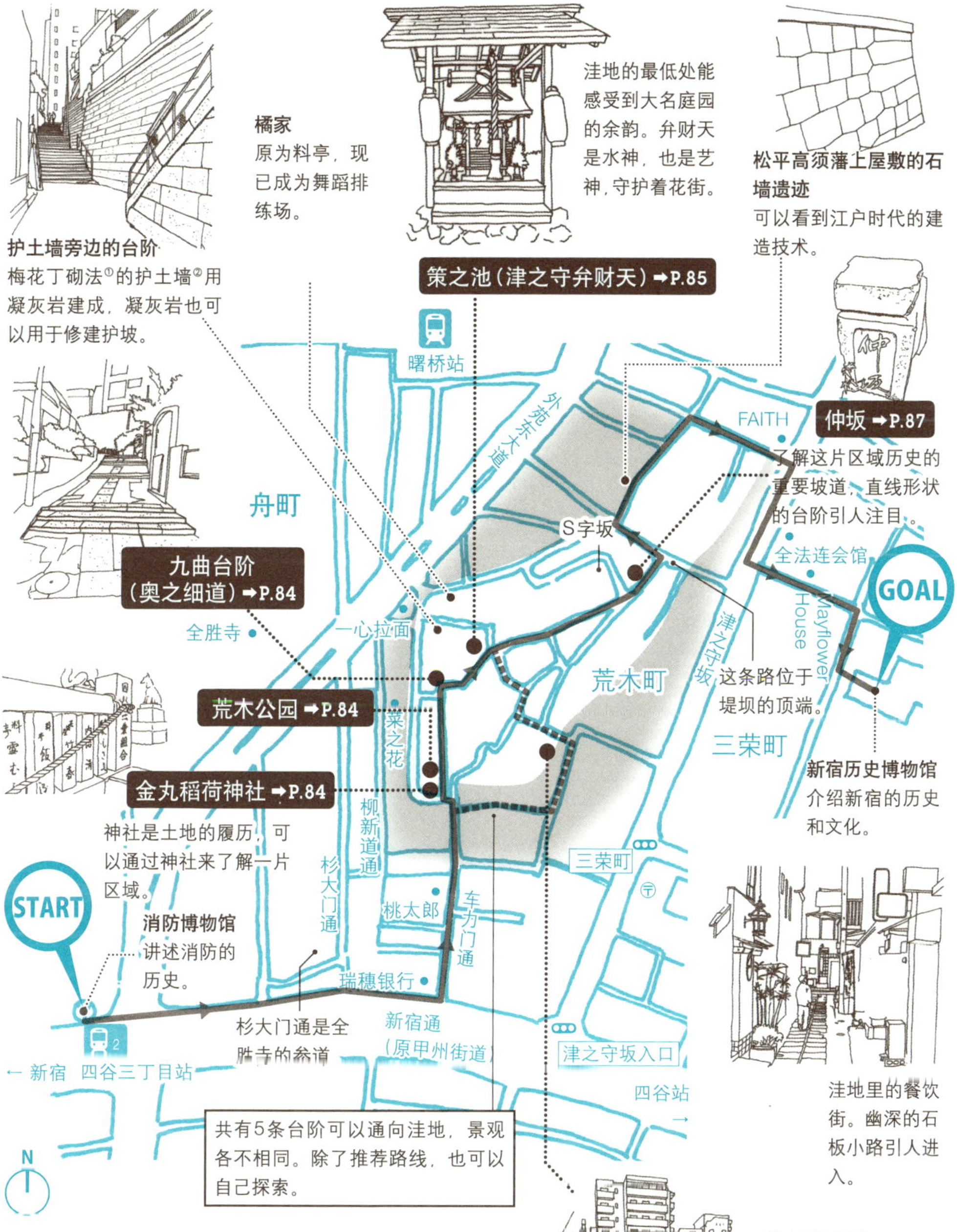

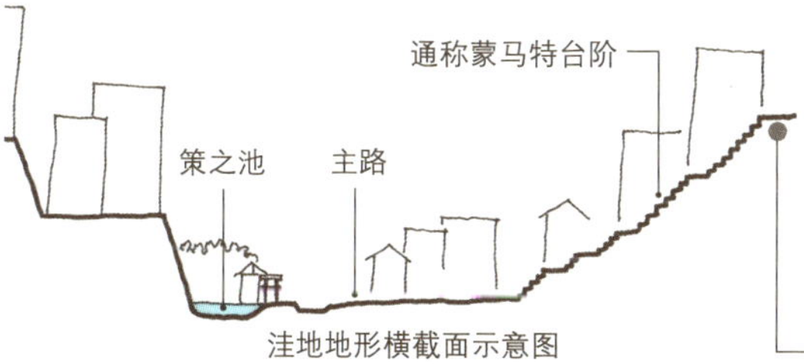

洼地地形横截面示意图

蒙马特台阶
➡P.84
拥有和巴黎蒙马特地区相似的景观，由此得名。陡峭笔直的台阶让人真切地感受到洼地的深度。眺望对岸，便能目测洼地的面积。

①梅花丁砌法：又称英式十字砌法，指长边与短边交替排列的砖石砌法，与法式砌法相似。横滨市内的老城区保留有大量采用梅花丁式砌法的建筑。
②护土墙：防止山崖崩塌，落石、落土的加固建筑。城郭的石墙也属于护土墙。

金丸稻荷神社与台阶

台阶坡道就是兔子洞

台阶是通向奇妙世界的入口

如果将洼地比作《爱丽丝漫游仙境》里的奇妙世界，那么台阶坡道就是那个神奇的兔子洞。顺着台阶一路向下，不知不觉中让人充满了对前方的期待。先了解一下金丸稻荷神社和荒木公园背后大名庭园和花街的历史，再继续前行。

荒木公园

金丸稻荷神社背后的荒木公园曾经是艺伎管理处所在地。

枣树原本位于料亭的庭院前。

根据导览板上的说明，这一带曾是摄津守的上屋敷。

金丸稻荷神社

通向奇妙世界的检票口。

狐狸是风俗业的神明。花街必会供奉狐狸大人。

原本是松平摄津守的屋神。

花街的繁荣一直持续到昭和 50 年（1975）。神社的木栏杆上可以看到当年这条街上料亭的名字。

料亭……橘家、雪村

艺伎屋……大和、梅政等

木栏杆是文字写就的地图，能够读取昔日街区的模样。

前往奇妙世界的两条路

奇妙世界的入口是狭窄的阶梯，营造出有如进入秘密基地一般的氛围。

人们在修建公寓的时候拓宽了台阶。上半部分曾和下半部分一样狭窄。

可以看出原本的宽度（约 1.82 米）

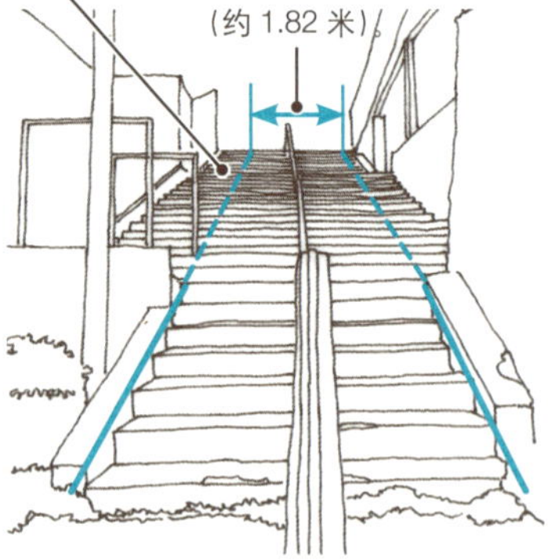

蒙马特台阶

这片区域最陡最狭长的台阶，仿佛随时都可能跌落，营造出通向另一个世界的氛围。

装饰精美的古老混凝土电线杆是旧时光留下的印记之一。

经营至今的料亭“千叶”。

九曲台阶（奥之细道）

沿台阶缓缓下行的过程中，弯曲的台阶让人看不到前方，在景色的徐徐变化中进入奇妙世界。

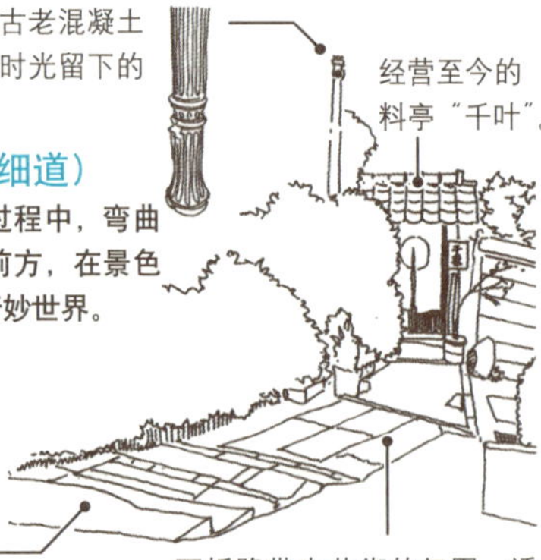

九曲台阶的平缓坡度让穿着和服的艺伎也能够轻松上下。

石板路带来花街的氛围。诱人一路下行。

策之池

洼地历史的见证人

洼地的池塘是奇妙世界的尽头

洼地曾经是大名庭园的池塘，水流丰沛形成了瀑布，如今只保留了叫做“策之池”的一小方池塘。池塘边供奉的弁财天，是始于明治时代的花街象征，当时的料亭经营者和艺伎都对其抱有虔诚的信仰。

保留至今的瀑布痕迹
此处的瀑布潭曾是江户八泉之一。

策之井
德川家康带着鹰进行狩猎时清洗鞭子的井。日文中“鞭”也写作“策”，所以是策之井。

此处曾有落差达 4 米的瀑布，是凉爽的避暑圣地。

津之守弁财天
原本位于池畔的弁天祠在昭和 31 年（1956）移至此处。

作为“水神”、被供奉在水边的弁财天，若是写作弁才天，代表着才能（尤其是音乐），因此受到艺伎们的崇拜。如果写作弁财天，财等于钱，也是风俗行业的信仰。

水池曾经水面开阔，凭借泉水和来自玉川上水的引水足以让小船漂浮起来。按照江户时期回游式庭园的标准修建。

想象江户时期的风景——拦截谷地水流形成池塘

策之池所在之处曾经是松平摄津守宅邸内的庭园。也有说法认为是江户时期为了加强甲州街道的防御而在沟谷中蓄水。

三面被包围的自然沟谷。
↓
江户
用人造堤坝拦截水流形成大名庭园的池塘。
↓
明治 · 大正
池塘四周出现料亭。

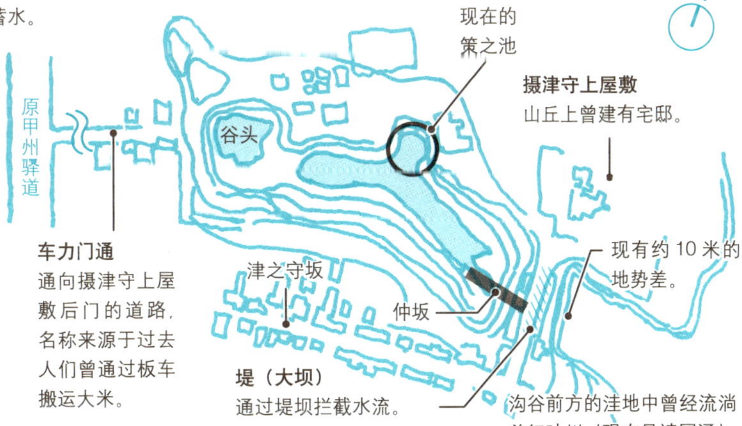

现在的策之池

摄津守上屋敷
山丘上曾建有宅邸。

现有约 10 米的地势差。

车力门通
通向摄津守上屋敷后门的道路，名称来源于过去人们曾通过板车搬运大米。

津之守坂

仲坂

堤（大坝）
通过堤坝拦截水流。

沟谷前方的洼地中曾经流淌着红叶川（现在是靖国通）。

①沟谷：丘陵地貌中被泉水等流水侵蚀形成的谷地。

洼地的旧花街

寻找风俗业的痕迹

料亭风格的设计

明治时期，荒木町转为民用土地，清凉的池水和明媚的风光成了独特的花街风景。如今，在池塘四周，依旧能感受到过去的花街风貌。优雅精致的外墙和拉门，展现出昔日料亭的风采。

为了让路过的人可以透过隔断门一窥内部，上半部分设计成了格栅。带有一种欲拒还迎的风情，正是料亭的建筑风格。

高大的外墙是料亭的常见设计。

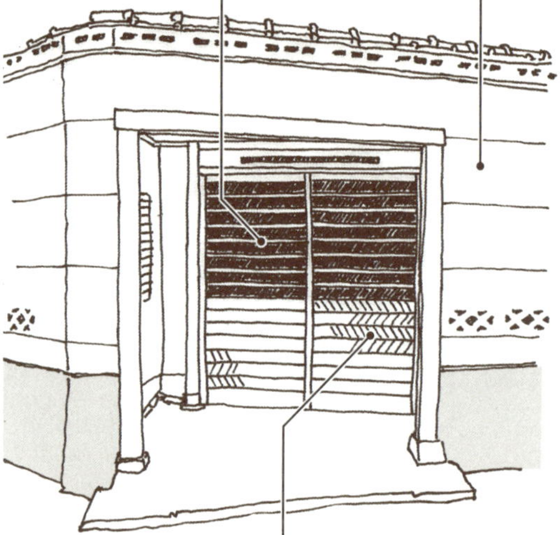

大门使用了经过名栗加工法、带有箭头形纹路的木材。名栗加工法是指使用工具在木材上留下不同的削割痕迹，是日本传统的木材加工技艺，常用于茶室风格的建筑上。

内部有能俯瞰池水的座位。

保留有昔日风貌的料亭“千叶”，门帘让人印象深刻。

出现在和服上的纵向平行纹路被视为优雅美丽的象征，料亭外墙也镶嵌着有纵向纹路的竖板。

可以稍稍看到内部。

拐角处的 4 条缝隙很有特点。

铁平石的勒脚。

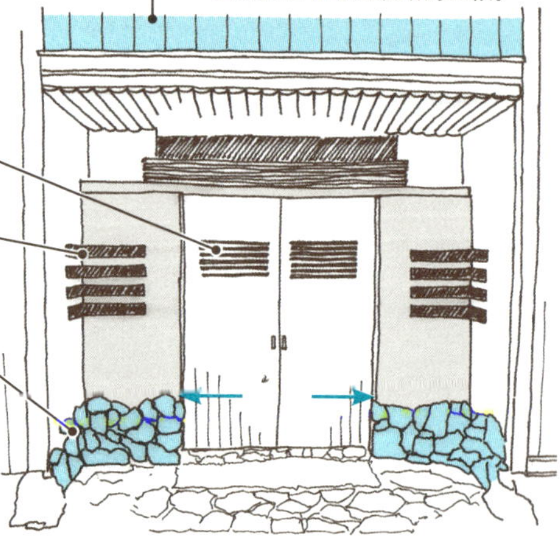

让人能隐约看到内部的料亭设计技巧。

除料亭“千叶”以外，这片区域的建筑大多为普通住宅。一些建筑带有花街的风格，但并不都是曾经的花街建筑。

勒脚镶有铁平石就是花街建筑？

料亭经常使用铁平石①。有多座建筑外墙的勒脚都镶嵌了铁平石，或许是受到花街风格的影响。

①铁平石：长野县诹访市福泽山一带出产的安山岩石料。

寻找洼地的水流出口

洼地的水流向哪里？池塘的水面高于主路的路面，因此可以推断池塘并不是洼地的最低处。其实雨水最终的流向可以通过道路的坡度来探索。

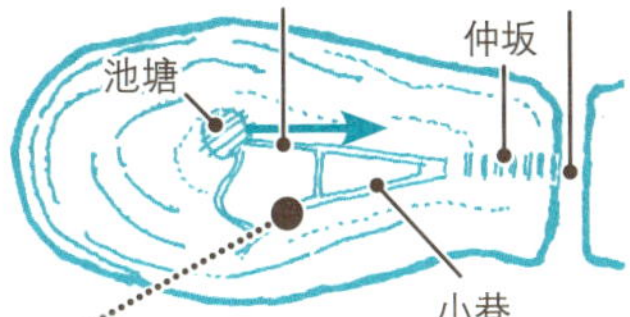

主路是水路
沟谷四周的水流汇集于主路上，从池塘流向仲坂。可以想象，原本洼地只有三面时，水流就这样向开口处汇集。现在的主路曾是河道。

潮湿的洼地底部曾经是铺有石块的土路。

铺路石曾用在往来于新宿通的都营电车线路上。

混凝土路面。

仲坂

江户时代，堤坝的建造让洼地变成了四面被包围的区域。仲坂成了登上堤坝的直线型台阶。

远处防卫部门的信号铁塔让人印象深刻。

长长的台阶为人工修建，所以笔直规整。

地势差较大的地方建有平台。平台有 3 处，可以目测堤坝的高度。

两侧的基石上刻有“仲坂”和“昭和七年六月”的字样。这是洼地的 5 处坡道台阶中唯一留有名字的。

基石被埋住少许，导致第一级台阶高度较低。下方应该还有一到两级台阶。此外是洼地的最低点。

洼地的防水

在勒脚镶嵌铁平石，其目的可能是防雨。

抬高外墙的混凝土地基，防止雨水流入。

房屋地面高于路面，防止雨水流入。

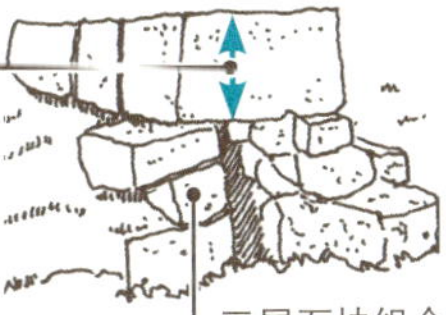

为了压住下方石块，盖石厚约 50 厘米。

三层石块组合

松平摄津守上屋敷遗迹的排水暗渠
建于天和 3 年（1683）前后。昭和初期暗渠接入了混凝土管道，使用至今。新宿区落合水再生中心陈列有部分复原的暗渠。

堤坝阻塞的水流经暗渠从下方排出。

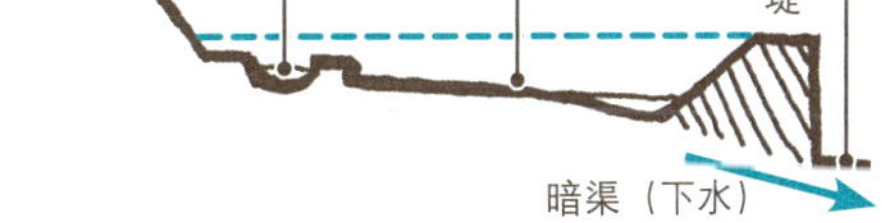

HARAJUKU

让人感受到代沟的Cat Street和竹下通

原宿

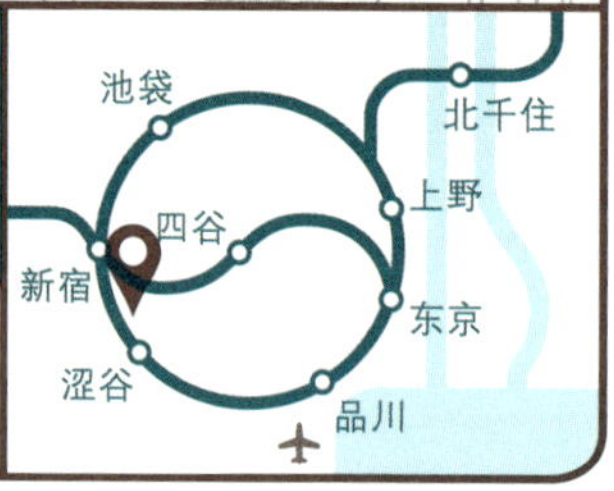

最近车站：JR 山手线　原宿站　表参道口

以流水的视角看街道

明治神宫里，有一口由江户肥后藩藩主加藤清正建造的“清正井”。井水源自富士山的水脉，传说充满灵气，具有神奇的力量。

从清正井涌出的地下水形成小河，流经勃拉姆斯小径，汇入涩谷川。大正13年（1924），随着山手线原宿站迁至现在的位置，小河被截断，改河道至地下，经过竹下通的下方，汇入涩谷川的水渠。暗渠上覆盖沥青，变成了一条繁华的商业街。人们认为，这是清正井的泉水具有灵力的证明。散步时可以逛逛涩谷川支流上的竹下通、Cat Street 和水路已经消失了的勃拉姆斯小径，颇有趣味。

竹下通洋溢着年轻人的朝气。如果将街道比作人生的各个时期，竹下通就是十几岁的青春期。少男少女们聚集于此，创造出引领潮流的时尚文化，他们的青春活力也成就了街道的繁华。

相比较而言，涩谷川干流上的 Cat Street 就像是走向成熟的青年期，也是三十多岁的青年们活跃的街道。原本是住宅的木屋公寓改造成了工作坊和精品时装店，吸引了人气，诞生了 Cat Street 独特的时尚风格。

宁静的勃拉姆斯小径昔日曾是涩谷川。如今虽然河道已经改变，但仍保留有静谧的氛围，成为中年人们喜爱的街道。

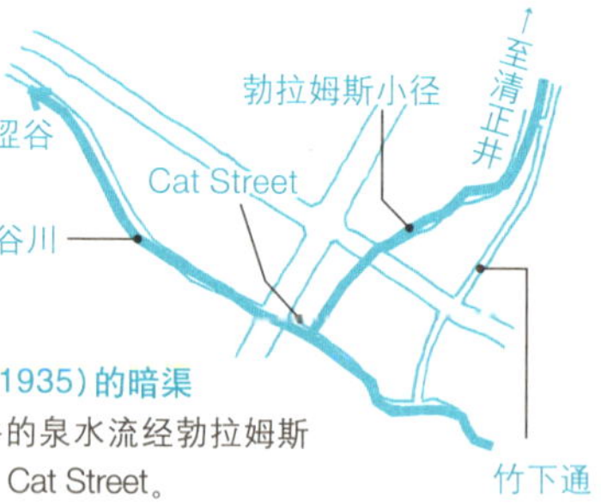

昭和10年（1935）的暗渠
来自清正井的泉水流经勃拉姆斯小径，流入 Cat Street。

小知识 原宿站于明治 39 年（1906）建成投入使用。位于表参道的站厅经历了重建，是 JR 在东京都内最古老的木结构站厅，设有天皇专用站台。

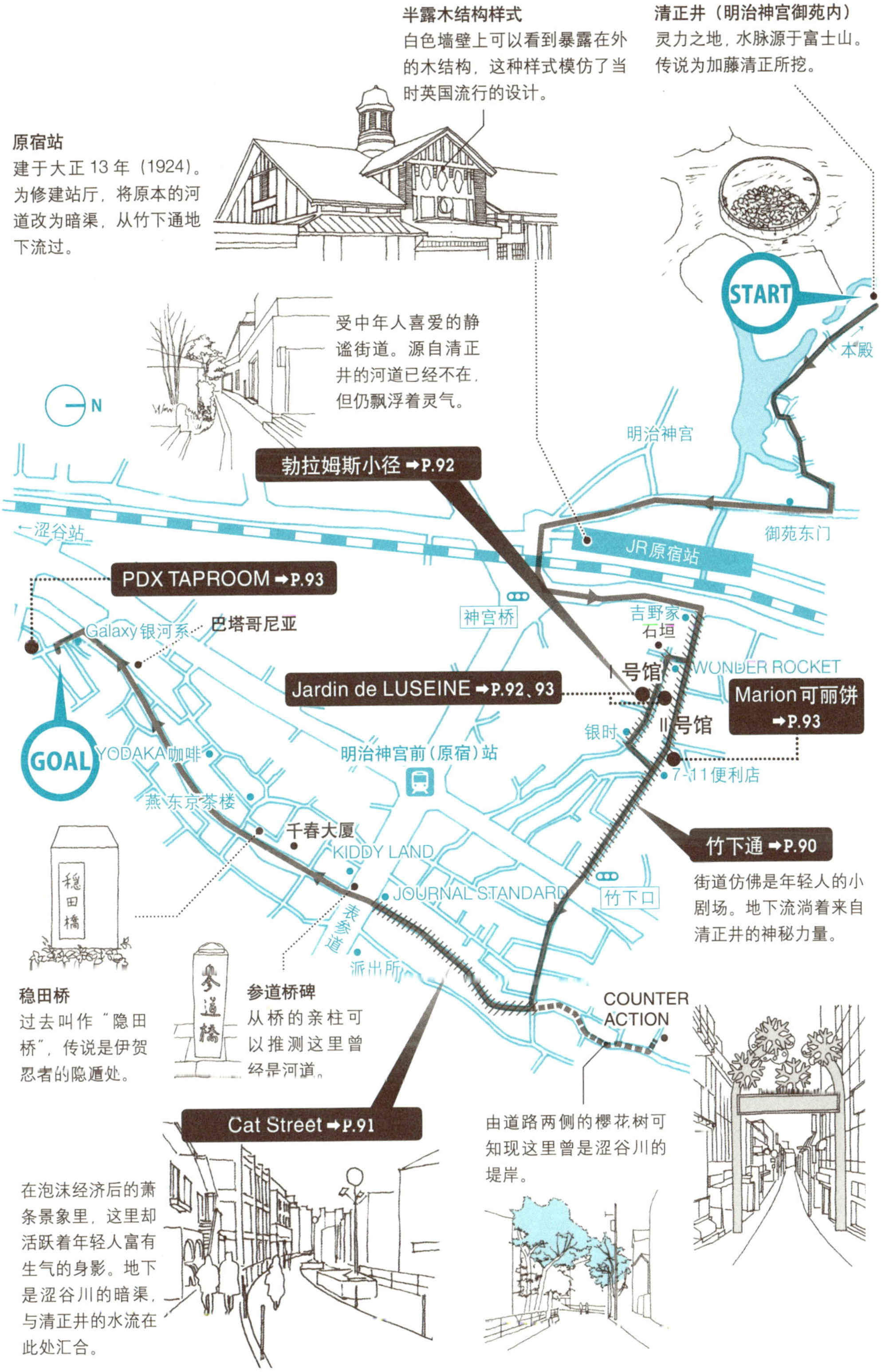

半露木结构样式
白色墙壁上可以看到暴露在外的木结构，这种样式模仿了当时英国流行的设计。
清正井（明治神宫御苑内）
灵力之地，水脉源于富士山。传说为加藤清正所挖。
原宿站
建于大正13年（1924）。为修建站厅，将原本的河道改为暗渠，从竹下通地下流过。
受中年人喜爱的静谧街道。源自清正井的河道已经不在，但仍飘浮着灵气。
START
本殿
N
明治神宫
勃拉姆斯小径 ➡P.92
御苑东门
←涩谷站
JR原宿站
PDX TAPROOM ➡P.93
神宫桥
吉野家
石垣
Galaxy银河系
巴塔哥尼亚
I 号馆
WONDER ROCKET
Jardin de LUSEINE ➡P.92、93
Marion可丽饼 ➡P.93
银时
II号馆
GOAL
YODAKA咖啡
明治神宫前（原宿）站
7-11便利店
燕 东京茶楼
千春大厦
竹下通 ➡P.90
KIDDY LAND
街道仿佛是年轻人的小剧场。地下流淌着来自清正井的神秘力量。
JOURNAL STANDARD
竹下口
表参道
派出所
稳田桥
稳田桥
过去叫作"隐田桥"，传说是伊贺忍者的隐遁处。
参道桥
参道桥碑
从桥的亲柱可以推测这里曾经是河道。
COUNTER ACTION
Cat Street ➡P.91
由道路两侧的樱花树可知现这里曾是涩谷川的堤岸。
在泡沫经济后的萧条景象里，这里却活跃着年轻人富有生气的身影。地下是涩谷川的暗渠，与清正井的水流在此处汇合。

竹下通

街道就是舞台

由年轻人创造的街道

这是一条洋溢着青春活力的街道。少年少女们身着个性十足的时装，宛如戏剧的主人公。在这条街上，观众和演员并肩行走，真是一个奇妙的舞台。

以舞台来比喻，这里就是候场处。站在这儿，仿佛体会到了主演的心情。

五光十色的招牌
这里是营造氛围的舞台背景。

相传街道的活力正是源于地下流淌着清正井的灵力之水。

街道像是演员和观众混在在一起的行为艺术剧场。

正在拍照的女孩仿佛是剧场的观众。

时尚
一穿上风格独特的时装，立刻有了当主角的心情。演员和观众可以通过服装来识别。

可丽饼
正如电影院和剧场出售爆米花，竹下通的商店出售的是可丽饼，像是剧场里的小卖部。

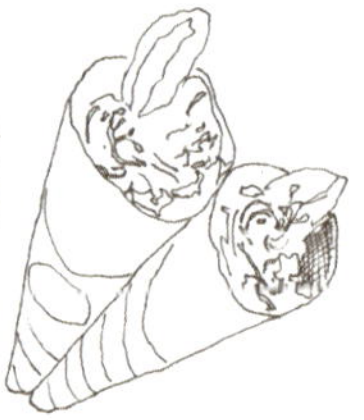

哥特 & 萝莉塔风（哥特萝莉）
将哥特风格与萝莉塔风格的时尚元素融合在一起。

Girly 风
强调女性的温柔特质、营造一种朦胧的美感。

精品时装店
售卖原宿著名竹笋族①所穿服饰的老字号店铺，如今仍然在营业！店里个性服饰品类繁多，宛如放置戏服的服装间。

①竹笋族：指 1980 年左右，穿着“竹笋服装店”华丽的服装在原宿步行街跳舞的年轻人们。

Cat Street

地下的涩谷川流淌着源自清正井的灵力

三十岁人群的时尚街

昔日街道上青年们的买手店，现已变成了订制成衣的商店。不过仍有店铺保留了买手店的风格。很多店铺由木结构公寓中的一间房间或老旧的独栋住宅改建而成，值得一逛。

由于资金不足，店铺常常由公寓中的房间改造而成。生活街道逐渐变成了潮流之地，这就是 Cat Street 的源起。

千春楼

三层木结构的公寓里聚集了多家小店铺。

继承了时尚街最初的店铺风格。

像是手工做成的招牌。

窗户就是店铺的宣传空间，展示的商品让窗户成了橱窗。

从公寓窗户的不同装饰可以区分每间店铺的经营内容，是典型低成本的年轻人店铺。

开门营业时，背面装饰着店铺标志的大门就成了招牌。

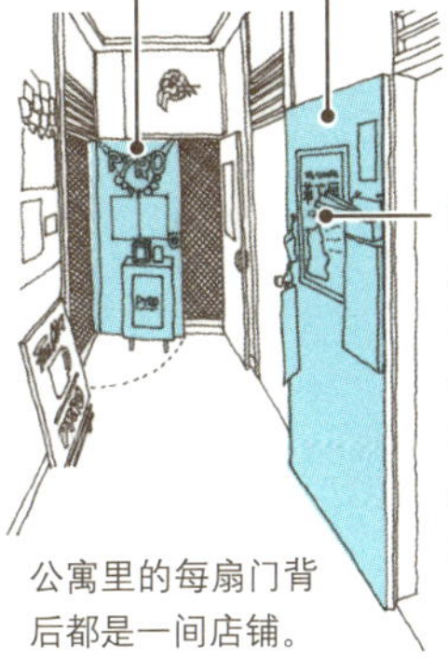

5叠半榻榻米（约8.9平方米）大小的皮革工坊。狭窄是店铺的特色之一。

公寓里的每扇门背后都是一间店铺。

河流变成道路，建筑的背面变成了正面，原本背朝道路的木结构公寓变成了店铺，形成了现在Cat Street的街道景观。

背朝街道的建筑并不奇怪，因为现在的街道曾是河道。

名牌店入驻

泡沫经济期后，巴塔哥尼亚等大型时尚服饰商店入驻，开始出现商业建筑。如今，在 Cat Street 的中心区域，年轻人经营的小店正在逐渐消失。

巴塔哥尼亚

COUNTER ACTION

站在 Cat Street 向北面眺望，商业建筑便会消失在视野中，眼前是一片木结构住宅，经年轻人改造成了店铺。

勃拉姆斯小径

回顾人生的小径

熟龄人士喜欢的小路

从竹下通向旁边一拐，一条安静的小路就出现在眼前。灵力之水流过竹下通，还孕育了这样一条静谧的小径。

30 年前 Jardin de LUSEINE 餐厅开业，小径也由此获得了生机。

勃拉姆斯像
被命名为勃拉姆斯小径后，制作了勃拉姆斯像。

在街上
休息片刻

你喜欢什么样的
街道氛围

不同年龄段人群的店铺选择

散步途中，可以逛逛竹下通、Cat Street 和勃拉姆斯小径上的特色店铺，休息一下。从这些店铺里，也能感受到街道的文化与气质。

PDX TAPROOM

Cat Street 的一家啤酒酒吧，提供美国俄勒冈州的波特兰桶装精酿啤酒，3000 日元左右即可享用。

面向三十岁人群，追求味道的正宗。

共有 10 种啤酒，售完即有新品登场。

刚炸好的布法罗辣鸡翅热气腾腾。

“Beer Flight”
在特定的营业时间段，可一次性选择 3 种啤酒来品尝，充分满足。

基本信息
涩谷区神宫前5-30-2,2F
03-6450-5455

Marion 可丽饼

位于竹下通的 Marion 可丽饼创业于昭和 52 年(1977)，将边走边吃的街头美食文化引入了日本，是名副其实的老店。500 日元便可吃饱。

低廉的价格和热闹的氛围受到年轻人的喜爱。

基本信息
涩谷区神宫前1-6-15
Jyunesu楼1F
03-3401-7297

面向追求宁静环境的五十岁人群。

Jardin de LUSEINE

位于勃拉姆斯小径 LUSEINE 馆中的法国餐厅，店内氛围宁静、装修雅致。5000 日元便可享用一顿精致的法国大餐。

基本信息
涩谷区神宫前1-16-3
03-5413-0033

SUIDOBASHI, JINBOCHO

你知道这里曾是唐人街吗

水道桥·神保町

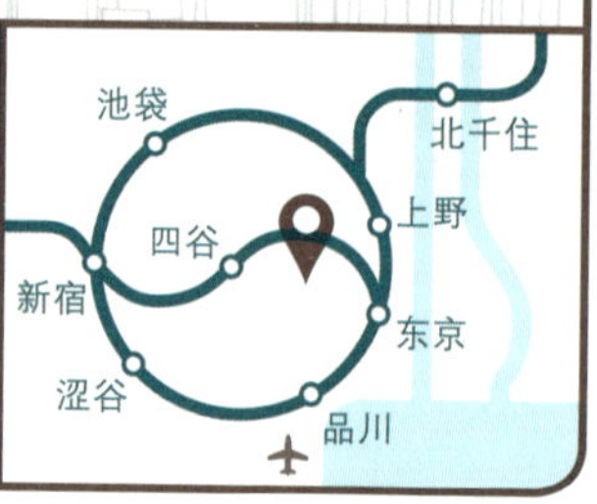

最近车站：JR 中央·总武线等　水道桥站　东口

在男坂[①]上观察崖坡，探访旧书店背后的古老咖啡厅

乘坐电车经过御茶水站时，可以望见车窗外绿意盎然的溪谷风景，让人一时忘了这里是东京的市中心。绿意环绕的河岸风景源于江户时代修建的护城河。历史上，每逢暴雨，神田川就会洪水泛滥，没过骏河台，灌入江户城。为了防范洪灾，幕府命令伊达藩挖掘河道，改变了神田川的走向。

崖坡上的骏河台高地上有多所大学，崖坡下的神保町就成了学生们的街区。作为日本首屈一指的旧书街，神保町却有着不为人知的另一面：曾经的唐人街。

散步路线的起点在水道桥站。沿着铁道旁的尾根道向前，西侧可见经过河流侵蚀的崖壁。这是东京都内难得一见的土层裸露的崖壁。爬上猿乐町的男坂和女坂，便能切身体会到崖壁的陡峭。与其他的道路不同，猿乐通的弯折，显然是旧时河道的痕迹。

接着，走到崖坡下，前方就是白山通。沿路有中餐厅和出售中国相关书籍的店铺，让人不禁猜测这里曾是中国人聚居的地区。历史上，甲午战争结束后，曾有许多中国留学生来到这里学习、生活，为数不多保留下来的建筑可以让我们一窥当年的光景。

再走到靖国通，就来到了神保町旧书街。新建筑中夹杂着昭和初期的建筑。孟莎式屋顶和看板建筑让人脑海中浮现昔日街道的景象。走进老字号旧书店，书籍的摆放规则和陈列方式从过去沿用至今。

四处逛一逛，买几本喜爱的旧书，然后去小巷子里寻觅一杯好咖啡。喝着咖啡消磨时光，或者一手捧书，一手将美味的意大利面或咖喱饭送入口中，体会悠闲的心情。

①男坂：指陡坡，与“女坂”（缓坡）相对。

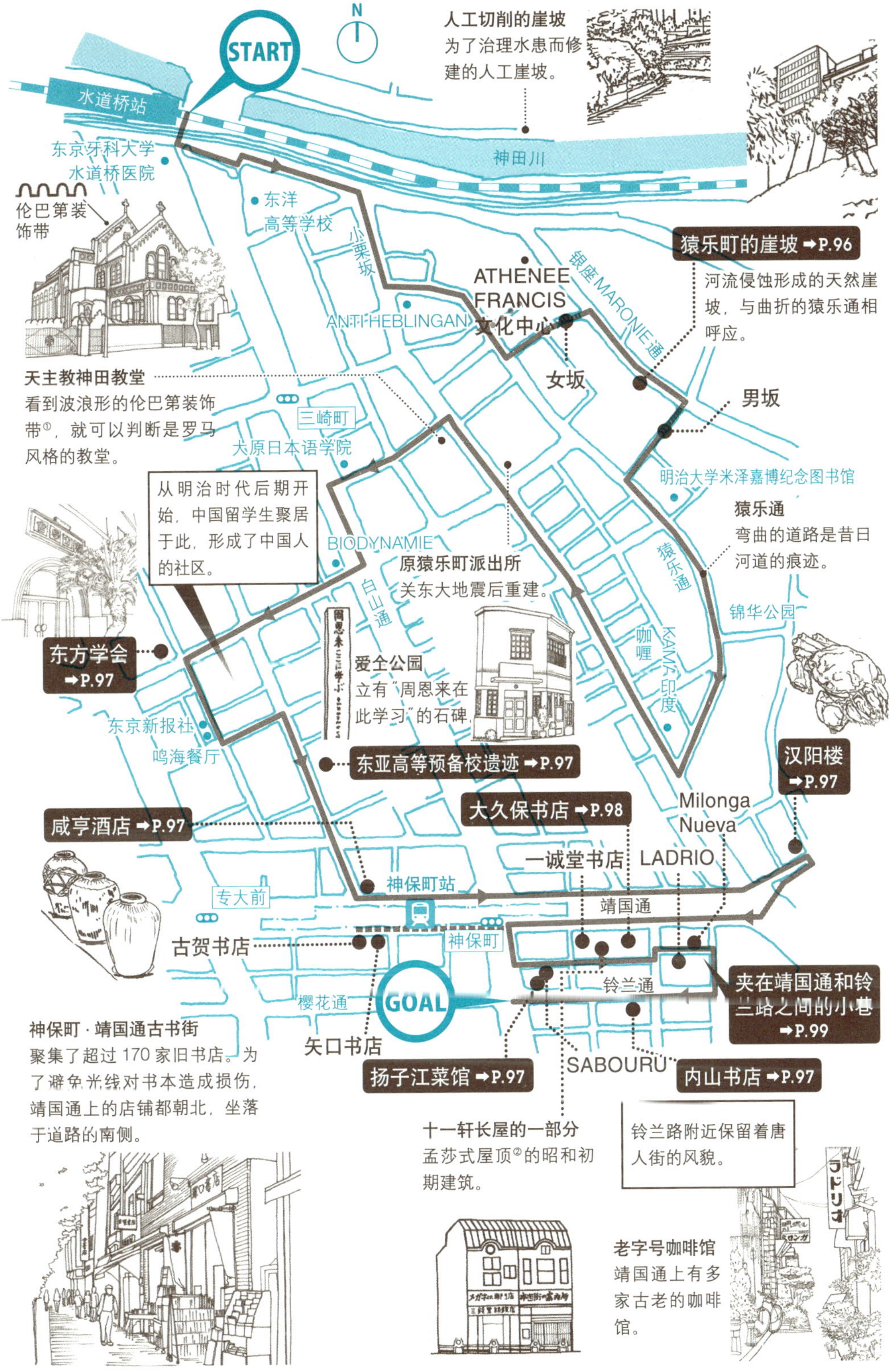

①伦巴第装饰带：连续的拱形装饰，起源于意大利伦巴第地区，是罗马风格建筑使用的独特墙面装饰。
②孟莎式屋顶：由两个斜坡组成的双折屋顶，也称芒萨尔屋顶，是法国从文艺复兴时期到古典主义时期典型的屋顶样式。

骏河台的崖坡

人工切削
自然切削

土壤裸露的崖坡

历史上，神田川每逢暴雨就会洪水泛滥。为了让河流改道，德川幕府修建了护城河，形成了人工崖坡。这样一来，原本河道附近被河流侵蚀的土壤裸露出来，变成了天然的崖坡。

人工崖坡

曾被称为仙台堀的人工河。

河流侵蚀而成的崖坡
流水的侵蚀让土层裸露出来。

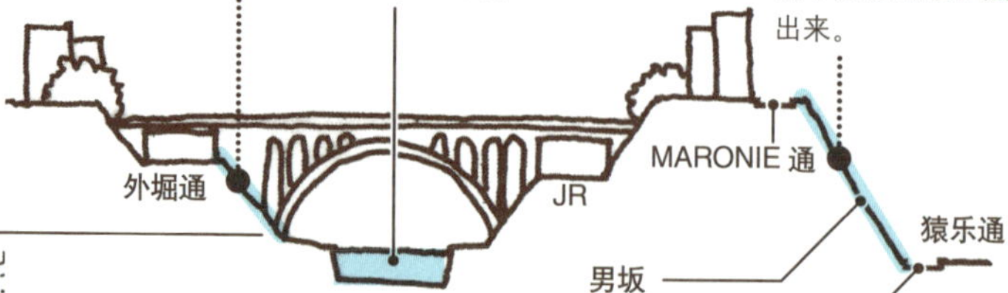

男坂
可以通过台阶感受崖坡的倾斜角度。

道路弯曲，可以观察到河流的痕迹。

崖坡上树木繁茂，看起来像是自然形成的，但其实是修建河道时人工切削而成。

猿乐町的崖坡
河流侵蚀形成。

＊有说法认为，这里是曾经的小石川遗址。

30 度的陡坡上土层裸露，这样的崖坡在东京市中心地区极为罕见。

建成了混凝土护坡。

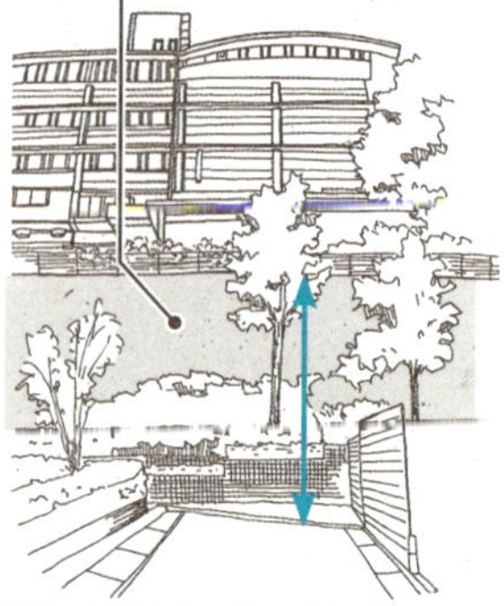

ATHENEE FRANCIS 文化中心背后的崖坡
站在这里，可以感受到超过 10 米的坡高。

男坂
笔直的男坂，坡度达 30 度，陡峭程度一目了然。

有两处拐弯。

女坂
关东大地震后为避难而建，坡度和缓。

神保町的另一面

神保町一带曾是规模仅次于横滨的唐人街

探寻唐人街的遗迹

明治时代后期，为了学习近代化知识，清朝的留学生来到日本。神保町一带曾有多处接收留学生的大学和学生宿舍。中国留学生的聚集也促使中餐厅数量增长，形成了中国人的社区。

东方学会（二战前为日华学会）

建于大正 15 年（1926），是支援中国留学生生活、提供住宿的设施。在当年诸多支援设施中，只有这幢建筑保存至今。

清朝政府曾将多名留学生送到日本。明治时代末期，这片社区的中国留学生人数达 1 万人。

为了救国救民，年轻的革命志士（孙中山、鲁迅、周恩来等）曾在这一带活动。

东亚高等预备校遗迹

“周恩来曾于此处学习”碑

周恩来于 19 岁前往日本留学。在这里，他接触到了主张中日友好的东亚高等预备校创立者松本龟次郎。归国后，周恩来成为中国革命的领袖之一。

铃兰通和樱花通上中餐厅林立，形成了唐人街。

汉阳楼

创业超过 100 年的老字号，孙中山和周恩来也曾光顾。店铺入口处介绍了周恩来等名人的足迹。

咸亨酒店（新世界菜馆别馆）

以绍兴酒的产地，浙江省绍兴市的咸亨酒店为原型。鲁迅曾在小说《孔乙己》中描写过这家故乡的餐馆。

扬子江菜馆

明治 39 年（1906）创业，是从中国留学生赴日起经营至今的老字号。

富士山形状的元祖中华凉面。

留学生也曾经为旧书店的经营做出过贡献。他们指出中文书籍的价值，回国前也购买了很多学术书籍。

内山书店

这是一家历史悠久、专营与中国相关书籍的书店。创业者内山完造曾经是鲁迅的保护人。

神保町
靖国通

全世界最大的旧书街

从老字号店铺看懂旧书店的标准设计

大久保书店坐落于一幢昭和初期的建筑中。从店里可以看到旧书店标准的店铺设计，一窥昭和时代初期旧书店的外观。

大久保书店

从建于昭和 5 年（1930）的店铺中可以读取旧书店的设计法则。

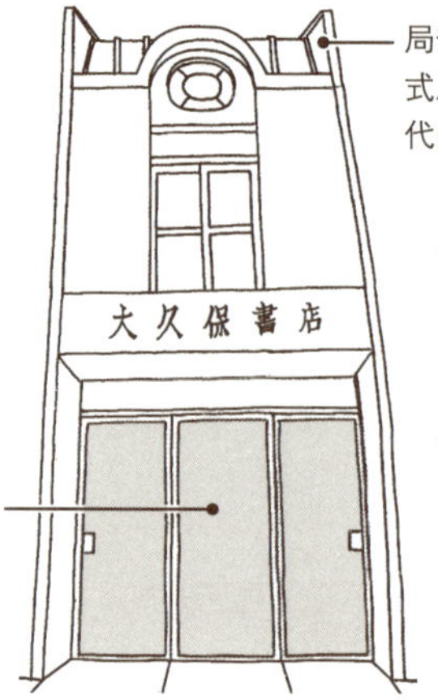

局部可见孟莎式屋顶，是时代的象征。

①门面狭窄，分为三部分，中间是橱窗，两侧各有一个出入口。这是古书店的共通设计。

通向 2 楼（居室）的楼梯在后部。

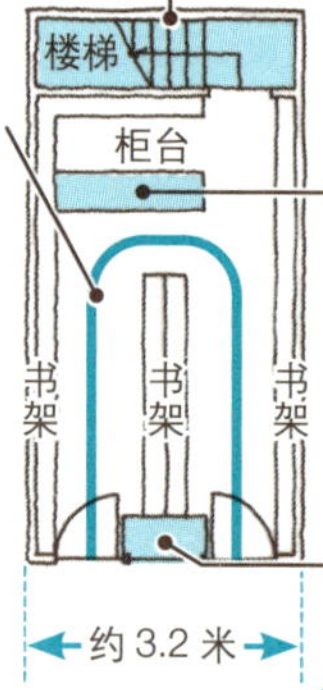

②店内的 U 形通道，便于顾客移动和店主管理，也方便摆放书籍。

③柜台设在店内深处，客人可在这里与店主谈论书籍，店主的视野也可遍至店内每个角落。

从正面的橱窗可以看出书店的经营范围。

①、②、③是古书店的一般设计式样。

十一轩长屋

建于昭和 5 年（1930），是关东大地震后的复兴建筑，可见孟莎式屋顶。面向靖国通的旧书街上仍保留了这座长屋的一部分。

现在为“书籍与街道咨询处”，帮助客人寻找专业书籍。

昭和初期有许多孟莎式屋顶的长屋、看板建筑和现代西式建筑。

发展成大型书店后，店主选择了当时西欧最前卫的维也纳分离派[①]设计样式。

一诚堂书店

建于昭和 6 年（1931），是一家创业逾百年的老店。

从台阶的设计可以看出建筑的历史。

基本信息
千代田区神田神保町 1-7
03-3292-0071

无论店面是宽是窄，都采用了中央是橱窗，两侧各有一个出入口的式样。

矢口书店 / 古贺书店

建筑建于昭和 3 年（1928），内有多家经营电影和音乐相关书籍的店铺。大量专业类书店让神保町成了旧书的综合百货商店。

①维也纳分离派：奥地利新艺术运动中产生的著名艺术家组织，声称与传统的美学观决裂，主张简洁造型和集中装饰。

买本好书，去自己喜欢的咖啡馆小坐

老字号咖啡馆

旧书街的配角

小巷中有很多家老字号咖啡馆。从靖国通拐进小巷，便进入了一个寂静的世界。可以安静地阅读手中刚买到的旧书，也许是这些咖啡馆保留至今的原因之一。下面介绍的三间咖啡馆历史悠久，已经融入了周围的环境。

靖国通和铃兰通之间的小巷

小巷子里的时间仿佛静止。在这里喝上一杯咖啡，让人恍惚间回到了学生时代。巷子里的三间咖啡馆都保持着昔日的模样。

步行的小巷充满魅力，汽车无法驶入，路旁也装饰着绿植。

Milonga Nueva

像是电影中才有的古老红砖建筑，走进店内就会看到成排的黑胶唱片。

唱片机的唱针发出的“噗呲”声让时光似乎倒流了。

基本信息
千代田区神田神保町1-3
03-3295-1716

LADRIO

日本第一家提供“维也纳咖啡”的名店。

基本信息
千代田区神田神保町1-3
03-3295-4788

账单背后盖有维也纳咖啡的印章

免于战火的小巷里，老字号咖啡馆留存至今。在此可以享受片刻悠闲的时光。

SABOURU

说到神保町，不得不提 SABOURU。创业于昭和 30 年（1955），已有 60 年历史。

基本信息
千代田区神田神保町1-11
03-3291-8404

招牌的超大份意大利面

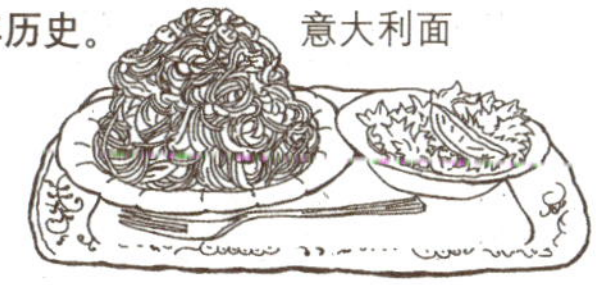

KAGURAZAKA

坡道·小巷·横丁中的花街余韵

神乐坂

最近车站：JR 中央·总武线等　饭田桥站　东口

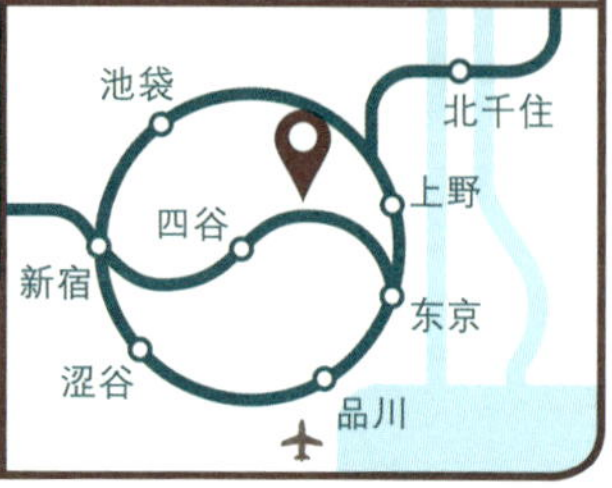

想象一棵树，漫步神乐坂

如果将神乐坂地区比作一棵树，主街神乐坂通就是树干，路边左右延伸出的小巷（坡道）是枝条，小巷里的一间间料亭则是叶片。树干、枝条和叶片各有特点，观察它们的不同之处正是散步神乐坂时的趣味所在。

这片街区在明治时期是一条繁华的商业街。在毗沙门天的庙会日，这里熙熙攘攘，挤得水泄不通。与此同时也是一条花街，历史上著名作家们到访过的料亭保留至今。

可以从饭田桥站前、江户城牛入门的石墙处开始散步。石墙的隅石曲线优美，是这里的看点。接着走向神乐坂，在热闹的神乐坂通上，有许多创业于明治年间的老字号。其中有出售稿纸的文具店、草鞋店和陶器店等，让人再次感受到这是一条与作家、花街密切相关的街道。

从神乐坂通拐进小巷，便是花街了。神乐坂通的繁华在这里摇身一变，化作宁静的氛围。神乐坂通地势最高，因此延伸出的小巷都是下坡。沿地形而建的坡道和台阶阻挡了视线，营造出对前方料亭的期待感。

另外，坡道也是圣与俗相连的空间。艺伎们在坡道下方的澡堂梳洗妥帖，接着便前往坡道上方的稻荷神社参拜并赴宴接客。坡道可谓是艺伎转换心情的场所。

神乐坂的小巷里视线被遮挡，其实是有意为之。在花街的出入口，小巷突然变窄，可以让客人的身影迅速消失，更加隐蔽。因此，突然变窄的小巷是进入花街的标志。

此外，后文中还为大家介绍了花街料亭的看点。即使建筑已另作他用，料亭的意趣至今仍存。欣赏这些精巧的设计，感受神乐坂的独特风景。

①狛犬：雕刻成狮子形状的石头，东亚传统建筑中常用的装饰物。起源于印度，与佛教一起从中国经朝鲜半岛传入日本。

神乐坂通

寻找老店

从老店里看街区

如今成为美食圣地的神乐坂，昔日却是文豪往来的花街区域。逛逛老店，便能从每个时代不断更迭的商品中窥见街区的古与今。

①毗沙门天
每逢日期里有 5 的日子，就会举办热闹的庙会，是东京都内第一个设立庙会日的地方。

②相马屋
创立于万治2年(1659)。最初以抄纸浆为营生，现在是一家文具店。在文豪尾崎红叶的建议下，成为日本第一家销售稿纸的店。

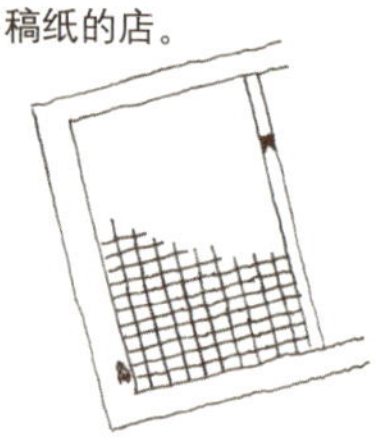

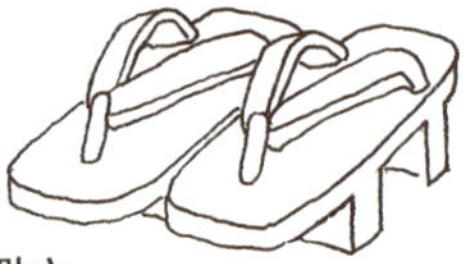

④助六
明治 43 年 (1910) 创建的店铺，经营的配饰与鞋都是艺伎的必需品。

⑤龙公亭
创立于明治 22 年 (1889)，最初为寿司店，进入大正时代后改为中餐厅。

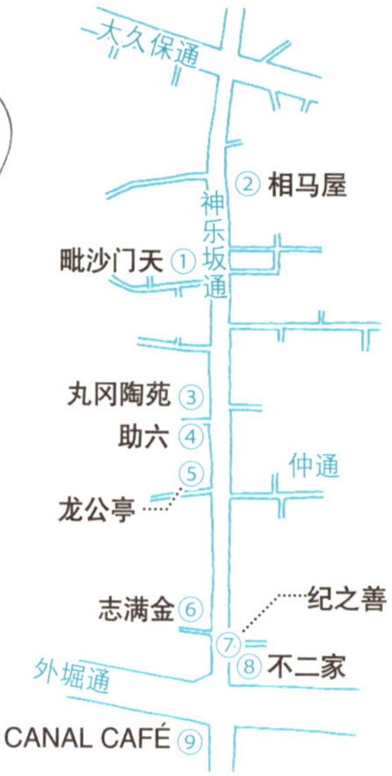

③丸冈陶苑
创立于明治 25 年 (1892)。陶器是料亭的必需品，因此街上有许多陶器店。

⑥志满金
创立于明治 2 年 (1869)，最初经营牛肉火锅，现在是鳗鱼专卖店，受到老饕们的追捧。

⑦纪之善
创立于文久·庆应时期(1860～1870)，原为贸易中介和介绍佣工的"口入屋"，现为甜品店。花街上总是有很多家日式点心店和甜品店。

⑨ CANAL CAFÉ
水上餐厅，可以一边眺望倒映在水面上的夕阳，一边享用意大利菜。坐在室外的露台上喝茶，仿佛漂浮在水上。

⑧不二家
卡通形象 PEKO 形状的大判烧（面团中包入馅料的一种烤饼），只有这里才能买到。

热海汤坂

坡道之王

坡道上下的圣俗世界

坡道是划分圣俗的界限。坡上为象征神圣的稻荷神社，坡下为象征世俗的澡堂。在坡道上，上方和下方的风景截然不同。

2楼的窗内时常传来乐器三味线的声音。

昭和初期流行的芥末黄色瓷砖。

神乐坂组合排练场

这里是见番通。现在是排练场兼事务所（曾经是艺伎管理所），旁边就是伏见稻荷神社。

伏见火防稻荷社

保佑宅屋安全、生意兴隆的神明是花街必备。在这里或许能碰上前来参拜的艺伎。

记下刻在神社木栏杆上料亭和艺伎住处的名称，便于寻找。

坡道上方（圣）

过去，艺伎在澡堂梳洗打扮完毕，前去拜祭坡道上端的伏见稻荷神社，再去一趟管理所，之后便前往宴席现场。因为附近有艺伎的住处，因此热海汤坂也被称为艺伎小径。

坡道下方（俗）

下坡时视线向上，视野开阔。

上坡时视线向下，会看向身边的石墙、地锦、灌木等处。

弯曲的坡道让视线不断变化，石墙的高度也随之改变，设计巧妙。

热海汤坂

在坡道上，向上看和向下看的景色截然不同。推荐爬坡上行。

热海汤

宫造式①钱汤（日式澡堂），入口处的唐破风上可见博风板②。

基本信息
新宿区神乐坂3-6
03-3260-1053

富士山漆画

给人一种富士山的泉水流入浴槽、用来清洁身体的想象。

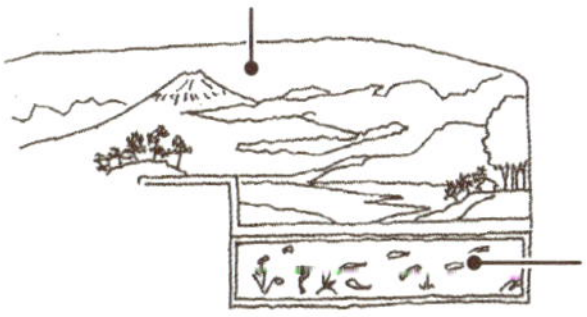

瓷砖上绘有金鱼。

①宫造式：日式澡堂的代表建筑样式。外观类似寺庙，通常入口处设有唐破风。
②博风板：伸出山墙之外，防风雪，也具有装饰作用的建筑部件。

捉迷藏横丁

寻找料亭的标志

辨认曾经的料亭

历史上捉迷藏横丁曾有多家料亭。如今虽然只剩下几家，但都有标志与普通餐厅相区别。即使现在已经不再是料亭，找一找那些标志，仍可辨认出当年的影子。

牧

打通围墙的入口设计。精致的美感是典型的料亭风格。

UWO德

料亭的特点十分鲜明。

和光

门灯上刻有和光二字。迷宫般的小路尽头仿佛有一座山间隐宅。

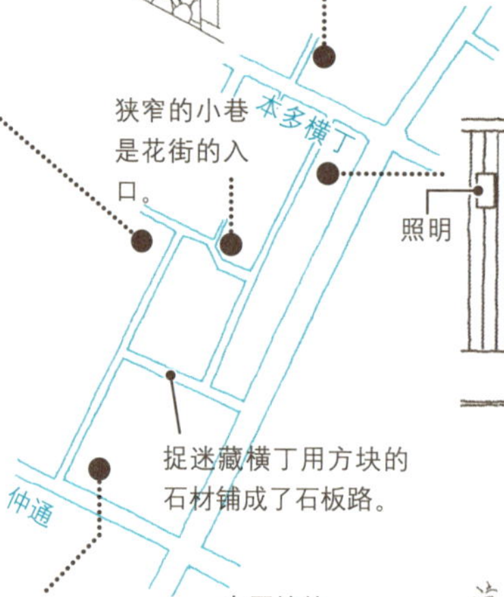

狭窄的小巷是花街的入口。

捉迷藏横丁用方块的石材铺成了石板路。

外墙采用竖纹的建材。

照明

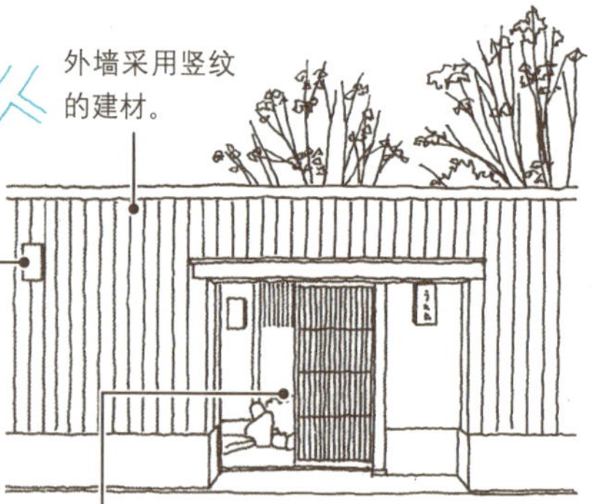

外墙上附有照明，入口为格栅门，建筑之间种有绿植，这些都是料亭常见的设计手法。

千月

采用关西地区常见的犬矢来①围栏，因京都风味的料理而闻名。

有围墙的建筑通常是料亭。

犬矢来

从大门到玄关之间的小巧空间中设有盐堆②、洗手用的石盆、踏脚石、灯笼、叠石，铺有植被，吸引客人一路向内。若是有这些物件，则很有可能是一间料亭。

现在依旧是料亭

改作他用的料亭

YUI（俱乐部）

推拉门和铜水管保留着料亭的气息。

KAMIMURA（餐厅）

黑色外墙、打通围墙的大门和隔墙看见的树梢是料亭的固定式样。

山路（和服教室）

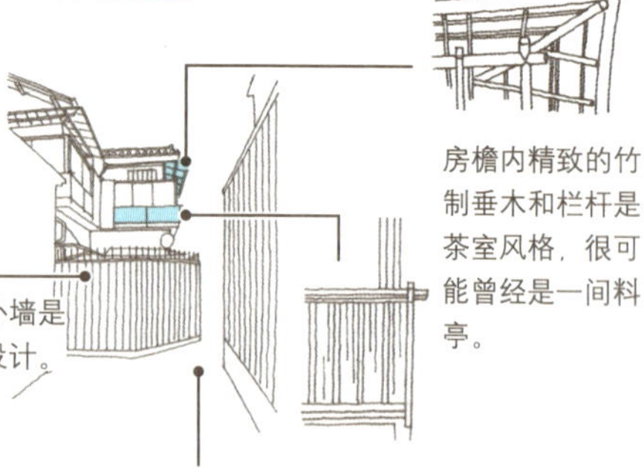

房檐内精致的竹制垂木和栏杆是茶室风格，很可能曾经是一间料亭。

竖纹的黑色外墙是典型的料亭设计。

在花街的出入口处道路变窄，可以立刻隐身其中，是名副其实的捉迷藏横丁。

①犬矢来：将竹子劈开弯折而成的围栏，用来保护建筑外墙。
②盐堆：在餐厅门口的盐堆寓意驱邪避恶，带来好运。

兵库横丁

好巷子里
自有好店在

从大路拐进小巷，进入另一个空间

隐蔽的小巷和弯折的道路营造出一种期待感。留心道路宽度、地势差和拐弯方向的变化，就可以找到另一个空间的入口。

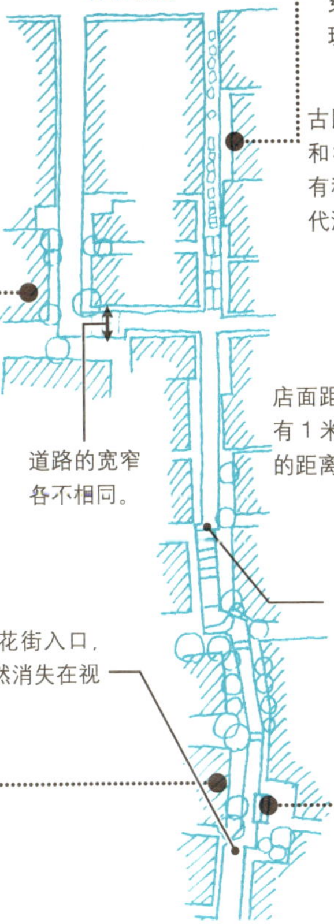

酒卜寿
穿过建筑之间的缝隙，一栋古民宅突然出现在眼前。这便是居酒屋酒卜寿。

古民宅挂着门帘和杉玉①，让人有种误入昭和时代酒馆的错觉。

店面距路面有 1 米左右的距离。

打开拉门是横向的长条吧台。昭和大众酒馆的风格让人欲罢不能。

穿过麻绳做成的门帘，烫酒的铜壶在地炉上叮叮鸣响的声音便传入耳中。

伊势藤
小有名气的居酒屋。懂行的人通常安静啜饮，大声喧哗的人容易被当成“乡下佬”。

道路的宽窄各不相同。

弯曲的道路营造出迷宫般的感觉。

道路突然变窄的花街入口，行人的身影会突然消失在视野中。

和可菜（旅馆）
据说是小说家们喜爱的旅馆。作家野坂昭和就曾经在相马屋买完稿纸，然后在这里写作。

幸本（料亭）
带有弧线形顶棚的大门是料亭才有的精美设计。

格栅门内依稀可辨踏脚石、石灯笼、洗手石盆和植被，从通向玄关的道路便已经开始款待客人。

透过格栅门看到的洗手石盆和石灯笼是料亭的标志。

边长 10 厘米的立方体石材

盐堆
在门口堆起盐、洒上水，点亮灯，映出光滑的铺路石。料亭的一天就从傍晚开始了。

①杉玉：将杉树的枝叶收集起来扎成球形，挂在屋檐下则表示新酒已经酿好。最初是供奉给酒神的供品。

ZOSHIGAYA

漫步历任首相们喜爱的东京第一崖坡

杂司谷

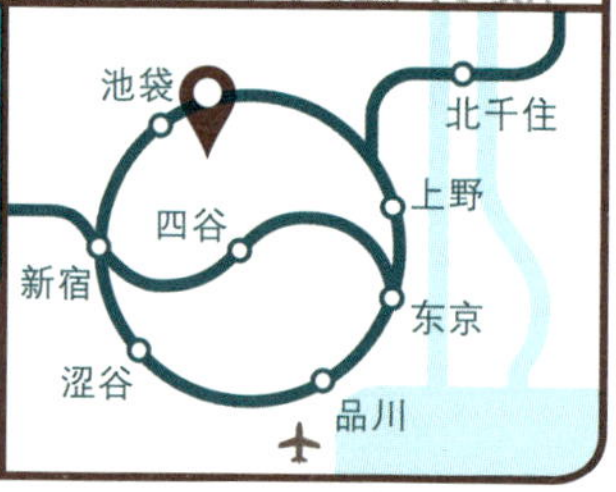

最近车站：东京地铁副都心线　杂司谷站　2 号出口

坡道上的宅邸群与坡道下散落的水景

目白台高地位于丰岛区和文京区之间，站在目白台高地通向神田川（江户川）的斜坡上眺望，视野极佳。这里是历任首相等名士政客们选择修建宅邸的地方。朝南的斜坡由神田川的水流侵蚀形成，是一片宽约 500 米的开阔坡面。

地形起伏的杂司谷有三处看点：坡上的寺庙神社、巧妙利用斜坡修建的宅邸庭园以及坡下神田川沿岸的遗迹。

从杂司谷站出发，沿着两侧种有榉树的参道前行，就来到了鬼子母神堂。这是创建于天正 6 年（1578）、丰岛区最古老的建筑，鬼子母现在仍作为安产、育儿之神而受到人们的祭拜。既是母亲，又是鬼怪，这种二元特点似乎存在于这片区域的方方面面。

离开鬼子母神堂，走向目白通，前方就是高地。看一眼坡道的位置，便能推测那里应该视野良好。神田川的谷地开阔而对岸的小山丘低矮，适合远眺且日照充足，因此深受名人们的喜爱。

走下宿坂，沿神田川前行，便能看到原本属于肥后熊本藩细川家的回游式庭园。在后文中，我们将依次介绍起伏的地形和涌泉水的看点，一起欣赏回游式庭园的独特之处。

接着，沿神田川走向下游，沿途会看到水神社、关口芭蕉庵和大洗堰等神田川河道上的多处遗迹，可以从中了解神田川的历史。

在坡道中，看点最多的要数胸突坂。与坡下的昏暗相比，胸突坂的坡上非常明亮开阔，能看到和敬塾、永青文库等原细川家宅邸群以及蕉雨园等高地特有的宅院。

最后，以椿山庄作为散步的终点。可以在坡道上的咖啡馆中享受极目远眺的乐趣，也可以在坡道下庭园里的餐厅中美餐一顿，感受被绿意包围的宁静。是不是体会到了明治时期大人物们的心境？

小知识 目白台也有许多基督教场所，包括原传教士馆、天主教东京主座教堂关口教会等。

甘泉园公园

早稻田一侧的庭园，这里涌出的泉水甘甜，适合泡茶，由此而得名。

目白不动明王像

曾经供奉在金乘院的五色不动神像之一。据说目白这一地名源于这尊雕像。

鬼子母神可谓是杂司谷的象征，是安产、育儿之神。

参道旁有点心店。

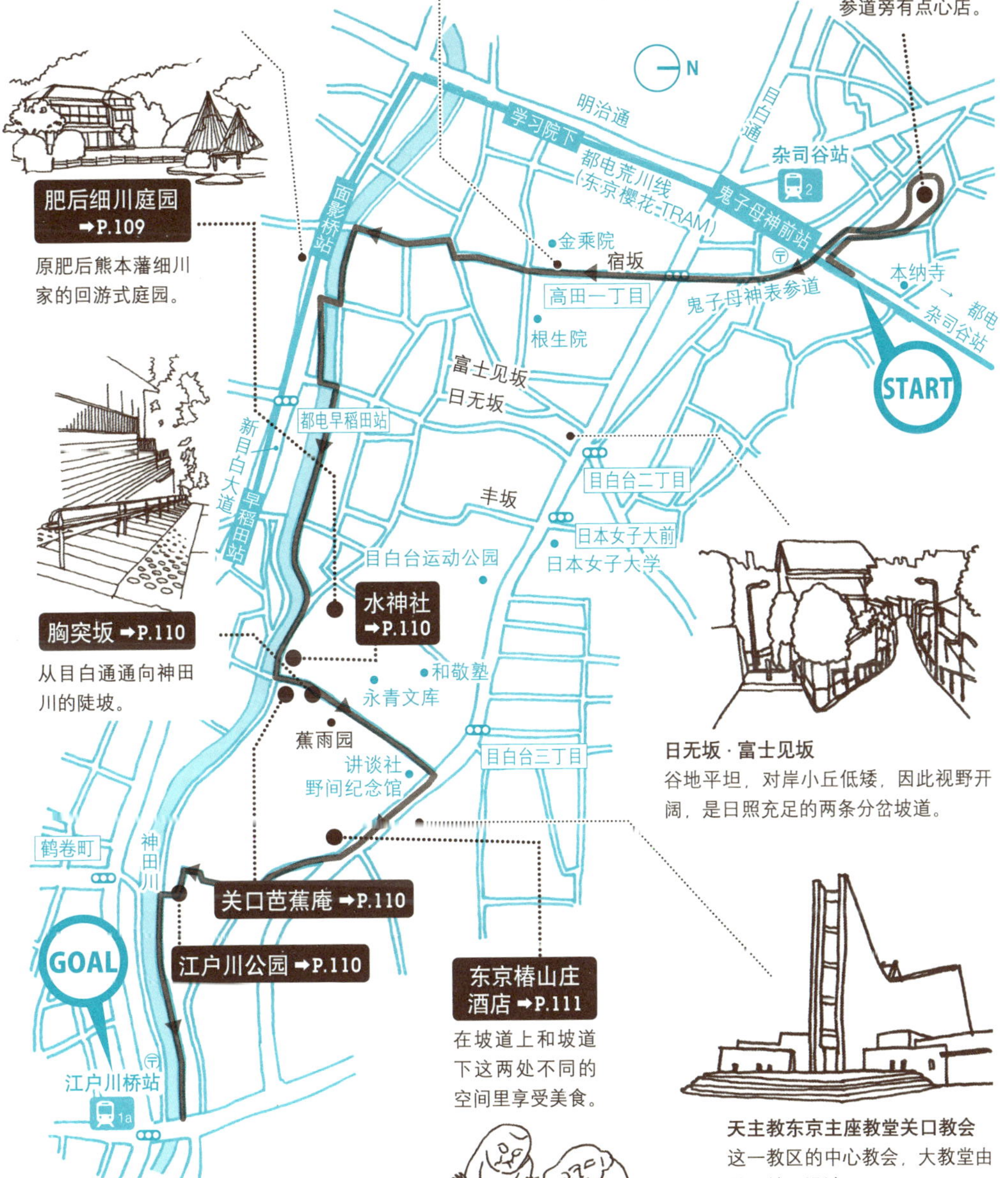

肥后细川庭园 ➡P.109

原肥后熊本藩细川家的回游式庭园。

胸突坂 ➡P.110

从目白通通向神田川的陡坡。

日无坂 · 富士见坂

谷地平坦，对岸小丘低矮，因此视野开阔，是日照充足的两条分岔坡道。

东京椿山庄酒店 ➡P.111

在坂道上和坂道下这两处不同的空间里享受美食。

天主教东京主座教堂关口教会

这一教区的中心教会，大教堂由丹下健三设计。

鬼子母神堂

寻找神堂中的二元对立

参拜鬼子母神和北辰妙见大菩萨

供奉有安产、育儿之神的鬼子母神堂可谓是杂司谷的代名词。神堂内安放着母像和鬼像。而后方则供奉着北辰妙见大菩萨。参拜完正面的鬼子母神，再去看看背面的北辰妙见大菩萨，品味一下这样的二元特点。

神名中有“子”“母”与“鬼”。

“鬼”字没有第一笔，即没有角，表明鬼已经改邪归正，化作神佛。

母像　鬼像

两尊鬼子母神像
抢夺并吞食人类小孩的鬼神受到释迦牟尼训诫，重生为保护孩子的母神。两尊神像分别是微笑着怀抱婴儿的菩萨像和双手合十的鬼像。

芒草猫头鹰
传统玩具，用芒草穗做出猫头鹰的形状，也是祝愿生意兴隆的伴手礼。

神堂坐北朝南，供奉着将北极星神格化的北辰妙见大神。

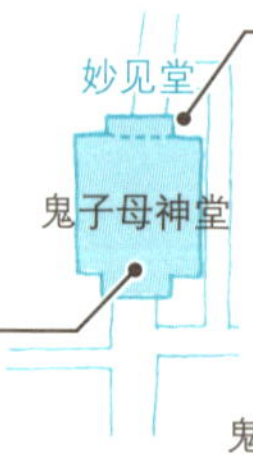

正面的绘马
绘有石榴，寓意代替孩子被鬼怪吃掉。

背面的绘马
妙见堂供奉着七曜纹绘马，象征帮助北极星的北斗七星。

鬼子母神供奉在神堂的“正面”。

鬼子母神为女神，北辰妙见为男神。这里也能看出二元性。

北辰妙见大菩萨守护着神堂的“背面”。

小知识 参道旁边伫立着怀旧的点心店上川口屋。

肥后细川庭园
（原 新江户川公园）

回游式庭园的游览方式

在庭园散步，留意重要的景物

位于细川家宅地内的池泉回游式大名庭园。池水周围的石灯笼、石塔、名树都是看点。了解景物背后的故事，才能更好地欣赏回游式庭园。推荐按照①～④的顺序逐一欣赏。

山路与永青文库相连。
*开放时间请事先确认。

人工小溪和瀑布是池水的源头。视线要跟随水流的方向，景物也要从西向东看。

①环视全景

首先找到能够环视庭园全景的位置，眺望池塘的形状，再寻找布置在池水周围的景物。

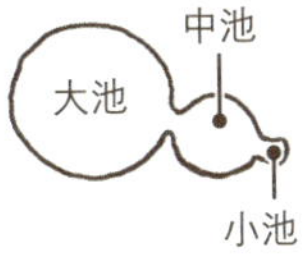

大中小池塘相连，呈葫芦形。

正面左前方是奥山，水源地所在。

②在石灯笼处看到的景色

石灯笼不仅本身是看点，从石灯笼处看向园区，眼前还有好几个观景方向。

瀑布
小瀑布是引水入池的水口之一。

人工小溪
向池中引水的手法之一，特点是如雁行（阶梯状）般的水流路线。

为保护松树不被冬天的大雪压倒，会用绳子吊起树枝。

顶着“大斗笠”的是雪见灯笼。

为景物

③在礼拜石看到的景色

站在突出于池面的礼拜石上，变换角度，就可以看到不同的景色。

走在踏脚石上看到的风景和站在礼拜石上看到的风景不同。角度改变，土桥变为正面。

④在展望台看到的景色

展望台是重要的观景点。眺望对岸，石灯笼排列成一条直线，风景优美。

胸突坂

坡道周围有什么

坡道上方的宅邸和坡道下方的史迹

从目白台的高地沿着胸突坂一路向下，坡道上方视野开阔，四周建有大量宅邸。坡道下方流过神田川，保留着许多神田川上水道的历史遗迹。神田川上水道曾经是江户街道居民的饮用水来源。

男生宿舍。原为肥后熊本细川家的土地，保留着原有的宅邸。

* 通常禁止入内，会不定期对外开放。

蕉雨园是明治时期的官员田中光显的旧宅。内部不对外开放，可以通过外墙欣赏这栋和式豪宅。

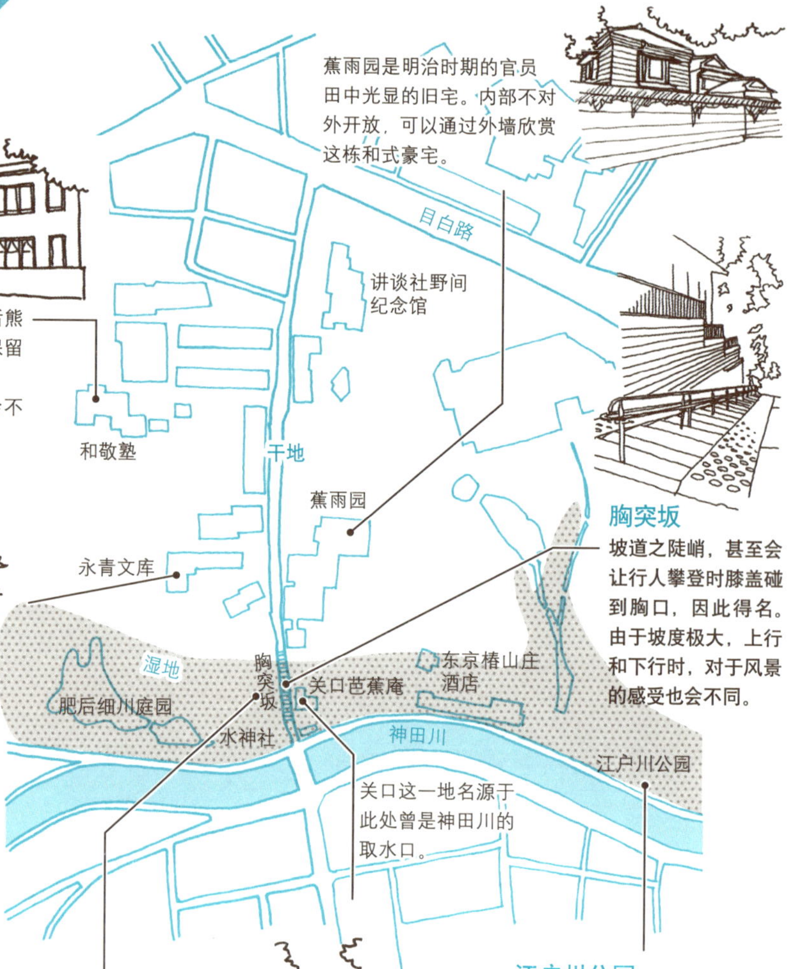

展览细川家的文化遗产以及古代美术品的美术馆。建筑建于昭和初期。

胸突坂

坡道之陡峭，甚至会让行人攀登时膝盖碰到胸口，因此得名。由于坡度极大，上行和下行时，对于风景的感受也会不同。

关口这一地名源于此处曾是神田川的取水口。

巨大的银杏神树气势威严。

水神社

供奉着守护神田川关口闸门的水神。受着神田川恩惠的神田、日本桥区域的居民也会前来参拜。

关口芭蕉庵

著名俳句诗人松尾芭蕉也曾参与神田川的上水道工程。这里是他曾经住过的地方，庭院里还有刻着俳句的石碑。

江户川公园

公园里有神田川取水口大洗堰的复制品。来自神田川的丰沛水流，是江户时期街道居民们的饮用水来源。

东京
椿山庄酒店

**体会明治时期
大人物的心境**

坡道上下，意趣不同的两家餐厅

山县有朋[1]曾在坡道上方修建宅邸，又利用涌泉水在坡道下方修建了庭园。如今，坡道上方是视野开阔的咖啡厅，下方则是可以静心用餐的日式家宅。往来上下，似乎体会到了大人物们的心境。

坡道上方 曾建有豪宅，视野极佳。

Café FORESTA
可以透过大堂的玻璃窗远眺美景，带着内阁总理般的心情度过咖啡时光。只在周末和法定节假日开放。

蛋糕套餐
还提供在客人带来的蛋糕碟上装饰山茶花的服务。

基本信息
文京区关口2-10-8
东京椿山庄酒店广场3F
03-3943-5489

坡道 上下的分界线，由此转换心情。

罗汉石
据说是根据近世画家伊藤若冲的手稿雕刻而成，石像共有20尊。

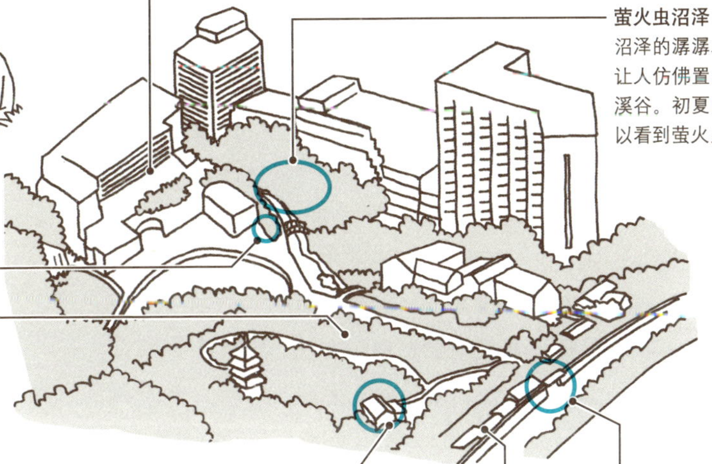

萤火虫沼泽
沼泽的潺潺水声让人仿佛置身于溪谷。初夏时可以看到萤火虫。

约100种山茶花
自然生长的山茶花（日文写作“椿”）是椿山庄名字的由来。

坡道下方 在有泉水的庭院中享受闲适的空间。

无茶庵荞麦面店
位于和式建筑中的荞麦面店。庭院里有人型点景石和泉水形成的溪流，仿佛是崖坡下的幽谷风光。静谧的就餐环境是这间餐厅的特点。

庭园下方的和式住宅里有多间宴会厅和料亭。

冠木门
在庭园散步后可前往神田川一侧的出口。

笼屉荞麦面
除了套餐以外，菜单上也有各类价格亲民的单点菜品。

基本信息
文京区关口2-10-8
东京椿山庄酒店庭园内
03-3943-5489

①山县有朋：明治时期曾担任首相和第一任陆军元帅的政界要人。喜爱修建庭园，曾主持修建京都无邻菴和小田原的古稀庵庭园。

YANAKA

在尾根道邂逅艺术，在小巷遇见长屋

谷中

最近车站：JR 山手线等　日暮里站　西口

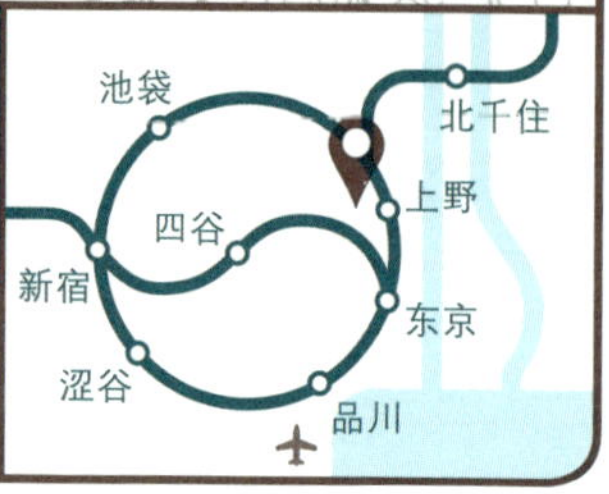

寺町的老店与艺术的老店

谷中是热门的散步地点，每逢节假日总是人潮汹涌。这里是东京都内首屈一指的寺町①，但寺院的魅力或许不是热闹的唯一原因。散步时留心观察一下吧。

从北面的日暮里站出发，沿着谷中高地上南北走向的初音通一路南下，会看到非常多数量的寺院。在寺院之间，各类商店挨挨挤挤，有不少店铺出售榻榻米、石块、盆栽和线香等与寺院相关的物品。若是仔细观察，会发现还有出售马口铁、铜壶、玳瑁、象牙等工艺品的店铺。这是因为初音通的尽头坐落着东京艺术大学（艺大），街道的景观或许也受到了艺大的影响。

东京艺术大学创立于明治时期。在艺大创立之前，作为寺町的谷中地区曾有大批匠人迁居至此。匠人们在大街上开设店铺，徒弟和普通平民住在背后的小巷子里，逐渐形成了小巷居民特有的生活方式。在小巷的公共空间里，人们栽种了植物，孩子嬉笑玩耍。这样的小巷保留至今，也是这片地区的魅力所在。

20 世纪 80 年代播出的 NHK 连续剧《早乙老师》中也出现了这些小巷。时间在小巷里仿佛倒流了 60 年，昭和初期修建的四轩长屋、防火用水设施和作为地区守护神的地藏、稻荷保存至今，让人想一再到访。

最后来到了人称“平民厨房”的谷中银座。除了游客，本地街访也会去这里吃喝采购，和他们聊聊天也很不错。狭窄的道路不通车，在步行街上自由自在地边走边吃，也是散步谷中的美妙之处。

①寺町：指寺庙集中的街道区域。江户时代，在上野的宽永寺建成后，谷中地区也修建了很多寺院，现有 70 多座寺院保留了下来。

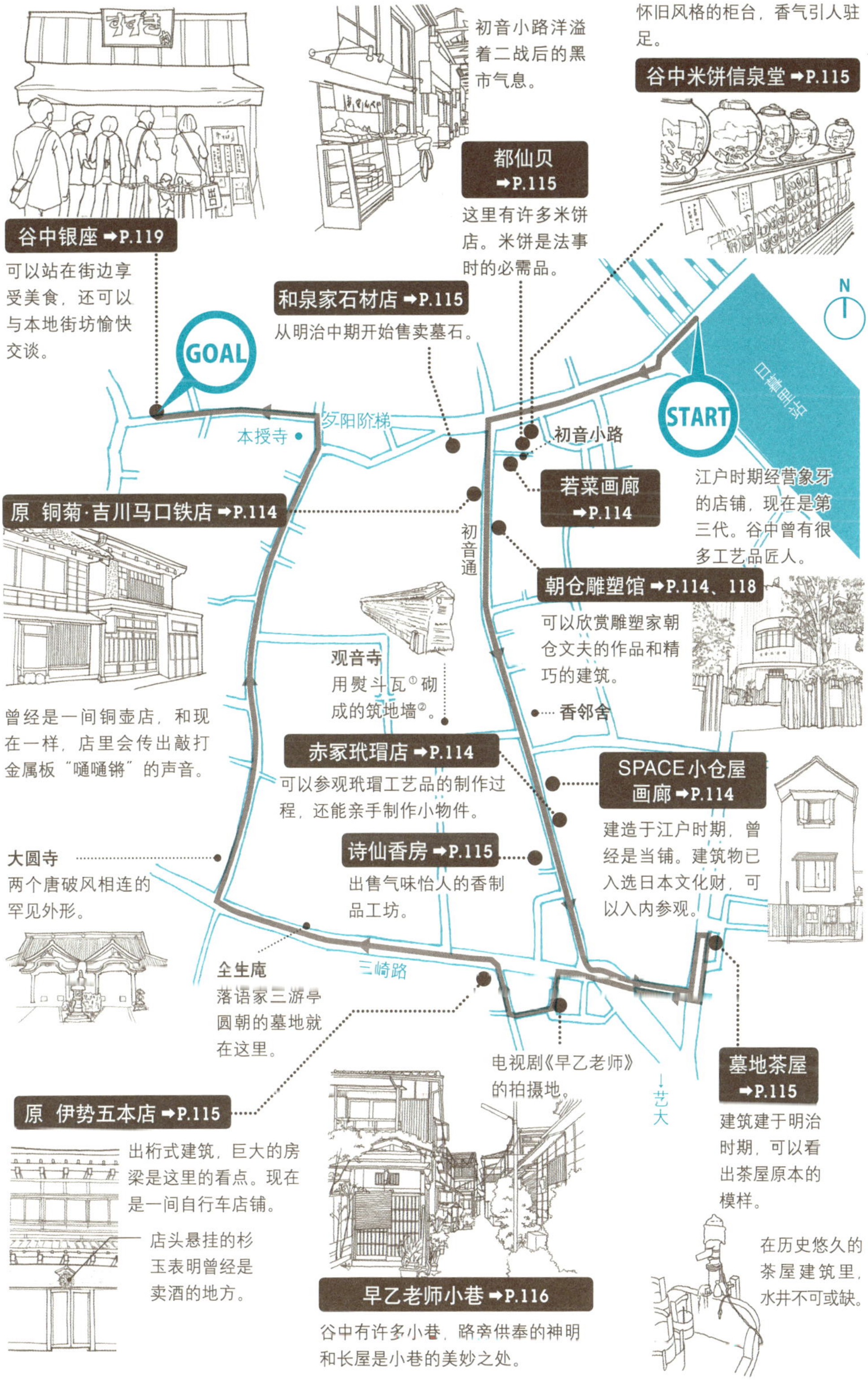

①熨斗瓦：略带弧度的平瓦，通常用于屋脊处。
②筑地墙：即土墙，以石材为底座，上方用木头搭建框架，填土筑实，最后葺上防雨屋顶，表面涂上灰浆。

初音通

两类老店

与艺大有关的工艺品老店

初音通仿佛拥有两张面孔：既有与艺大相关的工艺品店铺，也有经营内容与寺院相关的老店。可以通过观察，辨别出这些历史悠久的老字号店铺，一窥初音通往日的风貌。

原 铜菊

（铜板工艺店铺）

将一张铜板敲打制作成水壶和锅等生活用品。曾经是铜壶店。

吉川马口铁店

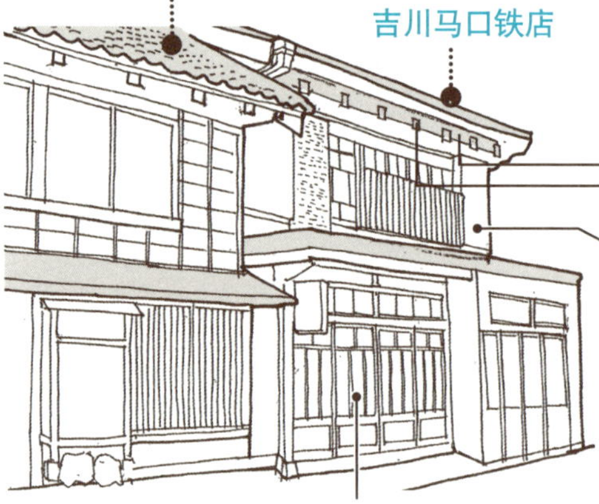

Ⓐ老店多采用出桁出梁式设计。

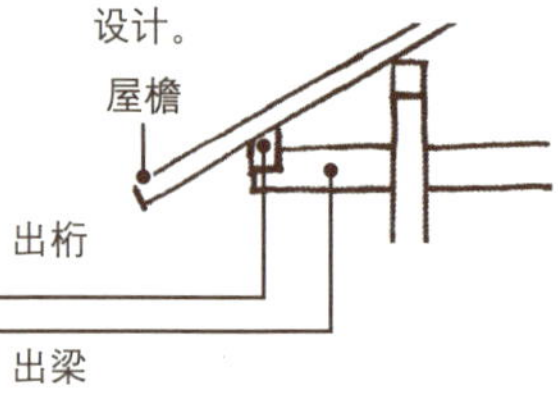

Ⓑ户袋①是店铺的看点。精心葺上的铜板是金属板加工店才有的做法。

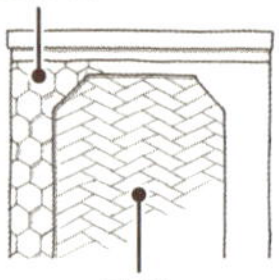

如果同时具有Ⓐ和Ⓑ，则很有可能是老店。若再加上Ⓒ，可以进一步推测是昭和初期的建筑。

Ⓒ歪扭的窗玻璃是传统的吹制玻璃。

朝仓雕塑馆

朝仓文夫②曾经在艺大教授雕刻和雕塑，被称为“东洋的罗丹”。这里是朝仓文夫的画室兼住宅。

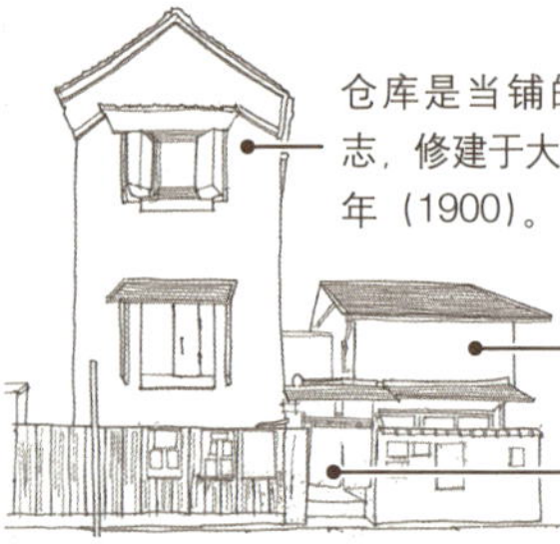

仓库是当铺的标志，修建于大正5年（1900）。

据说建于文政13年（1830）。

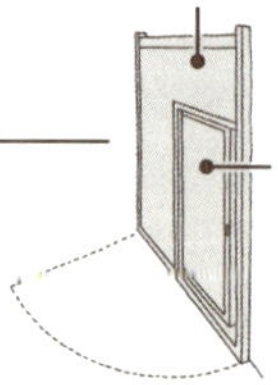

SPACE 小仓屋画廊

创立于享保年间（1716-1736）的当铺，可以进入内部参观。

入口大门上带有便门。比格栅门更安全，不愧是当铺建筑。

若菜画廊

出售象牙工艺品的商店。谷中一带曾聚集了很多制作象牙工艺品的匠人。

即使店面看起来较新，其中陈列的工艺品却技法老道、做工精湛。

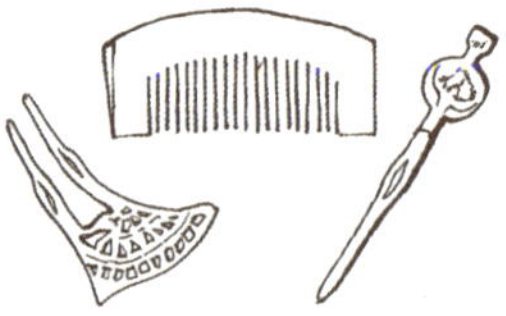

赤冢玳瑁店

原为是以龟甲为素材的眼镜专门店。现在可以在店内体验手工制作钥匙扣。

①户袋：日式建筑中用来收放木板套窗的箱状制作物，通常设于檐下和窗槛旁。

②朝仓文夫：活跃于明治到昭和年间的日本雕塑家。以敏锐的观察力、高超的技巧和自然主义的写实风格，被誉为“东洋的罗丹”。代表作有“大隈重信像”等。

与寺院相关的老店

寺院的来访者里既有定期来扫墓、做法事的人，也有筹办葬礼的临时客人。谷中的老店在背后默默支持着寺院的日常。客人可以更换榻榻米和拉门，打理墓地的绿植，还可购买墓石、线香和酒，连法事上用的米饼也可以买到。了解这些背景，有助于更好地观察这些老店。

谷中米饼信泉堂

看板建筑加上木框玻璃柜，再搭配装有米饼的玻璃壶，满满的怀旧感。

葬礼常常不可预料。保质期较长的米饼对寺院来说，做法事时非常方便。

谷中的米饼大多为手工烤制，酱油扑鼻的香气引诱着行人。○与□形状的米饼象征着天地，天圆地方，合在一起便是宇宙。

都米饼

店铺位于初音小路。在这里可以体验有如吞兵卫横丁一样的纵深感，有一种逛黑市的乐趣。

原 伊势五本店

建筑已有80年历史，1层和2层均为出桁出梁。只要看到杉玉，就知道是卖酒的老店。酒也是做法事的必需物品。

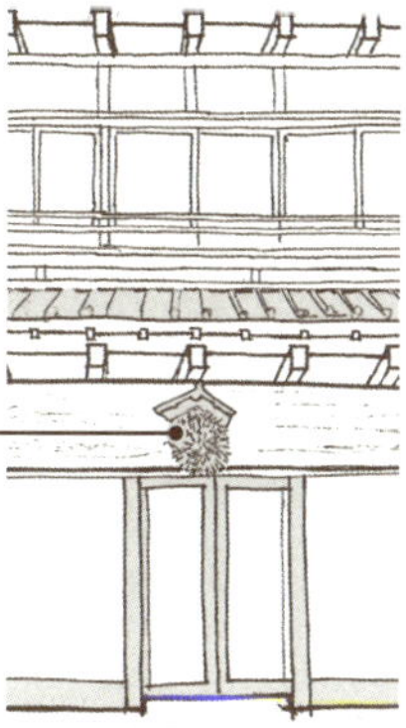

将杉玉挂在屋檐下，表示新酒已经酿好。

现在是自行车店。

诗仙香房

说到法事，就会想到线香。店里还摆放着香袋和家用芳香剂等各种香制品。

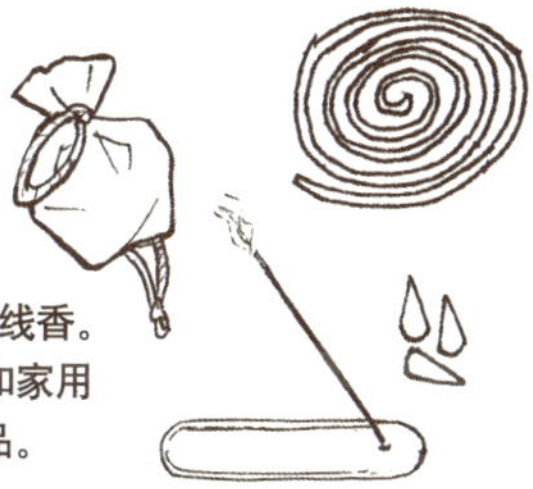

和泉家石材店

创业130年的墓碑老店。谷中陵园前的分店还售卖供在佛坛前和扫墓用的佛花。

墓地茶屋

谷中陵园入口处的茶屋建于明治年间（1868-1911）。屋檐下并排摆放着茶屋三件套：带把手的水桶、扫帚和长凳，保持着原本的模样。

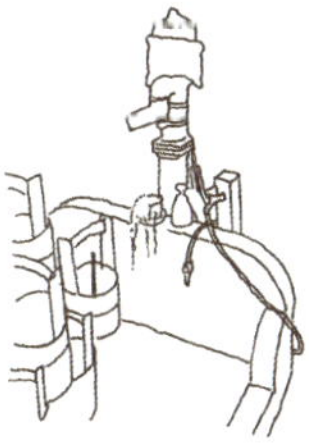

店前保留着扫墓时打水的泵式水井。

早乙老师小巷

小巷就像人，各有各的个性

小巷里窥见昭和初期的生活

谷中有许多小巷。这条小巷曾是电视剧《早乙老师》的拍摄地。小巷里有建于昭和初期的典型长屋建筑，这样的建筑如今正在渐渐消失。从长屋的玄关、阳台、格栅门等处，依稀可见当时人们的日常生活光景。

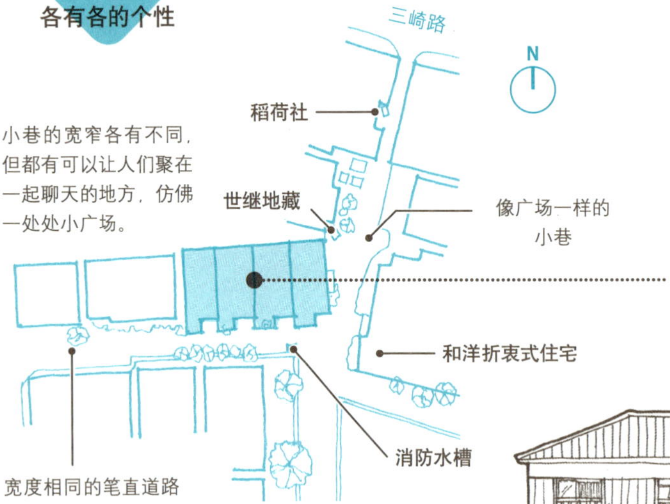

小巷的宽窄各有不同，但都有可以让人们聚在一起聊天的地方，仿佛一处处小广场。

宽度相同的笔直道路方便行人通过。

四轩长屋

小巷的亮点是四户相连的长屋。长屋位于小巷的路口，可以欣赏建筑的整体特征和长屋体现的生活智慧。

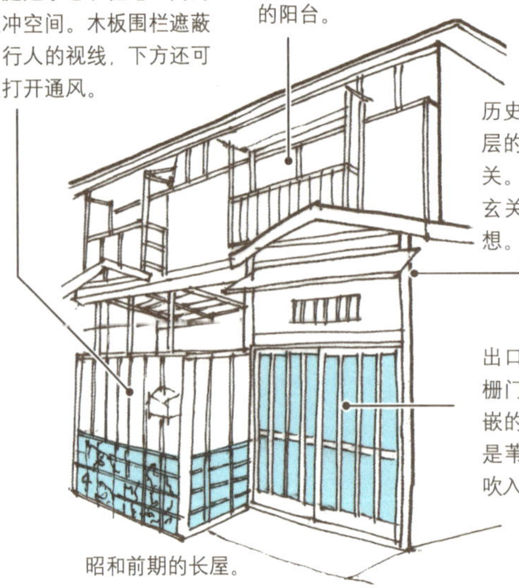

只在朝向道路一侧有光照。因此在正面设置了晾晒衣物的阳台。

前庭是小巷和住宅之间的缓冲空间。木板围栏遮蔽了行人的视线，下方还可以打开通风。

历史上只有武士阶层的住宅才使用玄关。装有博风板的玄关曾是平民的梦想。

出口为双槽推拉格栅门。过去门上镶嵌的不是玻璃，而是苇帘，风会直接吹入室内。

昭和前期的长屋。

进入大正时期，开始出现标准的双层建筑。如果是低矮的双层建筑或平房，则仍有可能建于明治时期。

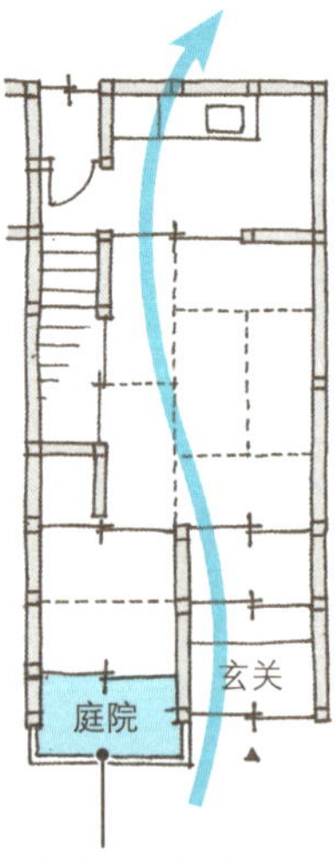

到了夏天，人们会撤掉隔扇或推拉门，让穿堂风从玄关吹入。

2 平方米的小庭院。只要有玄关和庭院，即使是长屋，也有了独栋宅邸的感觉。

藏着广场的小巷

从三崎通穿过被建筑物包夹的昏暗小巷，就会走到一处向阳的小空地，是一片可供人们驻足聊天的小广场。看看地藏、稻荷、消防水槽等街区的配角，便能更好地理解这藏在小巷子里的“广场”。

消防水槽

二战前的消防水槽仍随处可见。如今有金鱼在水槽里游来游去。

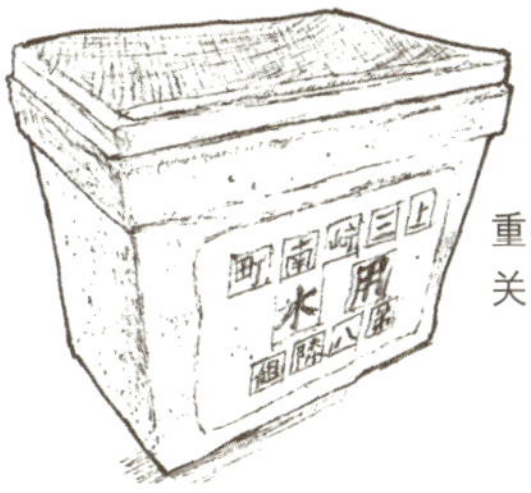

重视防灾，想必邻里关系和睦。

稻荷神

稻荷神分为庇佑个人土地、家宅安全的稻荷以及守护社区安全的组稻荷。

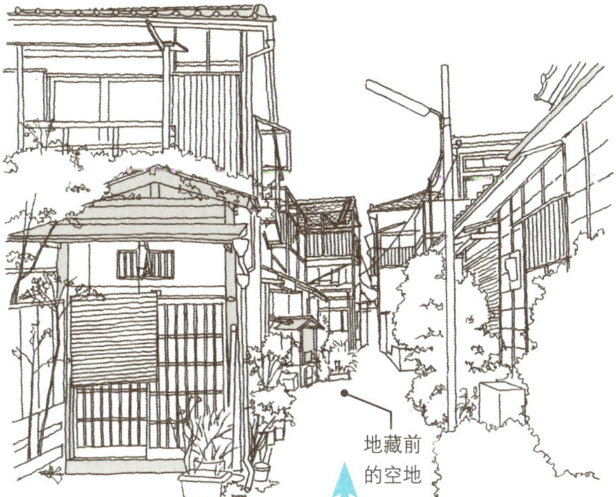

这里的光景让人感觉时光倒流回到了昭和初期。

世继地藏

地藏前的小空地叫做地藏空地，可以容纳两三位街坊站在这里聊天。这里还摆放了长凳，可以悠闲地打发时间。

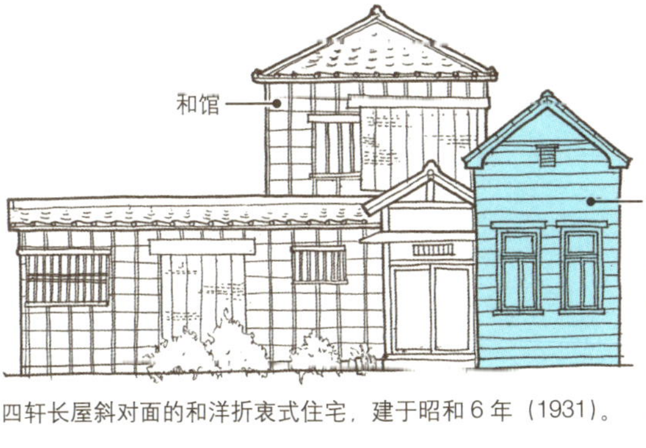

四轩长屋斜对面的和洋折衷式住宅，建于昭和6年（1931）。

和洋折衷式住宅

昭和初期流行和式和西洋风格结合的房屋样式。人们憧憬洋房，因此会在玄关旁边设计一间洋房用作会客室。

朝仓雕塑馆

感受朝仓文夫的建筑理念

从建筑和庭园中了解朝仓文夫

这栋建筑是日本近代雕塑之父朝仓文夫的工作室兼住宅。住宅部分为木结构，工作室的部分为混凝土结构。在建筑物环绕的中庭里，池塘占据了大半面积。馆内各处都可以感受到朝仓文夫的个人风格。

屋顶庭园

园艺曾是朝仓雕塑学校的必修科目。在朝仓看来，学生要养成观察自然的习惯，才能利用孕育生命的土壤，为雕塑注入生命。

在面积有限的土地上，种植了巨大的油橄榄。

昭和10年（1935）完工。在昭和初期，清水混凝土手法和屋顶庭园的设计极为罕见。以现在的眼光来看，朝仓的设计非常具有前瞻性。

工作室的天花板高 8.5 米。巨大的天窗设在北侧，光线由此射入室内。

入口处有朝仓的《云》等作品。

清水混凝土

如今，施工时会使用胶合板制作成铸模，再灌入混凝土。但在当时，铸模是使用薄木板制作的。建筑上依稀可见薄木板边缘留下的竖线痕迹。

基本信息
台东区谷中7-18-10
03-3821-4549

依照传统方法修建的和室

格栅门上的细木条是使用京都芝麻竹加工而成的四棱柱。

由神代杉木材制作，中间高于四周的舟底天花板。

茶室

壁龛的底板、立柱和天花板都使用了精心挑选的材料，展现出朝仓文夫不俗的眼光。

站在玄关处，可以从窗口望见内庭的绿意。再看看四周，可以感受到内庭与门外植被的连续性。

右手边是修建于大正 13 年（1924）的旧工作室。

水面倒映着天空，踩在踏脚石上，仿佛行走在云间。

中庭

朝仓爱水，因此中庭有大面积的池塘。池水中倒映的云朵和水面的涟漪为庭园带来了动感，真的是只有艺术家才能设计出的庭园。

谷中银座

邂逅本地人

走下著名的“夕阳阶梯”，就来到了谷中银座商店街。这里车辆无法通行，是一条步行街。街道两旁的小吃店品类众多，虽然特产商店不多，却游人如织。让我们漫步小街，来探索它的魅力吧。

五花八门的小吃店是这片区域的魅力所在

游客们都很享受边走边吃。

在越后屋本店门口，人们坐在啤酒箱上畅饮。

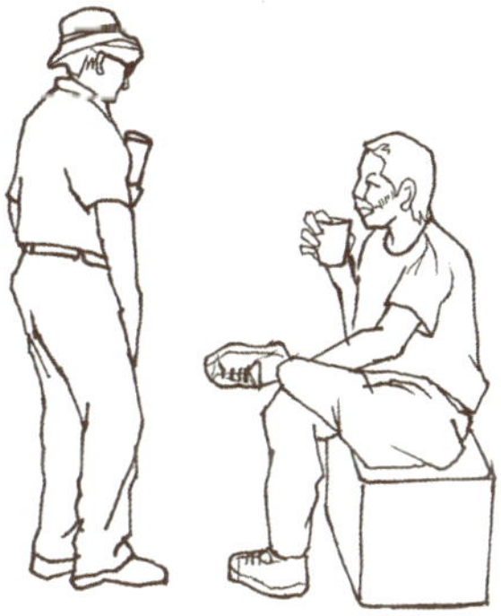

一杯酒下肚，大家都变得健谈起来，这是和本地人交流的绝好机会。

介绍谷中银座最受欢迎的街头小吃

“丸初福岛商店”的鱼料理

做成方便吃的烤串

“小林”家的烤土鸡肉串

能够外带的小吃店很多。排队时可以和本地人聊聊天，打听只有本地人才知道的“内部消息”。

“肉之佐藤”的谷中炸肉饼

分装在纸袋里

“和栗屋”的甜品

蛋卷冰激凌适合边走边吃

小知识 在二战后的谷中银座，商店迅速聚集犹如黑市，170米长的街道上有近70家店铺。

SENDAGI,NEZU

千駄木的豪宅，居民创造的根津门前町

千駄木·根津

最近车站：东京地铁千代田线　千駄木站　2号出口

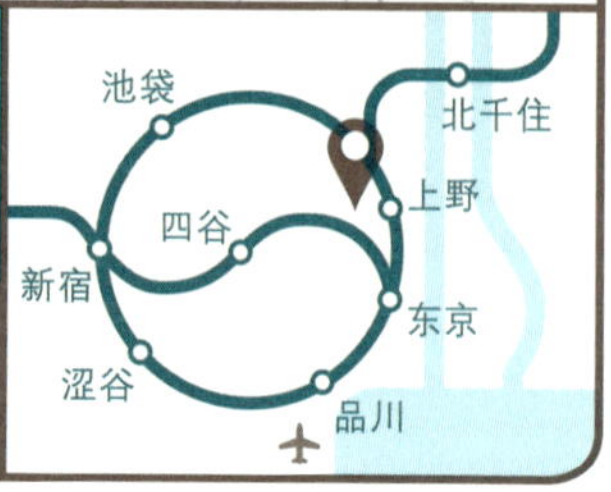

豪宅里的财阀生活，门前町的平民智慧

千駄木到根津一带，是蓝染川下切形成的谷地斜坡。千駄木原为武家用地，这里的大名宅邸在修建时利用了斜坡上的树木来造园。后来，大名庭园变成了两座公园，其中须藤公园仍保留着大名庭园的余韵。坡道上方涌出的泉水流入谷地成为沼泽，洼地里的积水则成了池塘。两相对照，别有趣味。

另一座公园千駄木交流之森如今是自然保护区，在那里可以欣赏原汁原味的自然风光。从泉水口和神社依稀可见当年大名庭园的痕迹。

走上千駄木的坡道，曾经是一片杂树林的高地，现在是借景而建的多座宅邸，原安田楠雄①宅邸正是其中之一。在二战前的财阀家中，能够清晰地看到当时上流社会的生活场景。

接着走到根津，土地面积划分突然变得窄小。在根津散步时的看点有神社、游郭和町屋。通向神社的参道一建成，街道上就出现了游郭和特产商店。游客和参拜者让街区繁荣起来，也吸引了更多商家。门前町的昔日风光从这些商铺中一一浮现。

漫步根津的小巷，在狭小的区划中有许多间长屋，可以一窥二战前的平民生活。还有明治末期美国传教士修建的小教堂。长屋和教堂共存，仿佛在同时讲述根津的文化历史与平民的故事。

不妨以“半亭 根津”餐厅作为散步的终点。三层木结构建筑保存完好，相当稀有。原本位于屋外的仓库改建后变成室内仓库，还可以在仓库中用餐，体验美食的同时欣赏建筑。

①安田楠雄故居：安田财阀的创始人安田善次郎的女婿安田善四郎购入宅邸后，传给长子安田楠雄。

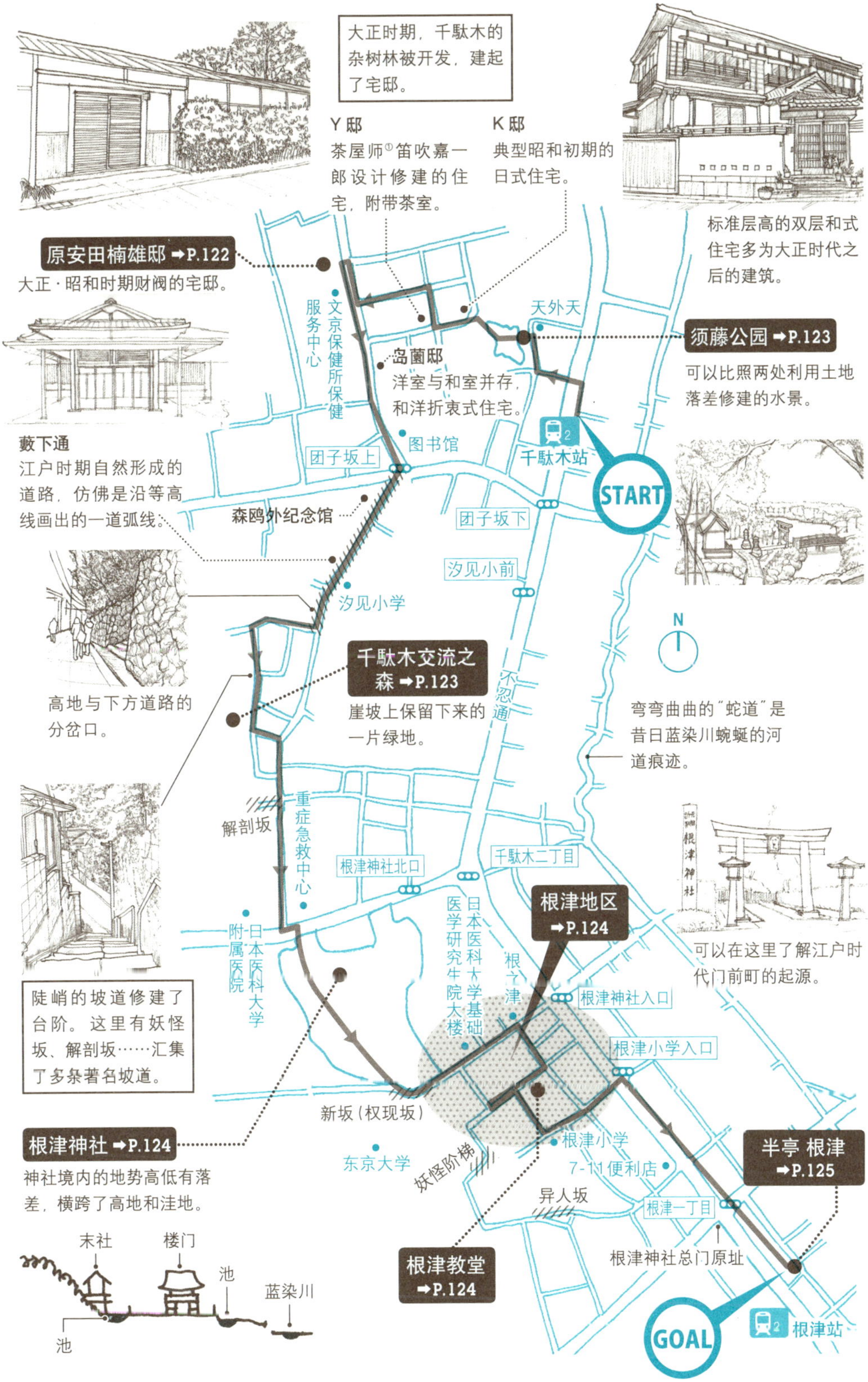

①茶屋师：指设计修建小规模茶室建筑的工匠。

安田楠雄故居

体验坡道上的豪宅

一窥大正·昭和时代的豪宅生活

坡道上方自大正时期起便豪宅林立，安田楠雄的故居也坐落于此。当时流行和式住宅中设计一间西式房间，从宅邸各处都能一窥上流社会奢华的生活场景。

安田楠雄故居

宅邸原本由修建丰岛园的实业家藤田好三郎于大正 8 年（1919）修建，后转让给安田财阀。目前逢周三和周六对外开放，收费参观。

基本信息
文京区千駄木5-20-18
03-3822-2699

煤气壁炉
壁炉是西式房间的象征性元素。

西式房间通常作为会客室。

西式房间使用了高级木材核桃木。木纹细密而优雅。

拨号盘电话
昭和 2 年（1927）年面世的自动式壁挂电话。

手炉①

打开盖子就成了火盆，上方放木炭。

木炭和火钳藏在内部，西式外观。

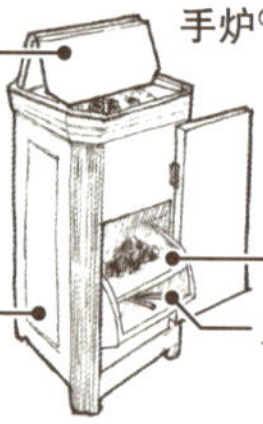

冷冻室

下层为冷藏室

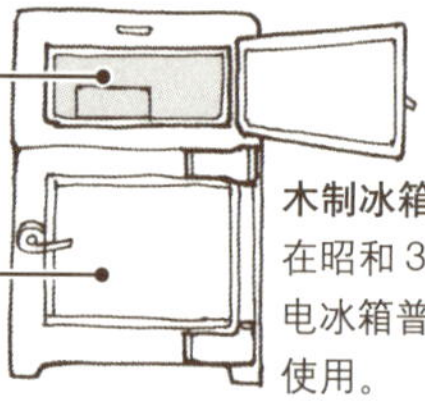

木制冰箱
在昭和 30 年（1955）电冰箱普及前曾广为使用。

和室的照明用具
为了与和室风格相称，特别定制透明的鸟纹工艺装饰灯具。

木材容易受潮，因此顶部还设计了便于通风的百叶窗。

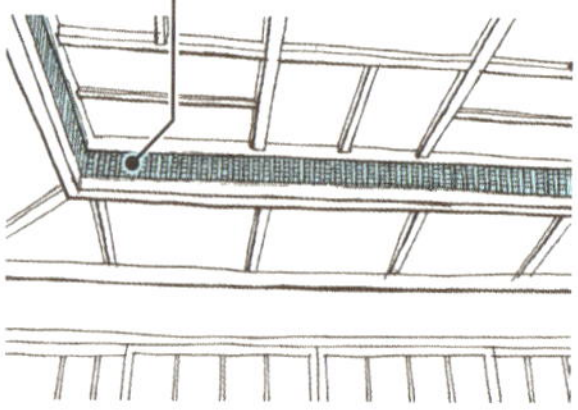

浴室的天花板

冰花玻璃
在磨砂玻璃表面涂上骨胶②，干燥后就形成了冰花纹理。流行于大正到昭和年间。

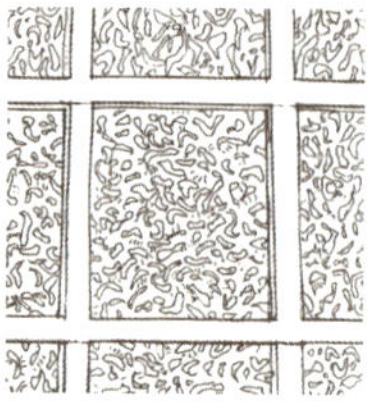

日光浴室的地板
使用了与日本银行大楼中相同的高级塑胶。

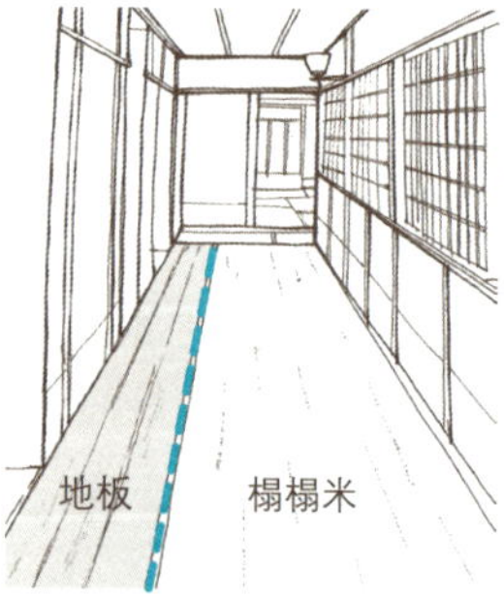

榻榻米走廊
容易被雨打湿的走廊外侧铺有地板，内侧则采用了榻榻米。这样的设计显得很有格调。

①手炉：暖手用的小型火盆，有陶、木、金属等不同材质，二战后随着暖炉的普及渐渐不再使用。
②骨胶：用动物的骨、皮、腱、内脏膜等熬出的明胶。

须藤公园·千駄木交流之森

洼地的水景

水从哪里来，又向哪里去？

这座大名庭园坐落于崖坡与平地相接的区域。园中有两处水景，一处是瀑布形成的动景，另一处则是池塘的静景，可以对照着观赏。

流动的水（动景）
由于地势差形成的“须藤瀑布”。可以欣赏石块带来的水流变化。

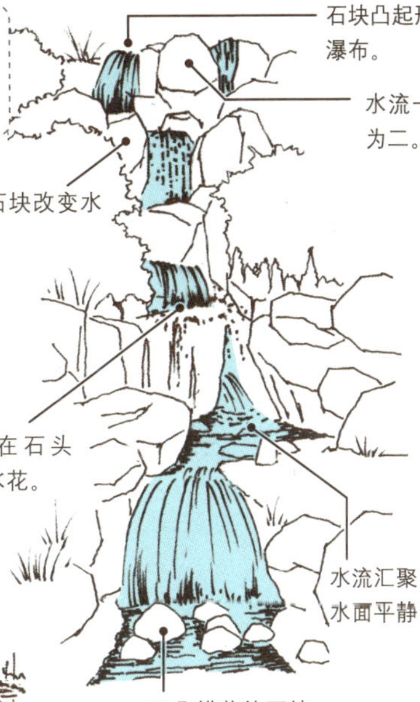

须藤公园

流水的两种风景：流下崖坡的瀑布与平静的池塘。

积蓄的水（静）
借助地形，让人能从高地眺望池塘全景。

能眺望池塘全景的高地，是观景点之一。

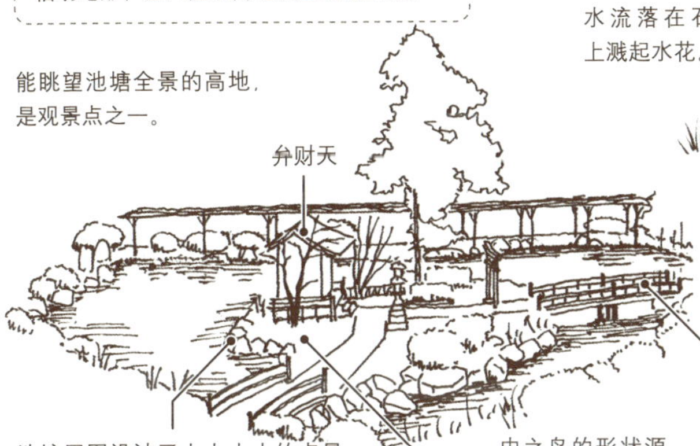

千駄木交流之森

根津地区

漫步江户时代的游乐地

根津神社门前町的三要素

在江户时期，若是建起了大型的神社寺院，商家、游郭就会聚集于此，形成门前町。参拜者和游人带动了店家的生意，街道背后的小巷子里便会建起长屋。从这些历史建筑中，可以读出街道的往事。

MINORI Café

在根津买了鲷鱼烧，可以在这里吃，对于参拜神社的人来说再合适不过。

小石川金太郎糖[1]

创立于大正3年(1914)，三轮本店的分店，售卖的伴手礼很受参拜者欢迎。

出桁式构造意味着这曾是一家受欢迎的老店。

根津的鲷鱼烧

大正5年（1916）创业，人形町柳屋的根津分店。每块鲷鱼烧都是单独烤制，门前经常排起长队。

不忍通

门前町的中心街道。道路两侧曾经游郭林立。东京大学迁来后，为整顿街道风气，在明治21年（1888）将游郭迁至洲崎（现在的江东区东阳一丁目附近）。

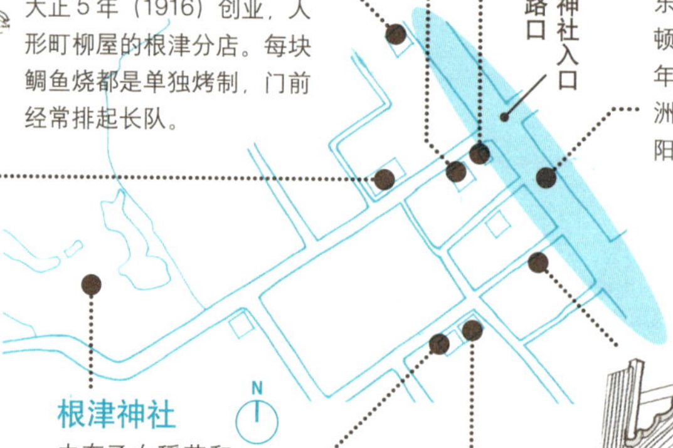

町屋（装裱店）

应餐馆和游郭的需求而设。店面非常气派。

乙女稻荷神社

旁边还有驹入稻荷。稻荷神社与游郭的关系密切。

根津神社

内有乙女稻荷和驹入稻荷神社。

游郭的痕迹

原为“北见楼”，玄关处的房檐保留着当时游郭的风情。据说曾有德高望重的老人留下遗言：“玄关是游郭的遗迹，切勿拆去。”

尖拱窗搭配塔楼，经典的教堂建筑。

为了防雨，使用了常见的和式瓦片。

根津教堂

建于大正8年（1919）。位于小巷的长屋附近，是人们生活中不可分割的一部分。

与教堂相邻的四连长屋

拐进背后的小巷，即可看到数座长屋相连，感受到昔日的平民生活气息。

虽是长屋，但也建有玄关。窗户设计各有特色。

①金太郎糖：江户时期流行的一种糖果。将各种花色的糖搓成条状，组合成图案，再横向切成粒。每个糖粒的横截面都呈现出童话人物“金太郎”的头像。

半亭 根津

三层的木造建筑

建筑物内部的仓库

这座店铺里的仓库建于明治时期，大正年间扩建成了三层楼的商铺，经营木屐护罩。1975-1984 年间经由现在的店主改造成了一间炸串餐馆。

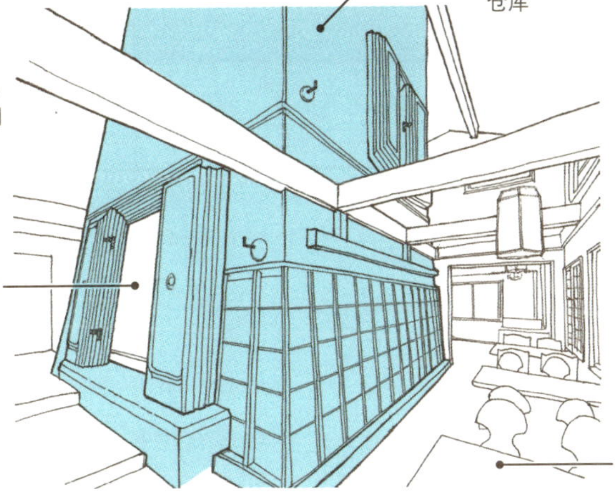

三层的榉木建筑

各层面积相同的三层木建筑十分罕见。栏杆、房檐等水平线的设计让整体保持了视觉上的平衡，缓和了高度带来的不稳定性。

这座木建筑是街区的地标。

仓库内部

明治 40 年（1907）始建于室外，后与大正时期新建的三层商铺建筑相连，成了室内仓库。

现在的屋主在买下这栋建筑时，内部年久失修，已经破败不堪。修复时运用了传统技法，在不改变外观的情况下使这座老建筑重获新生。

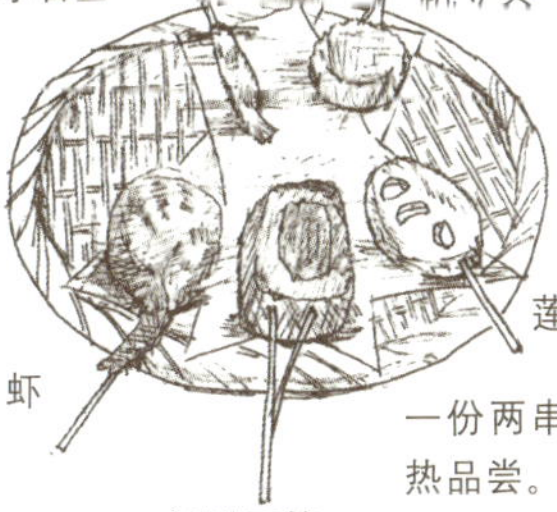

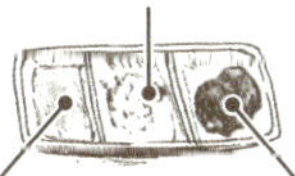

一份两串，端上桌后建议趁热品尝。精选的肉类、鱼类、应季蔬菜和珍贵食材制作的炸串，种类超过 30 种。

海苔茶泡饭

基本信息
文京区根津2-12-15
03-3828-1440

砖石建筑的两种面貌，河流曾经的两种表情

王子

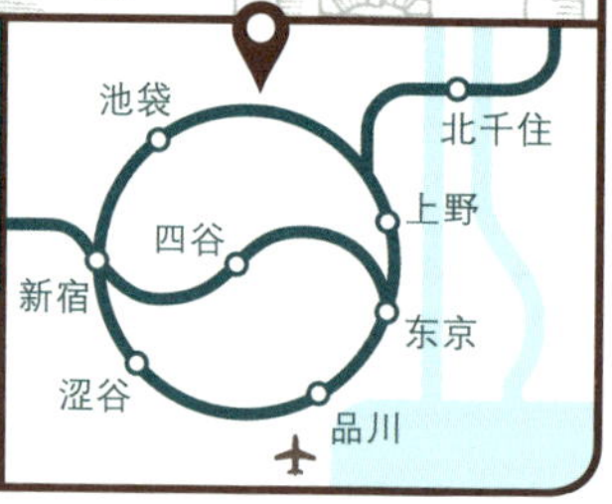

最近车站：JR 京滨东北线等　王子站　北口

明治时期和大正时期的砖石，静态与动态的河流

王子地区水资源丰富，自然环境优美，地形富于变化。有河流落下形成的瀑布以及成片的樱花树，可以在河边戏水或欣赏红叶。从江户时代起，以飞鸟山公园为中心，这里一直都是热闹的平民休闲地。

江户时期的王子地区是幕府领地，明治维新后变为国有地。石神井川为近代产业的发展提供了水源和水能资源。第一家民营纺纱厂鹿岛纺纱所就在这里建立，还有后来的酿造试验场。此外，由于纺纱厂排出的废水没有污染物，可以用来抄纸浆，因此下游先后建立了王子制纸和国立印刷局王子工厂。

砖石建筑和河流是散步途中的景点。

从明治到大正时期，砖石多用于国有设施，如今在街区各处仍能看到这些设施遗迹。其中，原酿造试验所是建于明治时期的红砖建筑，十分稀有。北区立中央图书馆是大正时期的建筑，在日俄战争到二战结束前曾为军工厂，建筑经修缮、扩建后面貌一新。虽然这二者都是砖石建筑，但明治与大正时期使用的砖石种类和堆砌方法截然不同，可以对比观察。

另一处景点是河流。流经王子地区的石神井川在不同河段又名音无川、泷野川。正如其名，音无川的水流平缓，左右蜿蜒且静谧无声；泷野川则水流汹涌，依地势冲击向下，极富动感。同一条河流，却有两个迥异的名字、两种不同的表情，饶有趣味。

1955-1964 年间，在石神井川蜿蜒曲折的河段实施了河道裁弯取直和护岸工程。如今虽已不是昔日河流的模样，但原本的河岸却保留了下来，利用地形修建了绿地公园。可以带着对昔日石神井川的想象，漫步岸边。

小知识 飞鸟山是德川吉宗为平民修建的著名赏樱地点。飞鸟山公园是日本最初的五座国家指定公园之一。

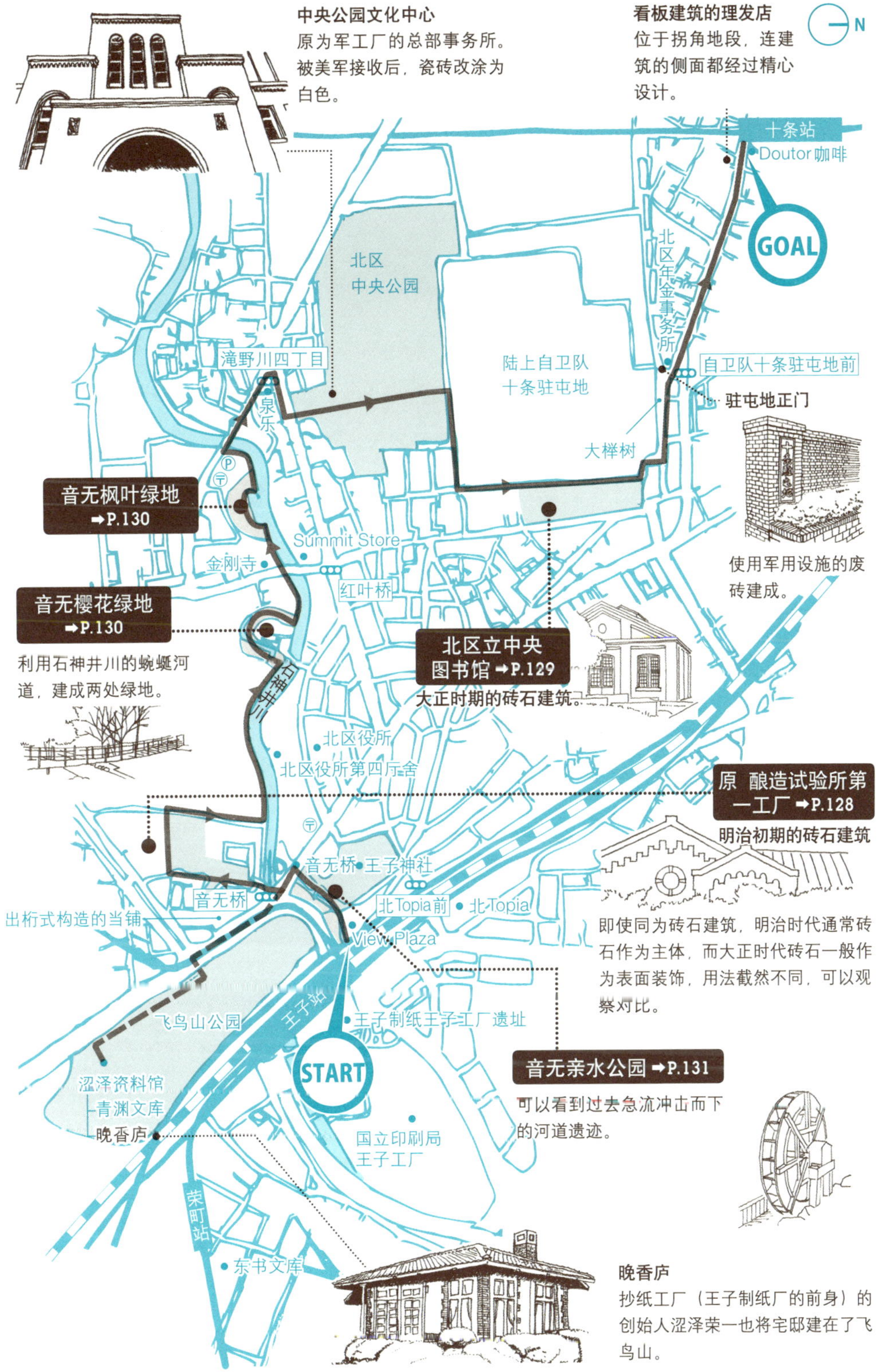
中央公园文化中心
原为军工厂的总部事务所。被美军接收后，瓷砖改涂为白色。
看板建筑的理发店
位于拐角地段，连建筑的侧面都经过精心设计。
N
十条站
Doutor咖啡
GOAL
北区
中央公园
北区年金事务所
陆上自卫队
十条驻屯地
自卫队十条驻屯地前
驻屯地正门
大榉树
使用军用设施的废砖建成。
滝野川四丁目
泉乐
音无枫叶绿地
➡P.130
Summit Store
金刚寺
红叶桥
音无樱花绿地
➡P.130
利用石神井川的蜿蜒河道，建成两处绿地。
北区立中央
图书馆 ➡P.129
大正时期的砖石建筑。
石神井川
北区役所
北区役所第四厅舍
原 酿造试验所第一工厂 ➡P.128
明治初期的砖石建筑
即使同为砖石建筑，明治时代通常砖石作为主体，而大正时代砖石一般作为表面装饰，用法截然不同，可以观察对比。
音无桥 王子神社
音无桥
北Topia前
北Topia
出桁式构造的当铺
View Plaza
王子站
飞鸟山公园
王子制纸王子工厂遗址
START
音无亲水公园 ➡P.131
可以看到过去急流冲击而下的河道遗迹。
涩泽资料馆
青渊文库
晚香庐
国立印刷局
王子工厂
荣町站
东书文库
晚香庐
抄纸工厂（王子制纸厂的前身）的创始人涩泽荣一也将宅邸建在了飞鸟山。

原 酿造试验所 第一工厂

探访明治时期的砖石建筑

原酿造试验所第一工厂

建于明治 36 年（1903），由留学德国的建筑师妻木赖黄设计。

砖石为建筑主体的明治时代

日本酒原本只有冬季才能酿造。为了让酿酒不受季节限制，人们模仿德国，用砖石建造了酿酒实验场。可以看到，明治时代通常以砖石作为主体结构，坚固的拱形门窗和厚重的墙壁是其特征。

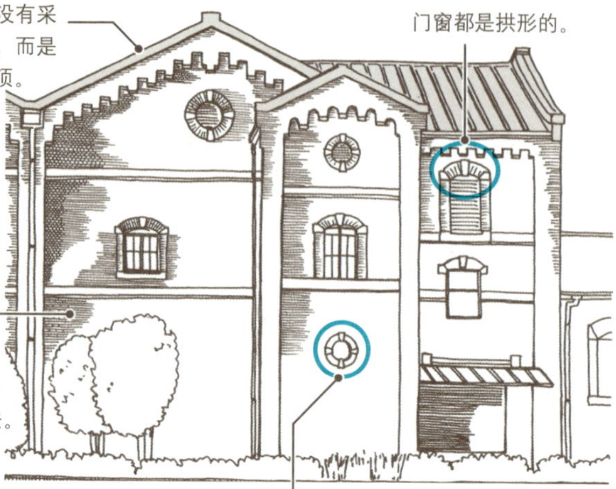

砖石建筑的屋顶和门窗只有设计为拱形，才能承重。

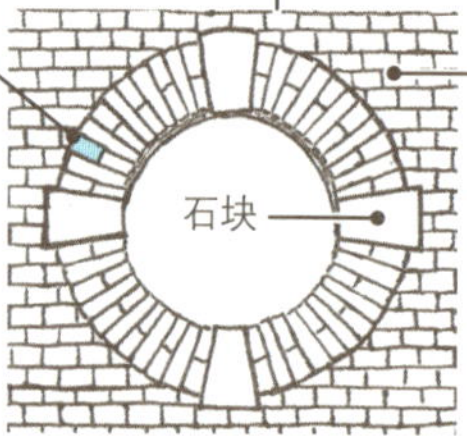

外侧为德式砌法

只能见砖块短边的砌法。

圆窗和拱形部分使用了梯形砖石，接缝均匀、优美坚固。建筑整体共使用了大小不同的 38 种砖石。

第一发酵室的入口上方

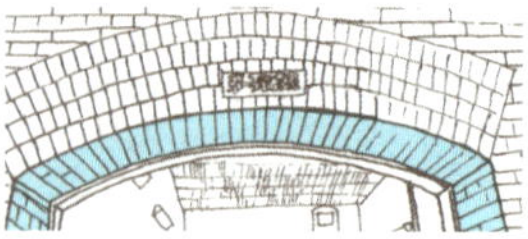

不愧是明治时期的砖石建筑，内壁厚度竟达 50 厘米。由此可见，这是两块半砖石厚度的承重墙。

内侧为英式砌法。

砖块的长边和短边交替出现。

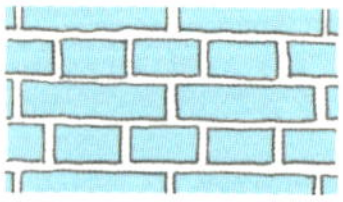

寻找明治时期的砖石

通过砖石的大小可以判断年代。210mm × 100mm × 60mm 的尺寸通常是大正 14 年（1925）之后烧制的砖块，其他尺寸的砖块很有可能来自明治时期。

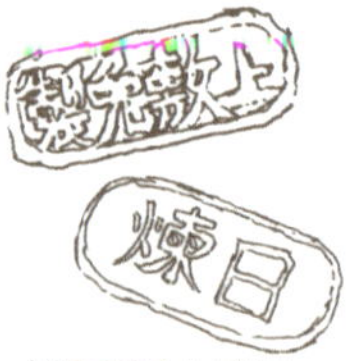

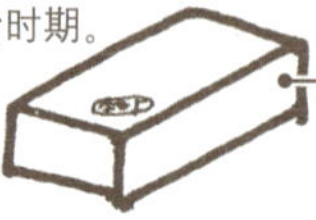

通过砖块上的刻印判断厂家和年代

左图中的印记表明使用了日本砖石制造株式会社的砖石，“上敷免制”和“日煉”意味着分别烧制于明治和大正时期。

基本信息

北区泷野川2-6-30

03-3910-3853(日本酿造协会)

北区立
中央图书馆

观察大正时期的砖石建筑

大正时代的砖石如同皮肤

大正时期的砖石建筑通常主体结构为钢筋，砖石就像皮肤一样覆盖在建筑表面。与明治时期砖石结构的建筑不同，大正时代的砖石建筑墙壁较薄，拱形比较平缓。对比前文原酿造试验所的砖石建筑，就会明白二者的区别。

北区立中央图书馆

建于大正 8 年（1919），原为东京第一陆军军工厂，二战前生产弹药。现在是一座图书馆。

基本信息
北区十条台1-2-5
03-5993-1125

新建部分

新建的部分在设计上具有衬托原有建筑的效果。

横梁使用钢筋支撑。如果使用砖石支撑，通常为拱形。

推测砖石并未承重。

未使用梯形砖石，接缝也不均匀。

可见十字接缝。

从上述特点可推断并非为以砖石为力学结构的建筑。

门窗也使用了和当时相同的颜色，金属配件也按原样复原。

墙壁厚度相当于一块半砖石，很难成为承重墙（现在墙内侧使用混凝土进行了防震加固）。

使用了原本的斜格钢柱，上面可见八幡制铁所的刻印。日本产的钢柱非常少见。

桁架（具有三角形单元的结构样式）也是原建筑物件的再利用。

走进餐厅，便会被原建筑保留下来的钢柱吸引。

石神井川

别名的由来

由音无川旧河道改建成的两座公园

石神井川又称为音无川，正如其名，是没有水声的平缓河段。流水平缓，流向就容易改变，往往河道蜿蜒曲折。如今，已经通过工程施工让河道趋于平直，但是从河岸边的绿地公园里，仍可窥见曾经蜿蜒河道的痕迹。

地图上的虚线是街道区划的分界线。之所以偏离现在的河道，是因为遵从了旧河道的走向。

在 1955-1964 年的河川改造工程中将河道裁弯取直。

岸边修建了人行散步道，还种上了樱花树。

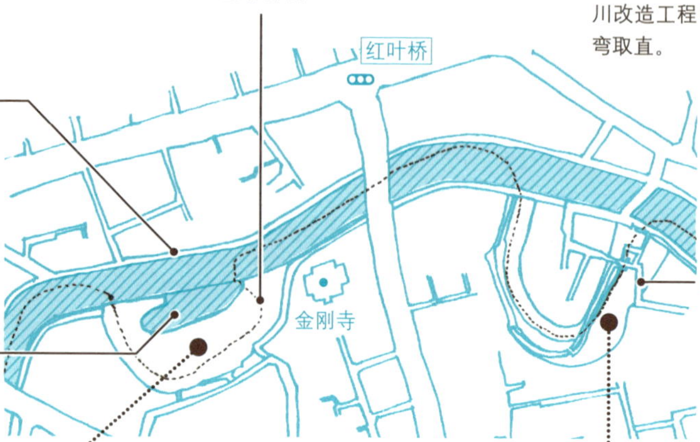

→至王子站

绿之吊桥

河湾（河流伸入陆地的部分）

音无枫叶绿地

利用弯折河道修建的公园。这片洼地在河流涨水时可以蓄水来调节河流水量。

音无樱花绿地

行走在曾经是河道的散步道上，能感受到河道的蜿蜒。

流水侵蚀而成的斜坡保存至今。

金刚寺

平缓的流水仍旧切削出一片崖坡，实属罕见。浮世绘画师歌川广重也许因此将这里画入了《名所江户百景》。河流两岸的崖坡上有山手七福神之一的岩屋弁天神洞窟和弁天瀑布。

弁天瀑布

岩屋弁天洞窟

能看到砂砾和泥土的土层。此处是土壤中混有贝类化石的东京层①，曾经出土过诺氏古棱齿象②的化石。在这里，可以看到 2 万多年前的土壤。

①东京层：位于东京东部丘陵地区地下，更新世后期形成的海洋沉积地质层。
②诺氏古棱齿象：从更新世中期到后期，以濑户内海为中心广泛分布的一种古象，是日本的化石象代表。

泷野川

为什么还叫泷野川

瀑布般的河流——泷野川

石神井川还被称为泷野川。历史上，河流流经之处、由海水侵蚀形成的 15 米崖坡溃决，河水从决口汹涌泄下，由此得名。可以想象曾经的瀑布，漫步河岸。

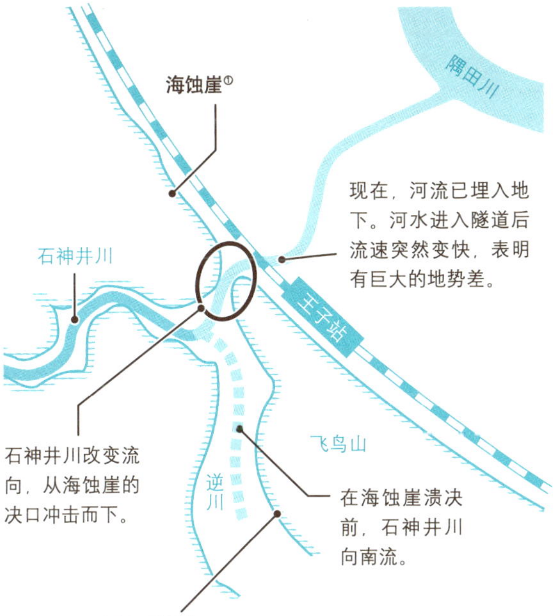

公园上方的音无桥
从桥面到桥底的高度落差极大。

半圆拱形桥洞
与 JR 御茶水站东侧的圣桥相同，是新艺术风格的设计。

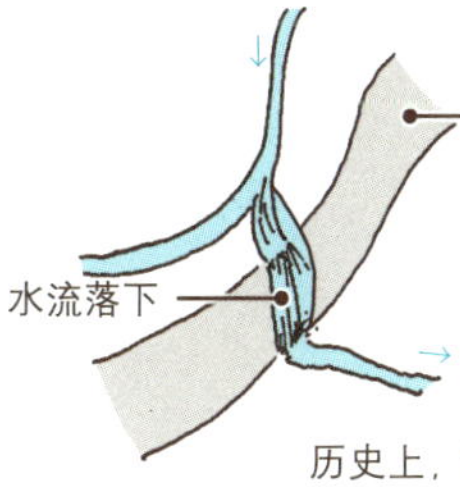

历史上，石神井川冲破海蚀崖，改变了流向。

公园最内侧的崖壁处曾是瀑布。近年来河流被截断，流向改变，瀑布也随之消失。

音无亲水公园

利用昔日河道的地势差建成的公园。虽然名为亲水公园，但原本流经此处的河水水量极大，岩石上溅起的水花正如泷野川的河名，是一派激流澎湃的风光。

石神井川旧河道
现在是一条流淌着循环水的小河。

①海蚀崖：历史上的这片区域曾是大海，海蚀崖是海水侵蚀形成的崖坡。这片崖坡像屏风一样，从 JR 东十条站绵延至上野站。

COLUMN 4

识别灵力之地

日本人自古认为万物有灵，尤其是在天地相接之处，或有天上神明降临，或有地下神力涌出，很容易成为具有灵力的场所。

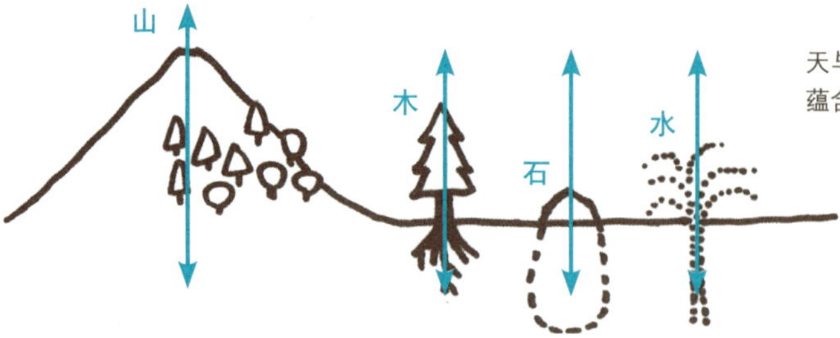

天与地相连接的地方往往蕴含灵力。

山（富士冢）

神明会降临于圆锥形的山上。

奈良的三轮山等诸多圆锥形的山地都被视作灵力之地。

富士山正是圆锥形，因此人们将富士山视作神明加以崇拜。

模仿富士山，建成圆锥形。

富士冢是江户时期，人们为了在江户城也能获得富士山的灵力而修建。品川神社里的富士冢被视作拥有与富士山相同的灵力。

泉水

泉水是从地下涌出的神明之力。雨水流入地下，再从崖坡等地表凸出部位喷出形成的瀑布、平地上的水井或涌泉之处都是灵力之地。

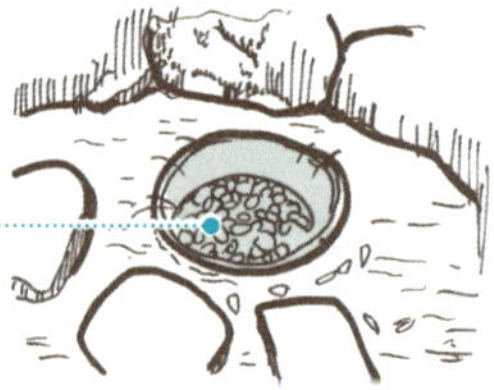

明治神宫中的清正井就是涌泉水，据说古往今来从未断流。

神树

圆锥形的树木也被视为具有灵力。传说这样的树会成为神明降临时的梯子。

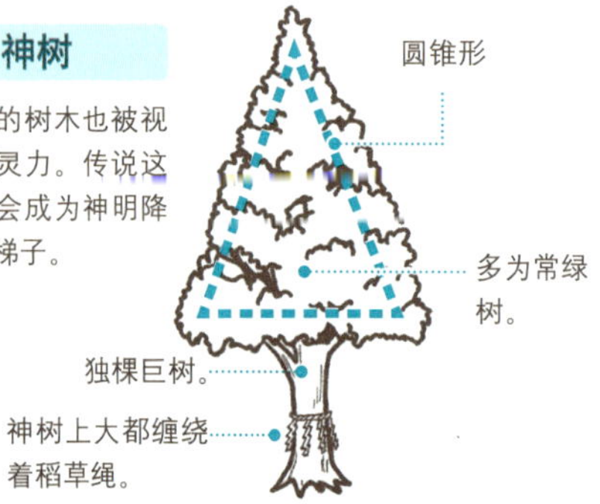

石头

传说曾是神明降临之处的石头及其周围也是洋溢着灵力的地方。有时候石头本身也被奉为神明。

只露出顶端的石头。

地下埋有巨人的山体。

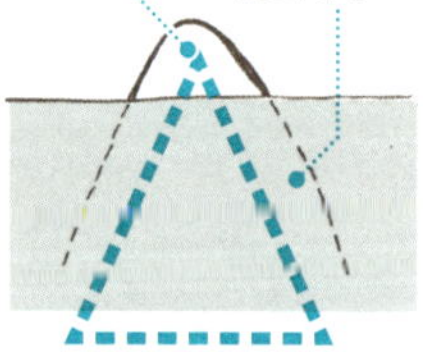

立石大人
露出地表的石块缺了一部分。

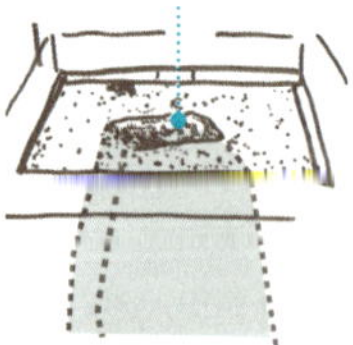

东京市葛饰区的“立石大人”，传说在挖掘时神明显灵，于是成为了信仰对象。石块深埋地中，无人知道它究竟有多大。人们认为这样的石块存在与大地直接相连的灵力。

下町

ASAKUSA

浅草不只有仲见世，还有赛马彩票和电气白兰地

浅草

最近车站：东京地铁银座线等　浅草站　A5 出口

看一看吾妻桥路口、参道的灯笼与初音小路

浅草街区在大正 12 年（1923）的关东大地震和昭和 20 年（1945）的东京大空袭中两度受灾，几乎被夷为平地。但灾后却总是不屈不挠地历经重建，复原往日的风景。

站在吾妻桥路口向四周眺望，奇迹般保存下来的大正建筑和现代建筑尽收眼底。

“松屋浅草店”是昭和初期代表性的近代建筑。起初是电车的车站大楼，后来变成了商业建筑，因兼具功能性和设计美感而闻名。

在吾妻桥路口的一角，诞生电气白兰地①的“神谷酒吧”所在的建筑更加古老，竣工于大正 10 年（1921）。这幢建于关东大地震前的建筑，至今仍在使用。此外，还可以看到地铁上家站站厅等其他二战前的建筑。

电气白兰地

说到浅草，就会想到浅草寺雷门的巨大灯笼，其实宝藏门和本堂处挂着的一排大灯笼也值得一看。通过寺院里供奉的物品，可以了解信众们的故事。

穿过雷门，面前的街道就是仲见世。请诸位务必要去仲见世旁边的小巷子里走一走。小巷里的建筑物，一楼的房檐都比较矮，这是因为建筑本身大多是历经战火保存至今的老房子。看到低矮的房檐，也可以想象一下二战前人们的平均身高。

在浅草的街道上漫步，无论是物品、技艺还是气味，都能让人感受到江户人的生活气息。带着昭和氛围的帐篷小吃摊也能让人深度体验浅草的另一面。比起走马观花，带着当地人的视角来看浅草，才能发现这里的别样魅力。

小知识 东京地铁（东京 METRO）于昭和 2 年（1927）开通，第一条线路连接了上野和浅草。

①电气白兰地：神谷酒吧创始人神谷传兵卫创造的一种鸡尾酒，以白兰地为基底。在电力刚刚走进普通人生活的明治时期，人们会在新鲜事物的名称前加上“电气”二字，这就是酒名的由来。

浅草神社（拜殿①等）
以三社祭②闻名的浅草神社就位于浅草寺的东侧。

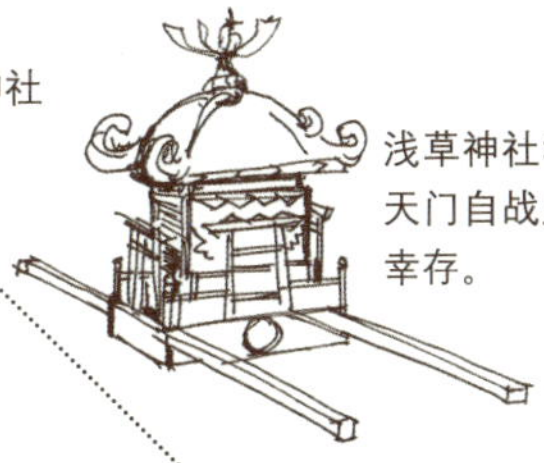

二天门（重要文化财）
推测建于庆安2年（1649），供奉着广目天和持国天这两座神祇。

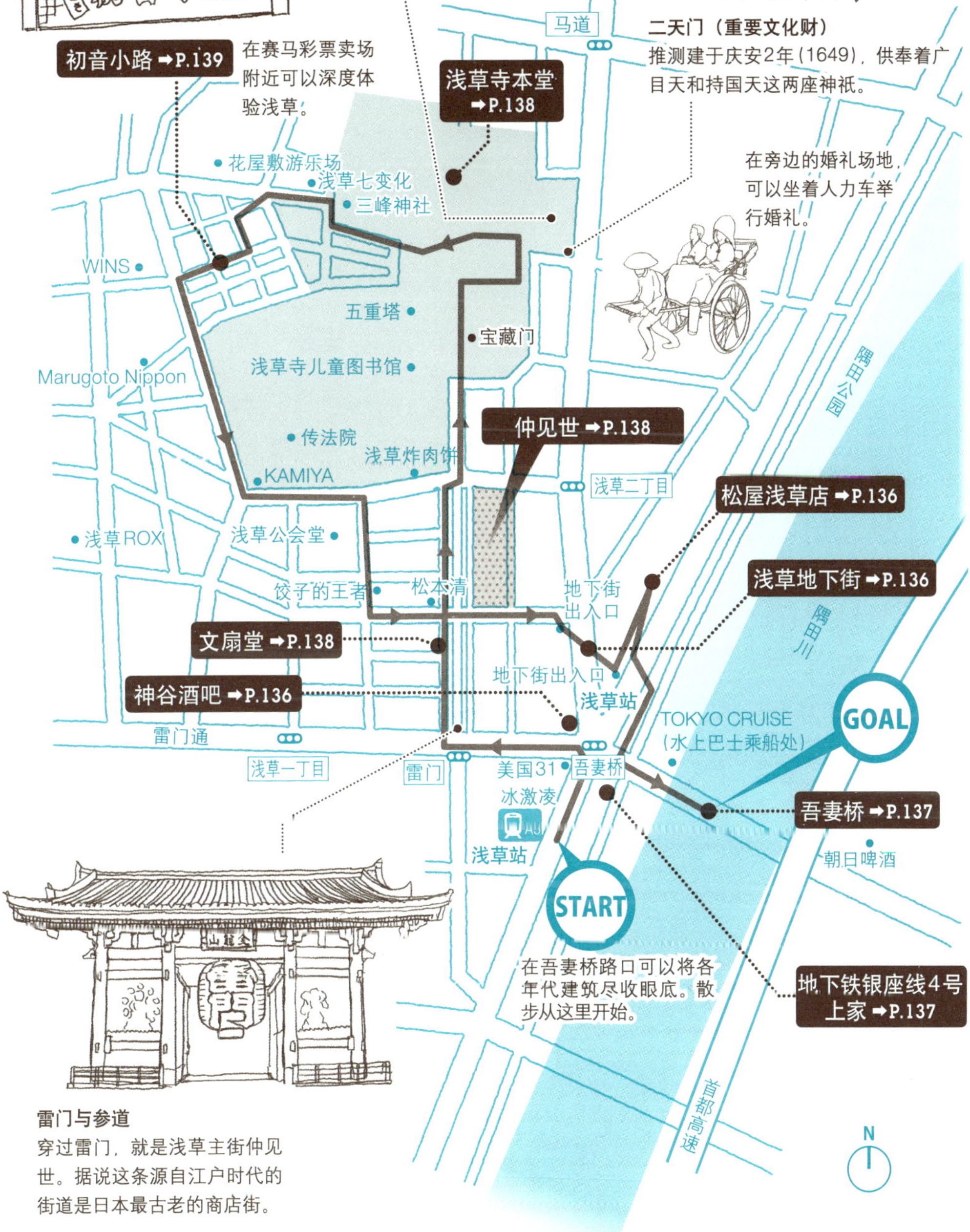

雷门与参道
穿过雷门，就是浅草主街仲见世。据说这条源自江户时代的街道是日本最古老的商店街。

①拜殿：在神社内用于礼拜祭神或祭典时供祭祀人员就座的建筑物。
②三社祭：在东京浅草神社举行的祭祀，每年5月临近17、18日的星期六、日举行。

吾妻桥路口

闻名国际的景点

从左到右，依次看大正、昭和与现代

说到浅草，就会想到雷门。但是若要更好地欣赏建筑物，还是推荐去吾妻桥路口。从历经磨难保存下来的装饰艺术风格建筑到现代的摩天大楼，站在这里可以全景式地欣赏浅草地区从大正、昭和到现代的不同风景。

松屋浅草店

昭和6年（1931）作为东武铁道站站厅大楼投入使用。外墙使用了装饰艺术风格的浮雕。既不像迎宾馆那么华丽，也不会过于简洁。

神谷酒吧

留下诸多文豪足迹的日本第一家酒吧。大楼建于大正10年（1921），是浅草地区最古老的钢筋混凝土建筑。外墙上可以看到从右向左书写的“神谷酒吧”，这也是最初创店时的招牌。

浅草地下街

昭和30年（1955）开业。在银座三原桥地下街拆除后，这里成为日本现存最古老的地下街。从下方穿过仲见世通，街道不长，两个出入口处各开设有一家理发店。

小知识 神谷酒吧的电气白兰地有“DENKI 白兰地（酒精度 30 度）”和“电气白兰地（酒精度 40 度）”两种。

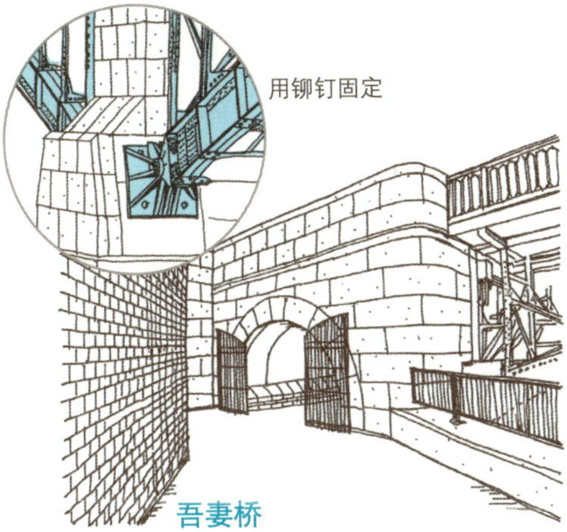

吾妻桥

昭和 6 年（1931）年重建的复兴桥。这是一座造型优美的钢结构拱桥，没有采用焊接技术，而是用铆钉加以固定。桥下设有隧道，可以观察到当年灌注混凝土时的木架痕迹和保存至今的石墙。

吾妻桥的风景

可以眺望对岸的朝日啤酒大楼。虽然建造时曾引发争议，但如今已成为东京不可或缺的观光名胜地。

地铁银座线 4 号上家站

建于昭和 2 年（1927），采用了带有日式风格的现代设计。出站口的格栅装饰物上是“地下铁出入口”的汉字。

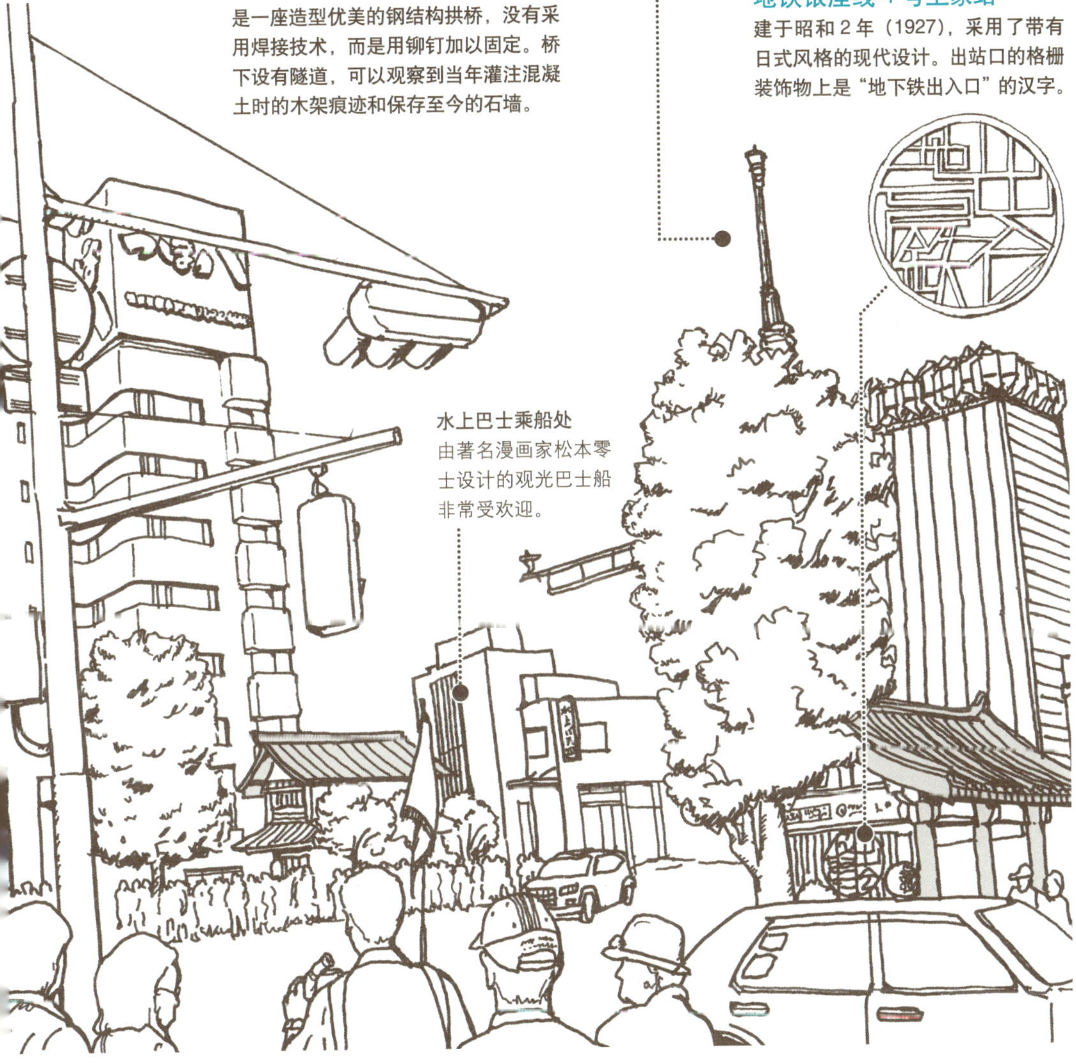

水上巴士乘船处

由著名漫画家松本零士设计的观光巴士船非常受欢迎。

仲见世

随处可见江户的街道风情

从传统物件看町人文化

江户时期，住在下町的人们笃信浅草观音。如果说上野的宽永寺是武家寺院，那么浅草寺就是属于町人①的寺院。站在浅草寺门前，町人的生活风景便会在眼前浮现。

雷门　　宝藏门　　本堂

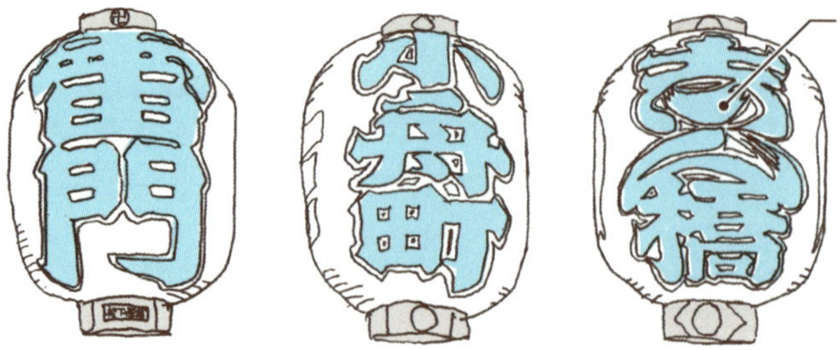

戏剧风格的粗体字体现出平民特色。

雷门由商业之神松下幸之助捐赠。

日本桥小舟町曾是热闹的卸货港口。

志桥指新桥，由花街人士捐赠。

雷门

供奉的大灯笼来自商人与手艺人们的捐赠。

浅草寺本堂

寺中秘藏有渔民从隅田川捡来的佛像，据说高度只有十几厘米。高大的本堂内则供奉着巨型观音像（约 30 米高）。这一设计是为了让町人们切身感受到观音的伟岸。

仲见世里

走进仲见世街道背后的小巷，会发现一楼的屋檐伸手可及。这个高度是大正 14 年（1925）、仲见世建造时的规定。

1 层的屋檐高度

可见当时人们的平均身高。

建造初的混凝土外墙幸免于空袭，保留至今。

遮阳门帘诞生于道路宽阔的江户城。

只将挂在横竿上的部分缝起来，是江户地区的样式。

文扇堂

门帘也能看出地域特点。位于新仲见世通的文扇堂是一间创业 120 年的扇子老店。虽然街区曾在空袭中烧毁，但江户文化却经由匠人之手传承至今。

小知识 东京已经找不到能制作大灯笼的匠人，新灯笼要在京都制作后送到东京。

①町人：江户时代对于居住于城中的匠人、商人阶层的统称。身份地位居于武士阶层和农民之下。

初音小路

浅草文化的多面性

赌马、喝酒，带着负罪感的快乐

走到初音小路，就能感受到赌场门前紧张与期待的气氛。小餐馆纷纷在美丽的藤架下支上桌子，夕阳西下，游客们便会摩肩接踵而来。

初音小路

洋溢着异国风情的酒馆一条街，藤架下的餐桌一直摆到了赛马彩票销售点。

这个招牌就是路标。

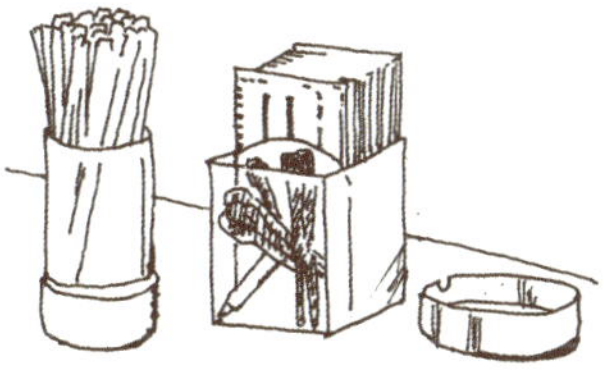

桌子上放着彩票券。

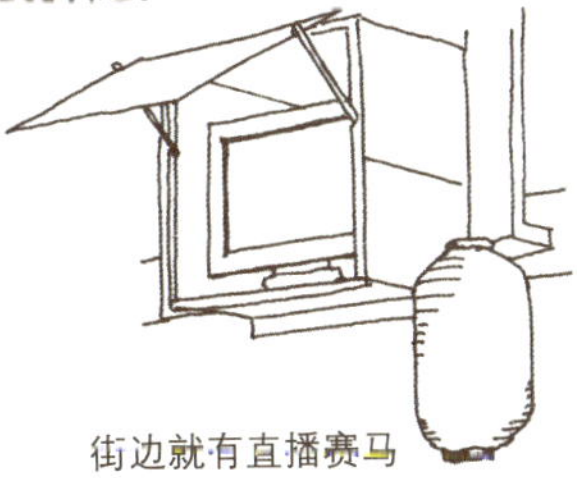

街边就有直播赛马的电视。

一杯酒水大概 500 日元左右，菜品并不多。

SENZOKU, MINOWA

在吉原寻找“咖啡店”，跟着都电的节奏品味三轮

千束·三轮

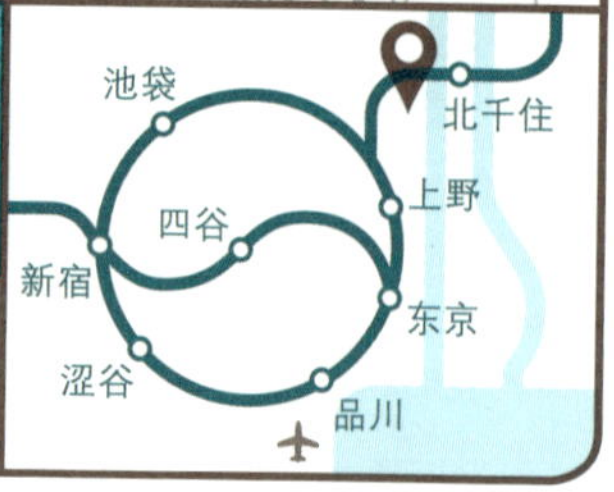

最近车站：东京地铁日比谷线　三轮站　1b 出口

逛逛游郭之外的吉原，在都电站台上休憩

江户城东北方向的鬼门外曾是游郭吉原的所在地。地图上浅草北侧有一片方形区域，四周环绕着水渠，一眼就可以辨认出游郭的设计。

吉原大门的路口处种有回头柳①，走过五十间通的S形拐角，就来到了游郭入口。进入游郭前沿着外墙前行，便可以看到环绕游郭的堤防和齿黑沟的遗迹。沟渠勾勒出了吉原的轮廓。回到正面，这条宽敞的街道就是吉原的主街仲之町通。曾经在街道中央摆放着樱花盆栽，宽阔的路面上也经常举行花魁道中②等活动。与游郭主街相交的街道上有江户町和京町等街道名称的路标。

从大门处向内看，右手边区域的面积较大，大见世③应该曾位于此处。如今这里特殊浴场（见第141页注释）和公寓林立，现在的吉原公园也曾是大见世的所在地。

仲之町通左侧的街道大多较窄，二战后成了开设有风俗咖啡店④的红线区域。伏见通旁边的这类建筑后来改造成公寓，保留至今，可谓是风俗街的遗迹。

吉原神社与游郭关系密切，神社内合祀了原本位于游郭四角的稻荷神。神社前方就是关东大地震时众多妓女在此遇难的弁天池。鹫神社的酉市每逢开市，总是格外热闹，而净闲寺则埋葬了诸多无依无靠的妓女。

三轮桥是唯一一座保存下来的都电荒川线终点站。与普通铁道车站不同，三轮站的站台上没有隔断，也没有检票口，是 片像广场一样的公共空间。老人们坐在长椅上休息，时间悠然流淌。来到这里，仿佛穿越回了久远又美好的昭和下町。

①回头柳：种在吉原游郭出入口处的柳树，名字源于客人在早上离开时，常在柳树旁回头张望。
②花魁道中：指高级妓女身着盛装在街道上巡游。
③大见世：游郭按照规模大小分为大见世、中见世和小见世。见世是指带有格栅门的房间，妓女们并排站立其中，供客人挑选。
④风俗咖啡店：指经营色情风俗业的特殊餐饮店，与普通的咖啡店无关。

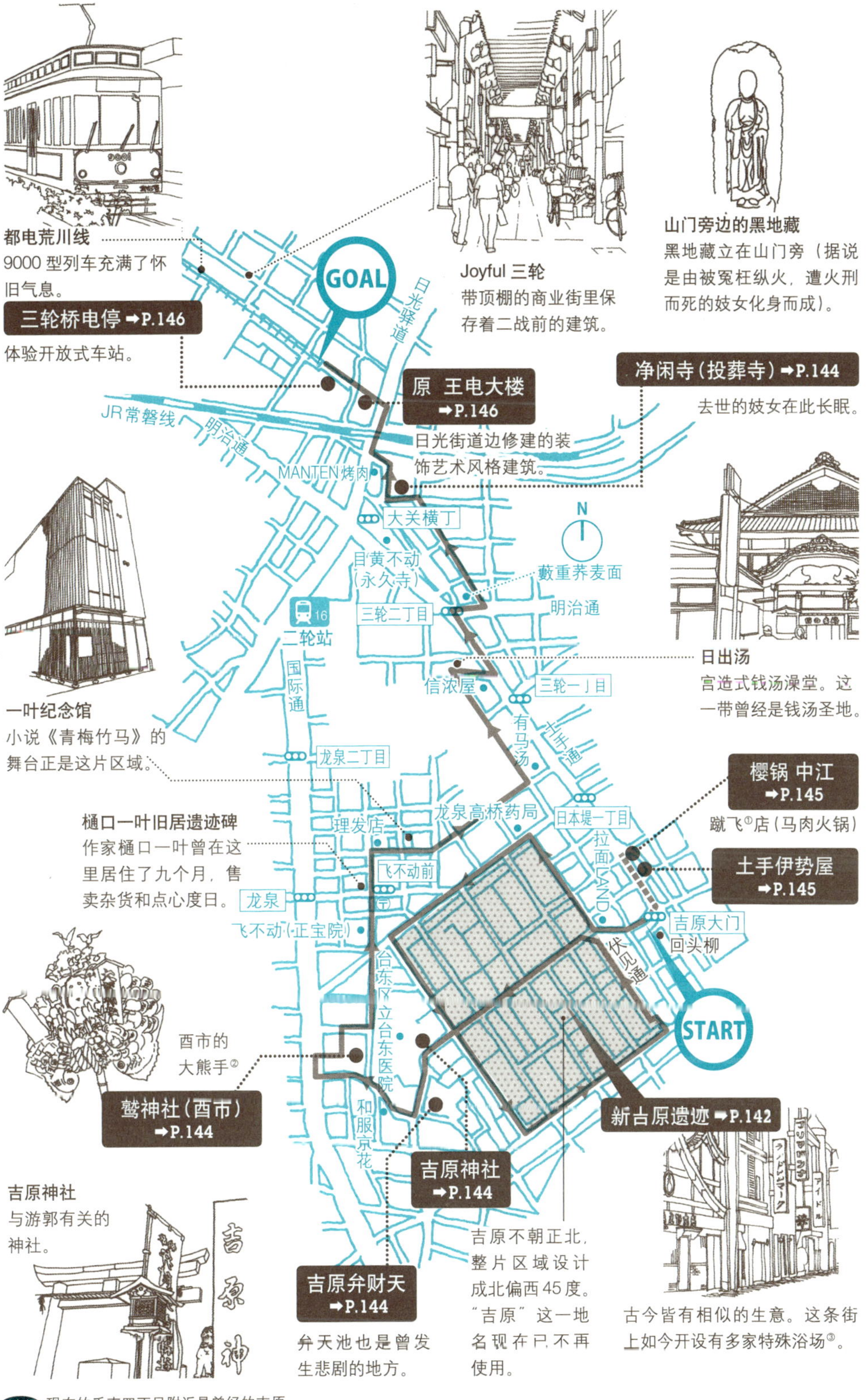

小知识 现在的千束四丁目附近是曾经的吉原。

①蹴飞：日本人对马肉的俗称。②熊手：竹制的耙子。在酉市上出售的熊手是一种吉祥物，传说可以招财。③特殊浴场：又称soap land，指有女性服务员提供性服务的浴场。

新吉原遗迹

体验游郭的街道

读懂吉原的街道规划

吉原原本是一块田地，建成游郭后四周开凿出齿黑沟（水渠）。从种有回头柳的路口沿 S 形的五十间通向前就走到了游郭的大门口。先沿着外围走一圈，再沿着中央的仲之町通散步，就能看懂吉原的街道构造。

五十间通

距离游郭入口约 90 米，S 形道路保留着江户时代的原貌。走在路上，开始期待起前方游郭的风景。

回头柳

相传客人们曾在柳树下回头依依惜别。种植柳树来源于中国古代花街柳巷的习俗。

土手通

名字源于山谷堀的堤坝（日文为"土手"）。乘坐小小猪牙舟①前往游郭可谓是江户式的风流。

齿黑沟遗迹

齿黑沟得名于妓女曾将染黑牙齿的液体倒在这里，从而染黑了渠水。

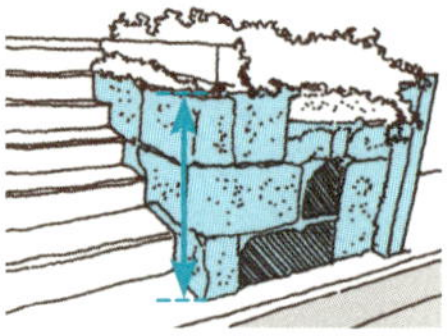

石墙上方属于吉原区域，下方的齿黑沟如今已被填埋成道路。

大门

游郭通常只在一侧设置出入口，行人只能由此出入。

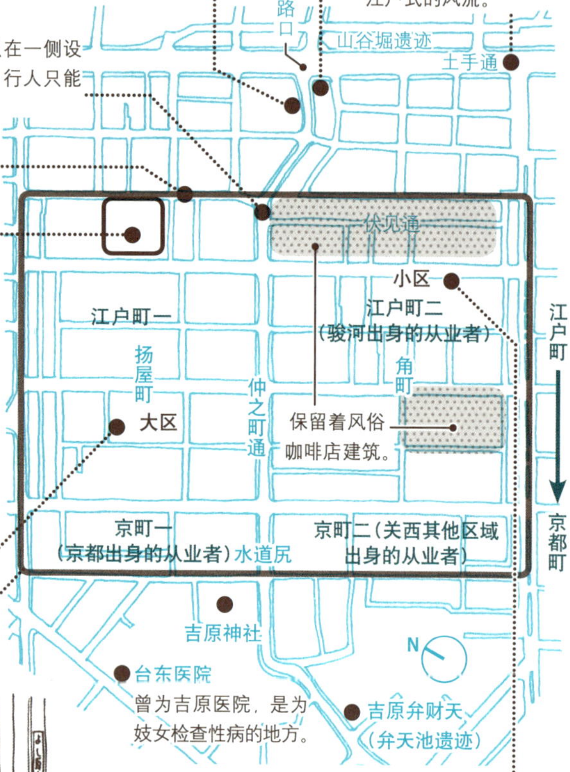

吉原公园

大文字楼所在地（约 480 坪）已经成了公园（可以感受大见世的面积）。

原本的大见世区域如今正建起一栋栋公寓。

吉原花街的外围轮廓。

台东医院

曾为吉原医院，是为妓女检查性病的地方。

面积较小的区域是过去的小见世。后来成了风俗咖啡店，建筑物保存至今。

仲之町（通）

宽敞的道路保持着昔日的模样。这里是举行花魁道中的地方。

昔日，在宽敞的仲之町通上会举办各类节庆活动，路边还会移植当季的植物，例如春天就会种上樱花，吸引游人前来。

①猪牙舟：一种尖头、小型、细长且灵活的船只。江户时期往来于隅田川上。

伏见通

顽强生存的红线建筑

风俗咖啡店一条街——伏见通

仲之町通东侧的街道面积窄小，在二战后成了开设风俗咖啡店的色情住宿场所。这类店铺的建筑大多采用曲面墙角、镶嵌石材、圆柱，有多个入口，通过这些特征就可以辨别。

风俗咖啡店建筑作为公寓保留下来

昭和30年代(1955-1964)，公寓的卫生间和厨房通常公用，因此由风俗咖啡店改建的公寓很常见。

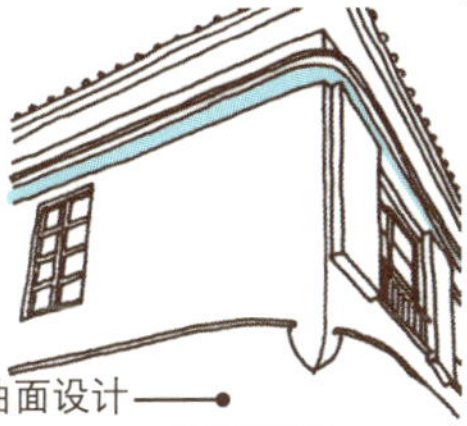

有多个入口是风俗咖啡店的特点，其目的是为了防止来访客人彼此碰面。

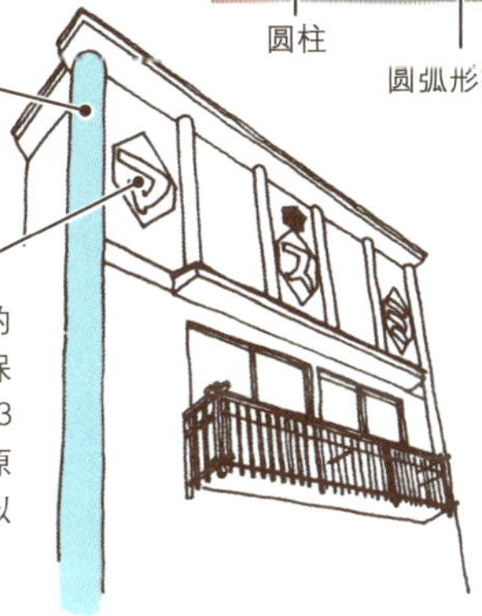

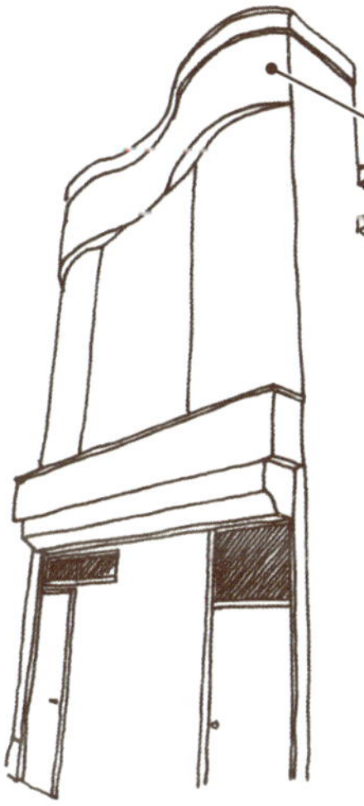

其他小巷也一样

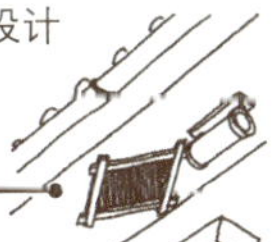

投葬寺

妓女的悲惨命运

游郭外的吉原

净闲寺安葬了许多在安政大地震（1855）中遇难的妓女，因此被称为“投葬寺”。在江户时期，妓女只有在鹫神社举办酉市时以及去世后，才能离开花街。

净闲寺（投葬寺）

安葬着无依无靠的妓女，据说埋葬人数多达 2.5 万人。

新吉原总灵塔

透过旁边的小窗可以看到骨灰瓮。

此外，安葬妓女的地方还有大见世角海老楼的“若紫之墓”和祭祀殉情妓女的“新比翼冢”等。

前去酉市参拜可以作为去吉原的借口。街上热闹非凡。

鹫神社

江户时代，每到举办酉市的日子，吉原的出入口就会打开，妓女们可以外出。

吉原的狛犬上有男性性器官。

吉原神社

合祀了吉原大门附近的玄德稻荷神社和供于游郭内四角的稻荷神社。

吉原弁财天 弁天池遗迹

如今是座小水池。附近一带属于湿地，历史上曾有一座大池塘。

据说筑山上的吉原观音和明治时期装饰于吉原大门上的乙姬像十分相似。

地震时，有许多来不及避难的妓女淹死在池中。

追悼在地震和火灾中遇难者的纪念碑

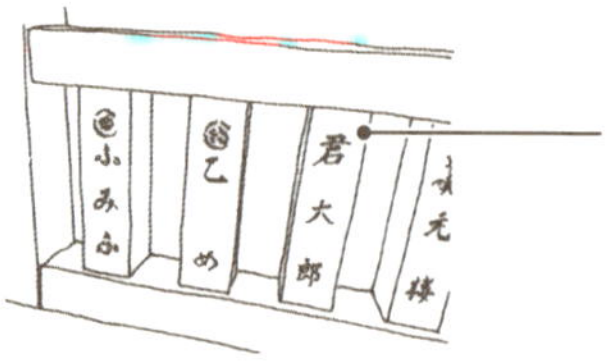

神社围栏上刻有艺伎姓名和妓院名。

樱锅与天妇罗

吃什么能补充体力

品尝吉原的美食

在吉原大门路口附近，有两家老店沿着日本堤的堤坝而建，被称为“堤坝老店”。这两家店为客人和在吉原工作的人们提供美食，补充体力，并且奇迹般地幸免于战火，建筑和菜肴口味都拥有悠久的历史。

在关东大地震中倒塌，后由专门修建神社的木匠重建，属于大正时期的建筑。

在吉原全盛时期，堤坝周围有 20 多家樱锅店。

传说骑马前来的客人在手头拮据时会将马作为抵押。随着马越来越多，人们开始吃马肉。

樱锅“中江”（蹴飞店）
马肉便宜，且据说能够补充精力，日语中有〝开足马力〞的说法。

堤坝老店“伊势屋”（天妇罗）
平成 22 年（2010）与〝中江〞共同成为日本国家指定登录的有形文化财。

樱锅 中江

在店里可以充分感受大正时代的建筑。店铺创立于明治 38 年（1905）。马肉热量低，蛋白质含量高，胶原蛋白丰富，很受女性客人的欢迎。

基本信息
台东区日本堤
1-9-2
03-3872-5398

使用 6 ～ 8 岁马的肉，搭配味噌酱汁食用。据说可以补充营养、增强体力。

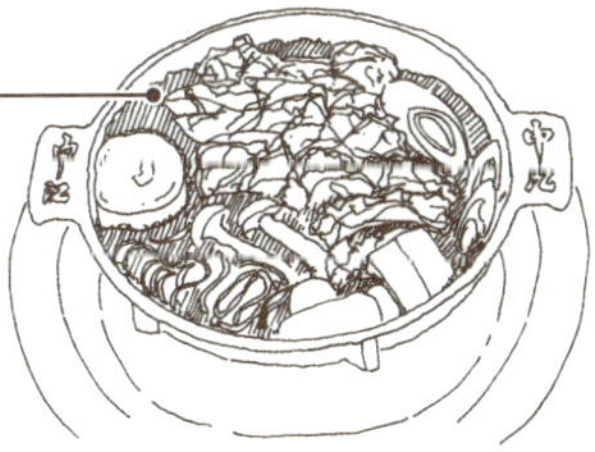

星鳗是当天早上捕获的。

马肉又称为樱肉。因此在楣窗上松竹梅的图案中加上了樱花。

堤坝老店伊势屋

最有名的天妇罗盖饭以星鳗作为主菜。店铺创立于明治 22 年（1889），最初是从店铺后面的隅田川支流中捕获鱼鲜，就地做成天妇罗售卖。

基本信息
台东区日本堤
1-9-2
03-3872-4886

三轮桥

乘坐都电穿越时空

变成了广场的都电终点站

都电的乘车、下车处不叫车站，而叫停留场（电停）。都电荒川线的终点站，三轮桥电停的站台与铁轨之间没有隔断，像是个小广场。漫步其中，让人感觉时光悠然流逝。

三轮桥电停

于大正 2 年（1913）投入使用（王子电气轨道），平成 19 年（2007）仿照昭和风格进行了翻新。

路边的稻荷神社仿佛建在了车站内，有一种怀旧感。

白龙弁财天

三轮桥大门

列车形状小巧，看上去很亲切。

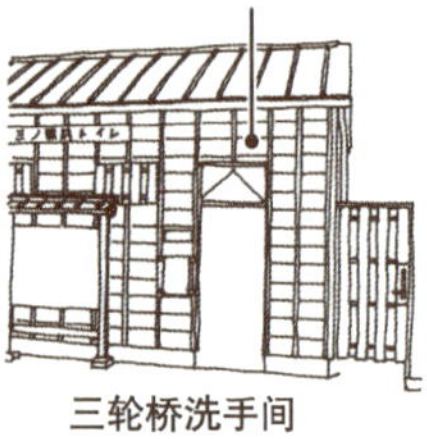

木头护墙板很有昭和时代的风格。

三轮桥洗手间

下车专用站台
没有检票口，出入自由。

下车专用站台
缓慢运行的都电车辆和路面的震动，让人仿佛回到了昭和时代。

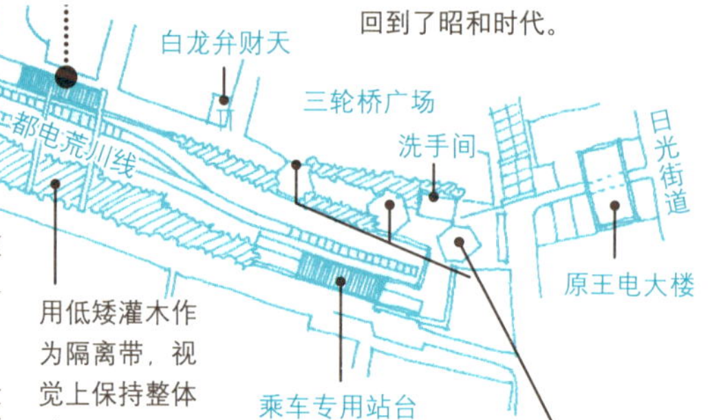

用低矮灌木作为隔离带，视觉上保持整体感。

原 王电大楼

原为王子电气轨道总部，现为梅泽照相馆。建于昭和 2 年（1927）。

装饰艺术风格的大楼外观。

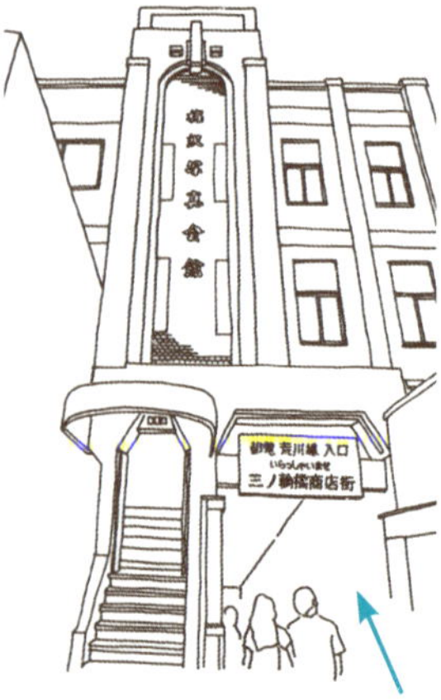

日光街道上的电停入口。室外的通道仿佛通向二战后的黑市。

都电荒川线
仿 9000 型列车一驶入站台，就带来一股怀旧气息。

煤气灯式路灯

三轮桥大门
广场大门仿照了音无川大桥来设计（长 10 米）。重视传统的传承正是三轮桥地区的魅力所在。

小知识 白龙弁财天合祀了白龙大神、伏见稻荷大明神、里见稻荷大明神和御岳大神等神明。

守护江户城的平将门

相传在在创立幕府之际，德川家康平息了地灵平将门的作祟，并将其变为江户城的守护神。依照古代咒术，平将门的躯体被分成 7 部分，置于 7 条街道的出入口附近，形成结界，防止邪气入侵，守护着江户城。

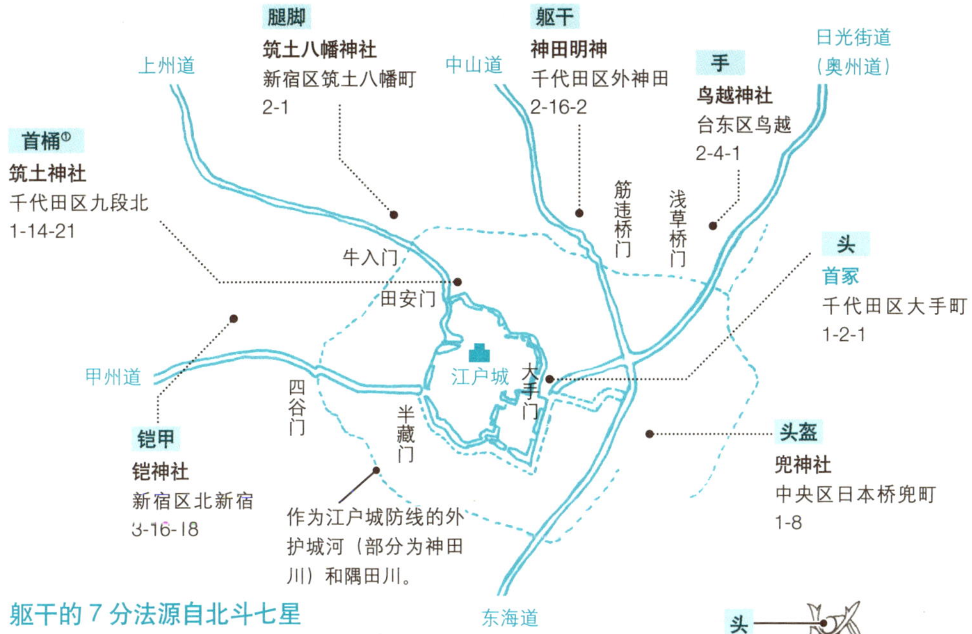

躯干的 7 分法源自北斗七星

北斗七星指向北极星。因此数字 7 据说有辟邪、护身的力量。

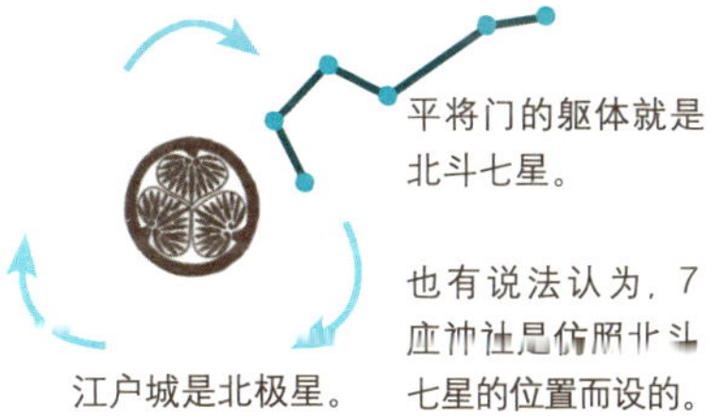

平将门本是平安时代的一名武士，占据关东地区并自立为天皇，后被捕，在京都斩首示众。相传平将门的首级不知何时飞向空中，回到了关东，成了地灵。

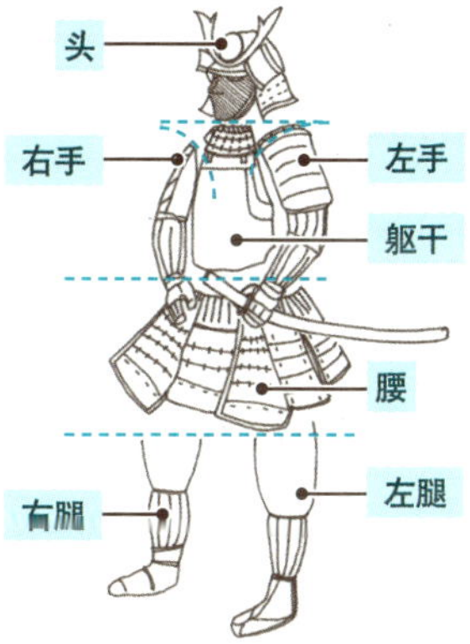

神田祭

神田祭于5月中旬举行，每两年一次，是江户三大祭之一。

在一之宫、二之宫和三之宫的神舆中分别祭祀着大己贵命、少彦名命和平将门命。抬着祭神平将门命的三之宫神舆从神田明神出发，一路前往平将门的首冢（神幸祭的巡行路线）。在看不见的世界里，平将门散落四处的首级和躯体仿佛重新连在了一起。

①首桶：安放斩落的敌人首级的木桶。

KITASENJU

探访宿场町的老店，在小巷体验仓库和钱汤

北千住

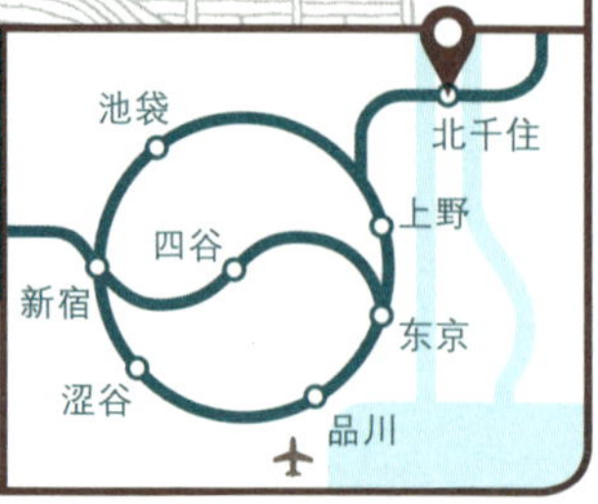

最近车站：JR 常磐线等　北千住站　西口

从街道规划解读江户的宿场町

千住是日光街道上最早的宿场町，街道两侧如今是热闹的商业街。虽然店铺都是新开设的，但保留了江户时代的街道规划。门面狭窄、内部纵深的长方形区划是这片区域的特点。江户时代的课税制度不由占地面积来计算，而是根据门面宽度来课税，因此门面窄小的店铺（约 5 米）鳞次栉比。街上有很多家开放式入口的关东町屋，店门口总是摆着满满当当的商品，是一条充满活力的商业街。

创立于大正时代的石锅商店也是关东风格的町屋店铺，正面凸出的橱窗引人注目，内部的墙壁上固定了货架，可以想象过去在榻榻米上摆开商品交易的场景。

走进大街旁边的小巷，就会看到与住宅和庭院相连的仓库。仓库的前面原本是田地，后来建起了供匠人和附近工厂工人居住的长屋，如今变成了小型住宅和公寓。小巷中保留有近 50 座仓库，不妨离开大街，去小巷里走一走。

小巷的长屋里没有浴室，因此钱汤成了必需设施。这一带如今仍有 5 间钱汤，其中还有由修建神社寺院的工匠按照寺院规格建起的宫造式钱汤。“大黑汤”就是一家宫造式钱汤。参观建筑，顺便泡澡，以此作为散步的收尾也很不错。

这一地区还有两家历史悠久的医院。江户时代起因整骨技术而闻名的“名仓医院”为和式外观，而“大桥眼科医院”的外观模仿了大正时代的洋房，象征着西方医学。建筑的风格体现了医术传统，让人久久玩味。

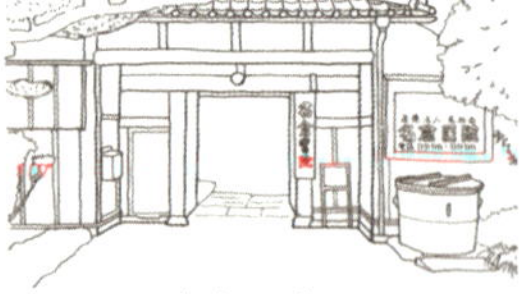

名仓医院

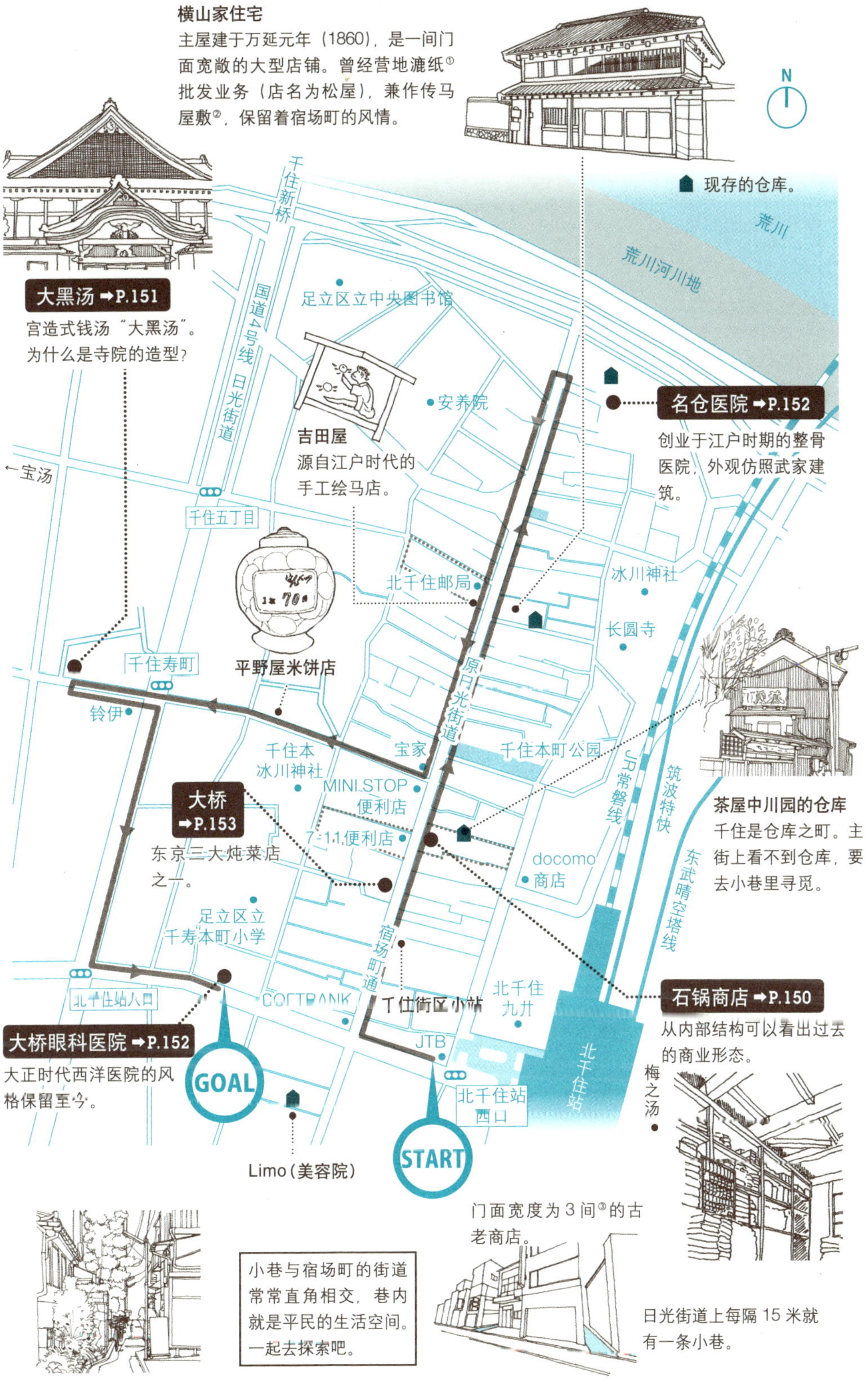

①地漉纸：再生纸。
②传马屋敷：为公家准备运输马匹和人力的传马人所居住的住宅。
③间：日本长度单位，一间约等于1.8米。

石锅商店

三间宽的门面有讲究

宿场町通保留着古老的店铺建筑。关东风格的町屋会将建筑正面全部用作入口或橱窗。从石锅商店的外观可以想象昔日街道的模样，内部则可以一窥当年的商业形式。

留意店铺的门面

店铺创立于元治元年（1864），建筑建于大正 7 年(1918)。原本经营被褥和布匹，现在售卖毛线。

传统的町屋构造

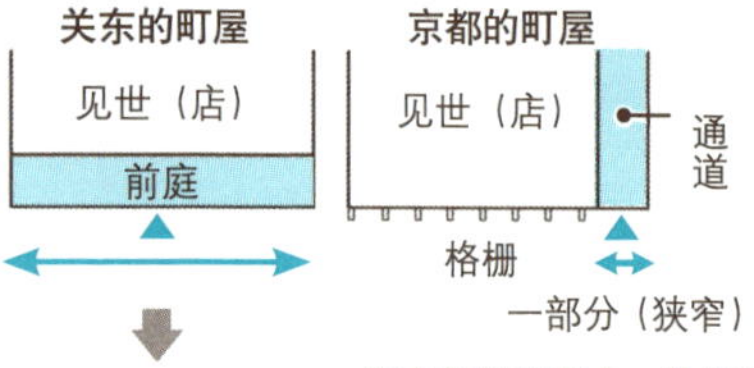

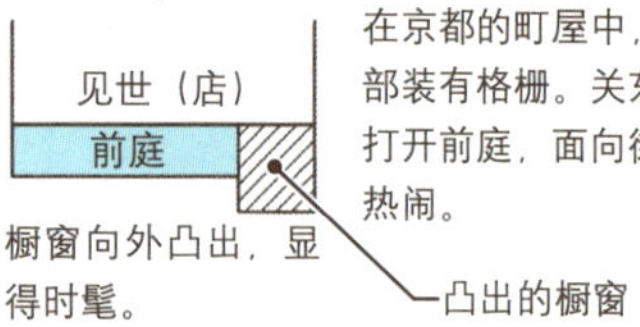

在京都的町屋中，除通道之外全部装有格栅。关东的町屋会完全打开前庭，面向街道，氛围比较热闹。

橱窗向外凸出，显得时髦。

观察外观

充分利用狭窄门面，为店铺整体带来活力。

观察内部

怀旧的商店样式。

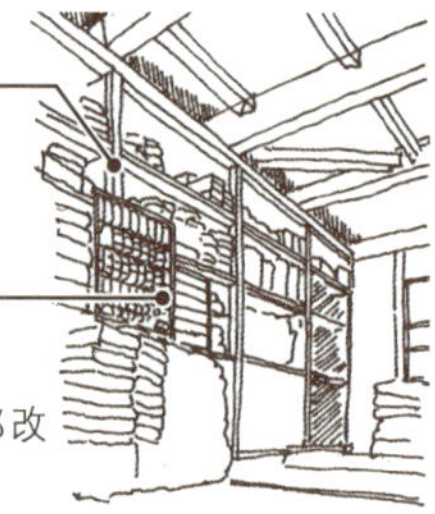

很多店铺都进行了内部改建，唯有这里一如往昔。

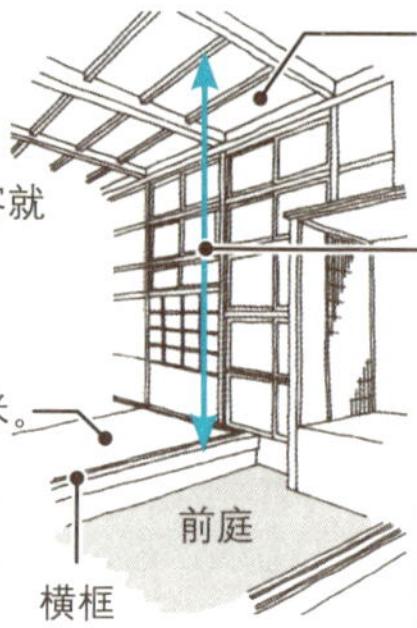

基本信息
足立区千住3-62-1
03-3881-2308

昔日的小巷是这样的！

主街上每隔 15 米就有一条小巷。走进小巷，可以观察江户时代的町屋式样与平民生活。

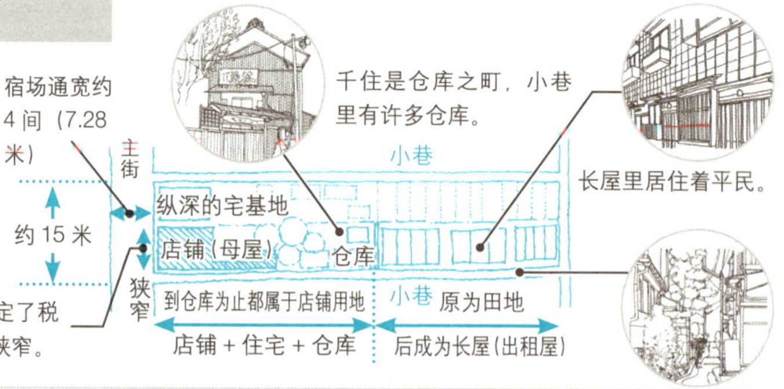

面向道路的门面宽度决定了税金，因此通常设计得很狭窄。

大黑汤

寺院风格是神圣之地的标志

作为祓禊①场所的宫造式钱汤

关东大地震后，由神社工匠建造的宫造式钱汤成为了复兴的象征。为什么要建成寺院的模样？这是因为寺院是人死后转世的场所，而通过沐浴清洁身体也象征着重生，这便是宫造式钱汤与寺院的关联。

大黑汤

昭和 4 年（1929）创立。由千鸟破风和唐破风构成的二重屋顶是寺院建筑的式样，意味着这里也是神圣的场所。

基本信息
足立区千住寿町32-6
03-3881-3001

富士山的漆画

象征着源于富士山的泉水流入浴池，用灵水能更好地清洁身体。

漆画是关东特有的装饰，在关西的钱汤里很少见。

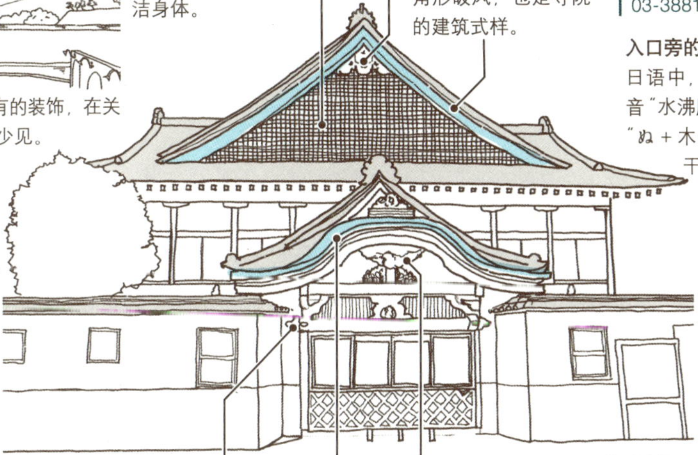

木格栅（狐格子）
常见于寺院与城郭的屋顶侧面装饰。

悬鱼 鱼寓意防火。

千鸟破风
设于屋顶斜面上的三角形破风，也是寺院的建筑式样。

兔毛通（悬鱼的别称）

唐破风
寺院和神社入口处的屋顶样式，象征由此进入神域。

入口旁的招牌有何寓意？
日语中，"わ + 木板" 谐音"水沸腾了"，即营业中。"ぬ + 木板" 谐音 "水抽干了"，即准备中。

绘有花鸟风月等纹样。

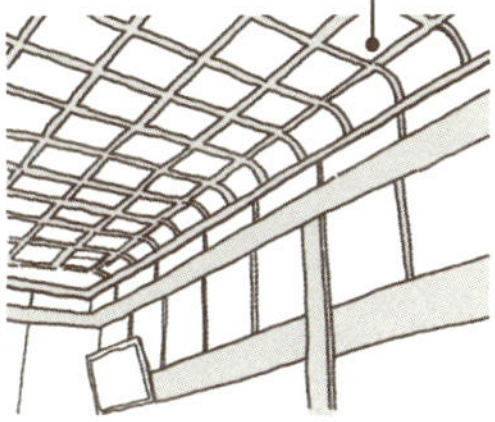

更衣室的格栅天花板
属于在寺院才能见到的高规格样式。

木牌就是钥匙。

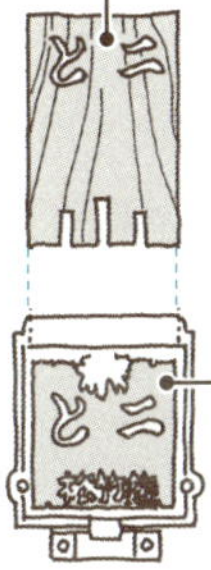

鞋柜的松竹锁。

由松竹锁工业于昭和 29 年（1954）研发。二战后，由于盗窃事件多发，鞋柜改成了带锁的样式。

江户时代的招牌。在日语中 "射箭" 与 "入浴" 谐音。

北千住区域仿佛是钱汤博览会

小巷的长屋里没有澡堂，所以人们有去公共澡堂的习惯，如今这一带仍保留有 5 间钱汤。

宝汤

建于昭和 13 年（1938），中庭里的日式庭园风景优美。

从屋檐下的走廊上可以看到池中游泳的锦鲤。

基本信息
足立区千住元町27-1
03-3881-2660

玄关正面绘有鲤鱼的瓷砖画寓意吉祥。

梅之汤

昭和 2 年（1927）创立，现在的建筑建于昭和 30 年（1955）。

基本信息
足立区千住旭町41-11
03-3881-6310

①祓禊：日本神道教的一种仪式，指在参加重大活动前用水洁净身体。

大桥眼科医院 名仓医院

街区的“洋医生”与“和大夫”

西洋医学与江户名医

大桥眼科医院是一幢仿佛会出现在小说《哈利·波特》中的洋房。陡峭的三角形屋顶和西式装饰象征着西洋医学。此外，江户名医所在的长屋门和仓库等和式建筑也保留了下来。建筑的“洋风”与“和风”，体现了二者建造的年代。

大桥眼科医院

大正时期，许多西医医院都采用了西式建筑风格。现在的这幢建筑建于昭和 57 年（1982），钢筋混凝土造，共三层，最初建造时的风格保留至今。

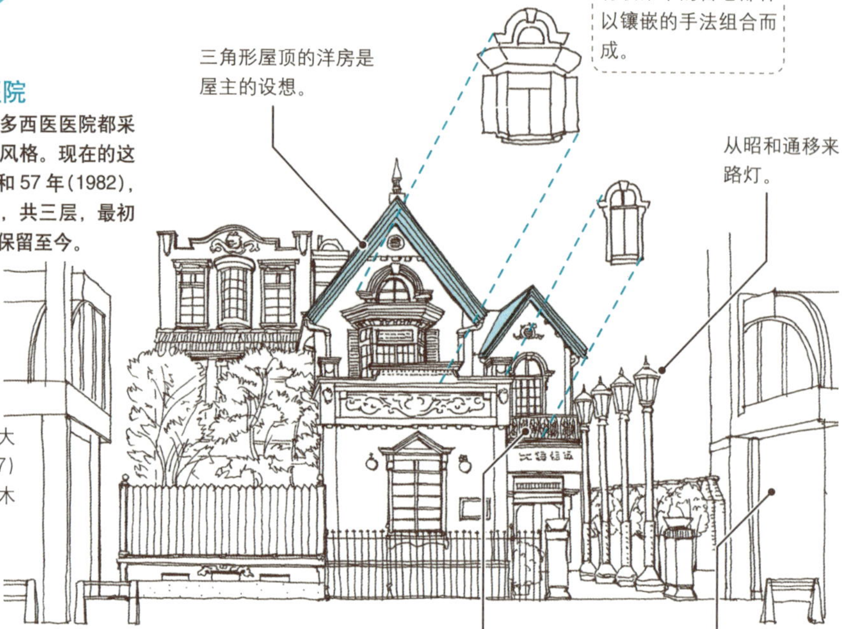

将收集来的古老部件以镶嵌的手法组合而成。

三角形屋顶的洋房是屋主的设想。

从昭和通移来路灯。

重建时保留了大正 6 年（1917）初建时的半露木结构。

阳台来自东京大学赤门前的一家老字号香烟店。

只有这一部分移除了拱廊，可以看清楚外观。

名仓医院

创立于江户时期的著名整骨医院。用和式的长屋门和仓库展示医院的荣耀与传统。

江户时代的平民家庭不允许设大门，后来这里成了幕府将军鹰猎时的休息处，才允许修建大门。

名仓医院仓库

在整骨治疗中，包扎也是一门技术。仓库的白墙正是与白色的绷带相呼应。

黑色的板墙象征名仓医院的药膏“黑膏”和医生黑色的工作服。

长屋门是将雇工居住的长屋和医院大门合二为一。这样的设计常见于武家住宅。

大桥

东京三大炖菜之一

围坐在大众酒馆的吧台边，菜品才是主角

几乎所有来到大桥的客人都会点一份炖牛肉。吧台里放着炖牛肉的大锅，无论坐在哪里都能看见。“コ”形的吧台让上菜更方便，客人们就围坐在这道招牌菜的四周。

大桥

明治10年（1877）创业的老牌居酒屋。

在招牌菜炖牛肉里加点豆腐做成“肉豆腐”，美味的汤汁真是怎么也喝不够。

曾经是牛肉专卖店，后改为牛肉火锅店。味道获得客人们的一致好评。

吧台深处的大锅中煮着餐厅的主角——炖牛肉。

店主的招呼声是这家店的另一张名片。

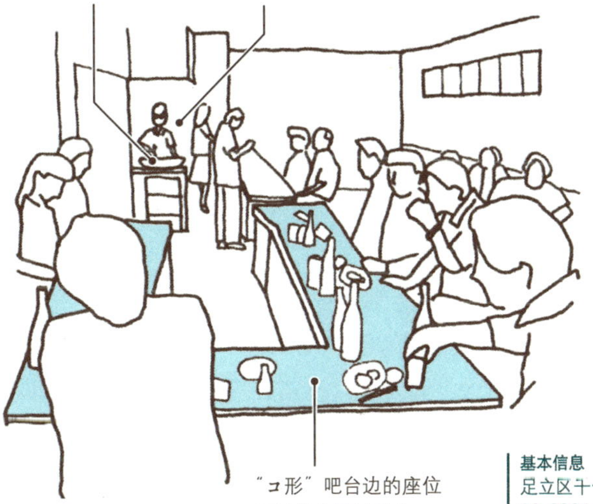

“コ形”吧台边的座位可以算作是特等座。

基本信息
足立区千住3-46
03-3881-6050

“コ”形吧台居酒屋的魅力

围坐在“コ”形吧台周围，人们视线相交，营造了聊天的氛围。如果说客人们是乘客，店主就是驾驶员；客人也像是围着舞台的观众。能够拉近人与人之间的距离是“コ”形吧台的优点。

店主　客人

纵长型

方便提供服务和移动进出

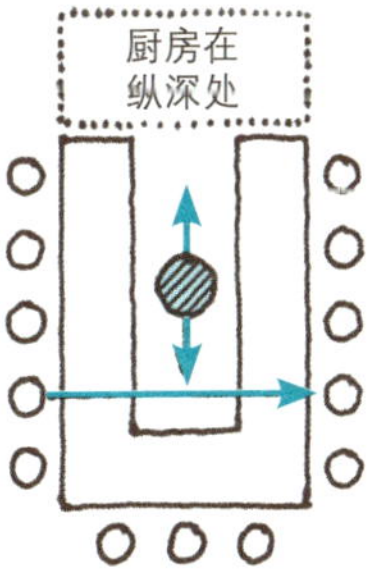

相对而坐的客人可以彼此交谈。

等边型

厨房在吧台内
（开放式厨房）

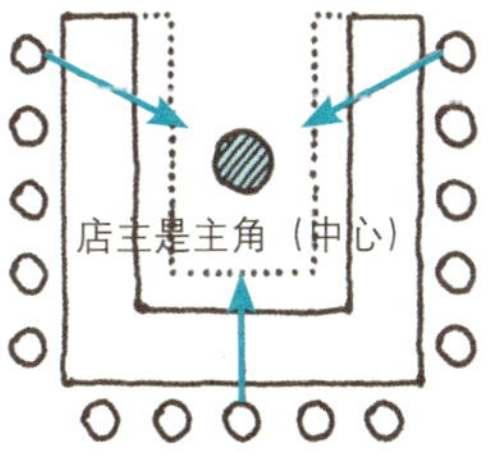

店主是演员，客人是观众。二者是舞台与观众席的关系。

横长型

恰到好处的距离感，
最适合独酌

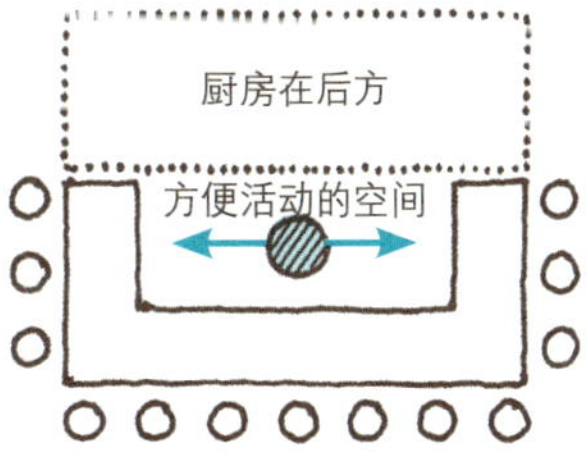

以客人和店主的对话为中心。

小知识 关于“东京三大炖菜”有多种说法，大多数人认为三家炖菜店分别是北千住的大桥、月岛的岸田屋（P155）和森下的山利喜。

TSUKUDAJIMA, TSUKISHIMA

填海造陆而成的佃岛与月岛，小巷的风貌因时代而不同

佃岛·月岛

最近车站：东京地铁有乐町线等　月岛站　6 号出口

渔民之街佃岛与工人之街月岛

佃（TSUKUDA）岛与月（TSUKI）岛，这两个地名中包含的“TSUKU”和“TSUKI”在日文中都是指“修筑”，意味着两片区域都是由填海造陆而来。

填海而成的两片区域都因有特色的小巷而闻名，但小巷却风格迥异。

在江户时期，幕府从摄津（大阪）招募渔民，并填埋出一小块渔业区域，发展成今天的佃岛，因此佃岛属于渔民的街道。月岛则是在明治时期填海造陆而成，在附近的石川岛造船所工作的工人们曾住在这里。

从佃岛走向月岛，就像从江户时代走向明治时代。留心观察小巷，就会发现时代变迁的痕迹以及渔民和工人不同的生活方式。

从月岛站出发向佃岛方向走，就来到了只有渔民町才有的停船场。祈祷出海安全的神社和各街区（上町、下町、东町）的稻荷神社集中于此，可以看出信仰对于命运漂泊的渔民而言所具有的重要性。

停船场对面的住吉神社里供奉着保护整座岛的海神。过去，沿河道前来才是正式的参拜神社路线，因此鸟居①建在面向隅田川的位置，迎接海神的到来。

大街的背面就是小巷。道路狭窄，弯曲呈“く”形，是小巷的特征。作为渔民的工作场地，小巷还可以防风，这些功能塑造了小巷的独特样貌。

走过佃岛，来到月岛，面前就是“文字烧②一条街”。月岛的文字烧远近闻名。作为工人街区，月岛有许多双职工家庭，文字烧起源于当地的点心店，最初是孩子们的零食。

月岛的小巷比佃岛更加宽阔，风景也不同。住宅的玄关与阳台相对，路边点缀着绿植，工人们在保持各家各户间恰到好处距离的同时，彼此间又能和睦共处。

小知识 佃岛这一地名源于渔民故乡摄津的地名。

①鸟居：日本建在神社入口处的牌坊，标示着神域。

②文字烧：一种日式馅饼，将卷心菜、小虾等食材加入面粉糊中，再盛在铁板上煎制而成。

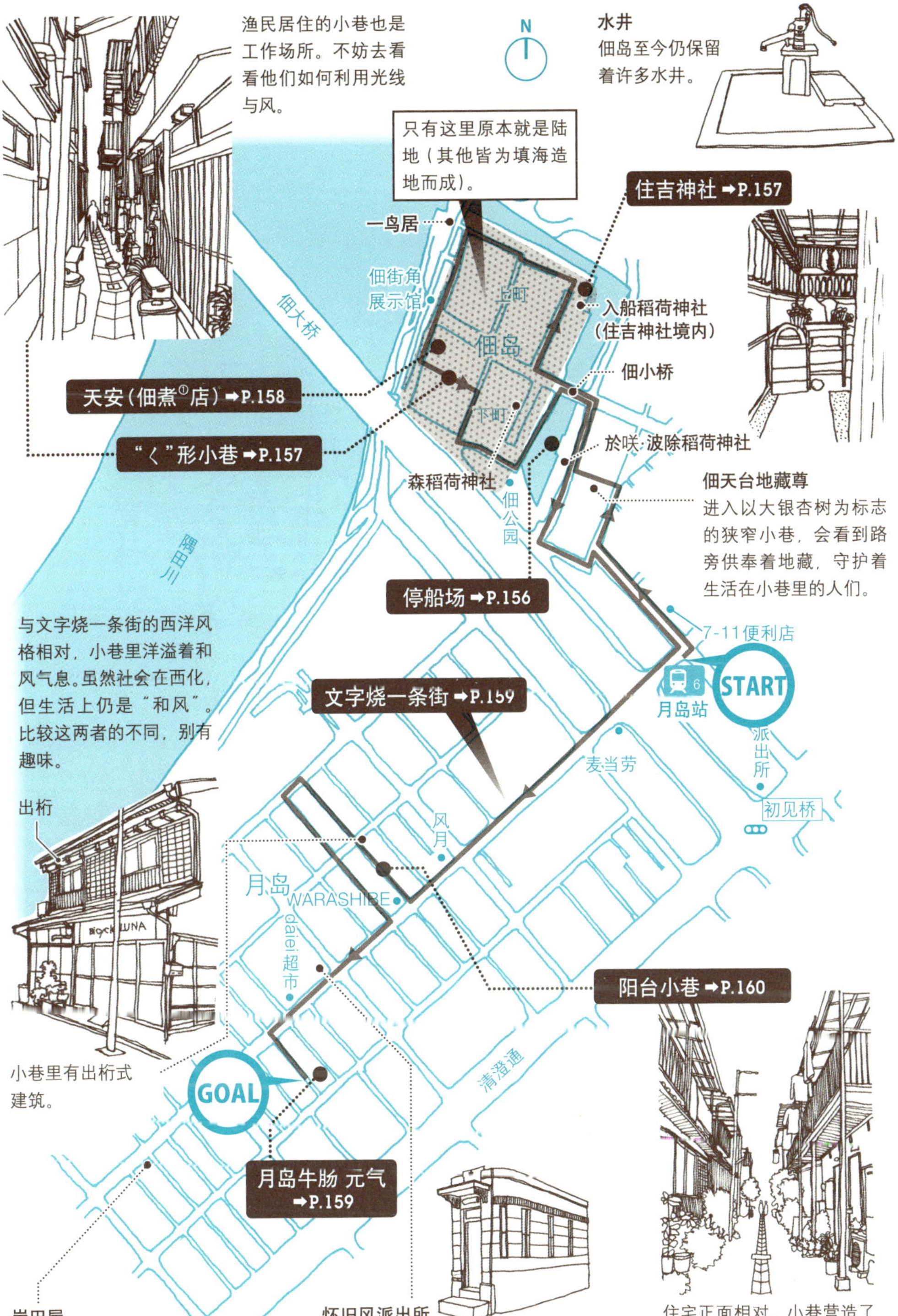

渔民居住的小巷也是工作场所。不妨去看看他们如何利用光线与风。

水井
佃岛至今仍保留着许多水井。

佃天台地藏尊
进入以大银杏树为标志的狭窄小巷，会看到路旁供奉着地藏，守护着生活在小巷里的人们。

与文字烧一条街的西洋风格相对，小巷里洋溢着和风气息。虽然社会在西化，但生活上仍是"和风"。比较这两者的不同，别有趣味。

小巷里有出桁式建筑。

岸田屋
曾在漫画《美味大挑战》中登场。推荐法国主厨精心烹制的炖菜。

怀旧风派出所
关东大地震后重建的派出所大多采用了新的建筑式样，可以看到当时流行的西式设计。

住宅正面相对，小巷营造了住户间交流的氛围。可以看出大家为了和睦相处而花费的心思。

小知识 填埋月岛时使用了隅田川疏浚工程中产生的泥土。

①佃煮：佃岛的特产，将鱼、蔬菜、海苔等海味食材用酱油、甜料酒、砂糖煮制而成，味道浓郁，可长期保存。

佃岛

在佃岛
邂逅神明

一起去停船场吧

停船场是渔民街区的重要场所。过去的停船场位于河岸边，形形色色的人与物品在此聚集，是街区的中心。停船场有多处与信仰有关的场所，说不定可以邂逅保佑平安与丰收的神明哦。

停船场

面积狭小的区域内竟然有这么多神社，可见渔民们的虔诚。神明聚集的停船场曾是街区的重要空间。

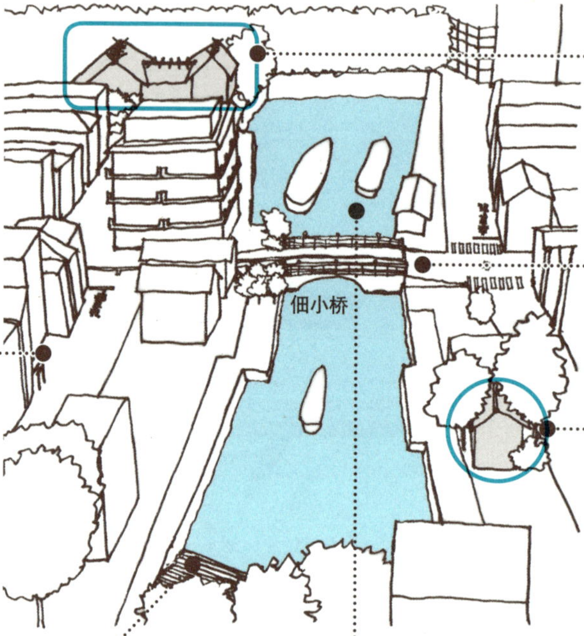

森稻荷社
位于渔民领袖森孙右卫门的宅院内。

停船场与佃岛的主街交叉。

於咲·波除稻荷神社
共用一座鸟居的两间稻荷神社。在祈祷丰收与安全的石柱上，刻有渔业人员的名字。

雁木[1]台阶
不受潮汐水位影响，无论何时都可以装卸货物。

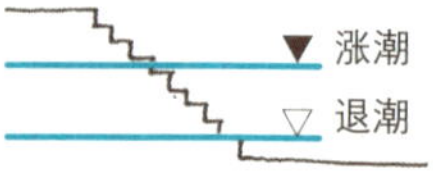

大幡旗
歌川广重曾在《名所江户百景》中描绘过大幡旗，如今在祭典中仍会使用。不用时，旗杆和支撑旗杆的木柱就埋在停船场内。

八角神舆
在住吉神社里可以看到现在使用的神舆与天保9年（1838）制作的神舆。八角形据说是模仿天皇的宝座。

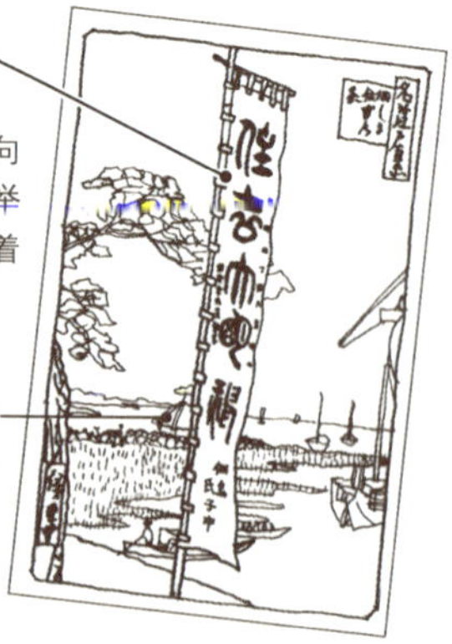

竖起大幡旗是为了向神明告知祭典即将举行。据说神明会顺着大幡旗降临。

八角神舆。过去有海中渡御[2]的仪式活动。

小知识 住吉神社的例行祭典为海祭，最后一次海中渡御是在昭和37年（1962）。

①雁木：在码头、栈桥等处设置的台阶。

②渡御：指在祭典时将神体用神舆或船从神宫运至祭典场所。

住吉神社

住吉神社供奉海的神明，守护整座岛免于大海带来的危险。有说法认为这座神社在建立之初，参道曾延伸至停船场（朝南）。

入船稻荷神社
佃岛上町的稻荷神社。

一鸟居
本殿朝西，与住吉神社本社（位于神户东滩区）相同。鸟居看似面向隅田川，实际上朝向摄津。

本殿
居民大多由摄津移居而来，因此请来了故乡的住吉神社（现田蓑神社）。

佃岛的小巷

渔民町的小巷就像后院

创造风的小巷

佃岛的小巷宽约 1 米，道幅狭窄，却有很多奇妙之处。“墙为什么是白色的？”“为什么只有道路一侧是玄关？”“为什么弯曲成‘く’形？”找到这些问题的答案，也就理解了小巷的构造。

水在渔业工作中不可或缺。道路虽然狭窄，水井却是必需品，通常设置在建筑的凹陷处。地下涌出淡水，证明这里曾经是陆地。

在狭窄的小巷中，阳光会经由建筑外墙反射进入巷内，这也是白墙较多的原因。

各家各户均有室外水龙头，用于清洗渔具。

单侧玄关

“く”形小巷
靠近隅田川的小巷弯弯曲曲，是为了避开从河面刮来的强风，同时保证巷内通风良好。

只有一侧设置玄关，巷内就像后院一样，成了工作空间。渔民在这里晒干渔具，完成捕鱼前的准备工作。

天安

江户和京都的店铺构造截然不同

通过招牌、门帘和土间区分关东和关西的店铺

关东和关西店铺的构造截然不同。门帘和立式招牌为江户独有，在道路狭窄的关西很少见。土间[①]的位置也不同。

天安（佃煮屋）

天保 8 年（1837）创立的佃煮老店。招牌和门帘是江户风格。

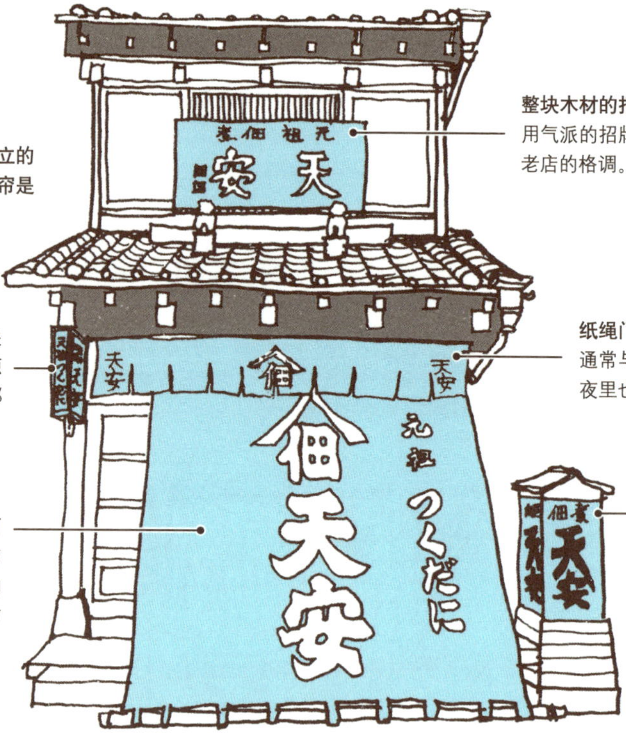

整块木材的招牌
用气派的招牌展示老店的格调。

屋檐招牌
日语里会将店铺关门称为“招牌”，源于屋檐招牌每天都会拿下来。

纸绳门帘
通常与门面一样宽，夜里也不会摘下。

方形布门帘
不仅是招牌，还可以防晒和防尘。与关东不同，关西的店铺通常使用长方形的门帘。

立式招牌
在江户时代，道路狭窄的关西几乎没有这类招牌。与方形布门帘一样，是关东特色。

门槛可以移除，方便在土间工作时搬运排水设备和双轮板车，是渔民住宅的特点之一。

通过土间位置区分关东和关西的店铺

与关西不同，关东风格的店铺前方设有 1 米宽的前庭。

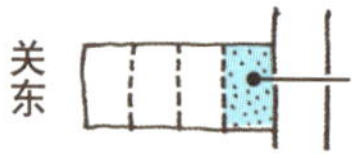

土间面向道路

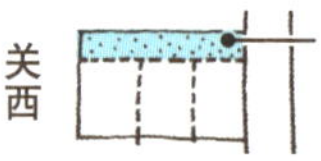

土间与道路垂直

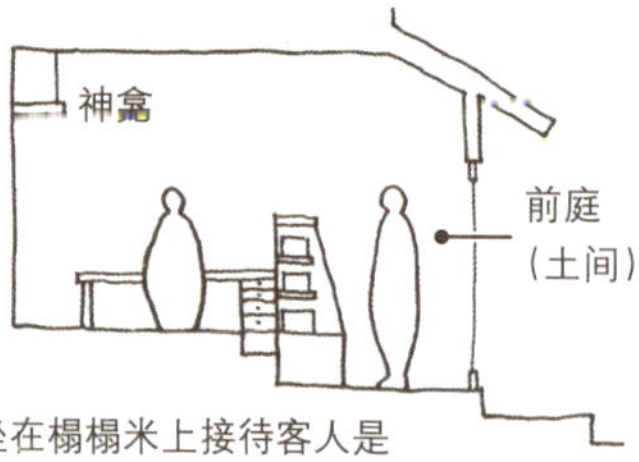

坐在榻榻米上接待客人是传统关东店铺的售货方式。

渔民的渔获，即使是杂鱼也会被批发商收购。佃煮正是处理杂鱼时诞生的料理方式，并逐渐成为一种生意。

①土间：日本传统建筑中住宅的组成部分。与铺着木地板、垫高地面的生活空间相对，土间指铺设泥土或水泥的地面，通常位于出入口处。

月岛

文字烧一条街上不只有文字烧

小巷里的月岛风情

漫步文字烧一条街，不知不觉便会被建筑之间的小巷吸引。踏足其中，小巷里的平民生活气息与路边精心打理的植被盆栽，营造出月岛独有的氛围。

现在都是文字烧的店铺。看看上方的招牌，就知道这里曾经做过什么买卖。

关东大地震后流行的看板建筑，只有外观是西洋风格，在主街上营造了“洋风”氛围。

在小巷入口处可以瞥见平民的生活空间。

文字烧一条街

70 家文字烧店鳞次栉比。文字烧起源于点心店做给孩子们的零食。

月岛牛肠 元气

最初只提供外带，因此吧台很高且没有座椅。渐渐地，站在吧台边喝酒的客人不断增加，开始摆设座席。这里是关东为数不多可以吃到牛肺的店铺。

酒类只提供日本酒和角瓶威士忌，可以自带最多两罐啤酒。

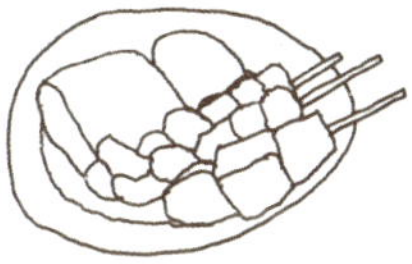

由 3 根烤串、豆腐加鸡蛋组成的套餐性价比最高。

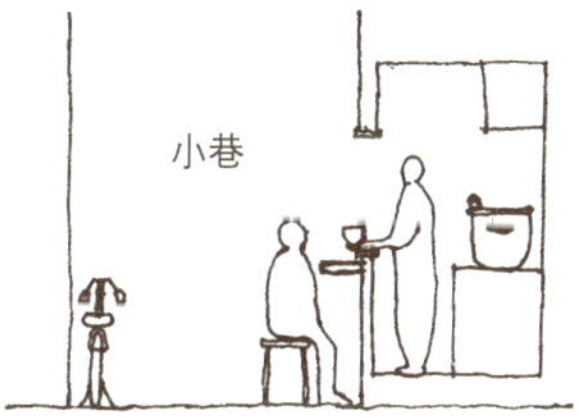

店内没有座位，营业时小巷就成了座席。

基本信息
中央区月岛3-8-6
03-3531-5900

小知识 文字烧一条街上曾有许多看板建筑，但大多数都已经改建。

月岛的小巷

住宅正面相对，小巷变身广场

阳台的三种功能

小巷子里玄关和阳台面对面，形成了一个小广场。居民们共享阳光与风，为了和睦相处，花费了很多心思。在这里，阳台具有三种功能（①社交，②隐私，③模糊的边界），可以一边漫步一边观察。

阳台小巷

月岛是工人居住的街区。小巷的长屋里住着的大多是同事，因此邻里关系非常重要。

要让小巷具有小广场的功能，2.6 米的路宽是必需的。

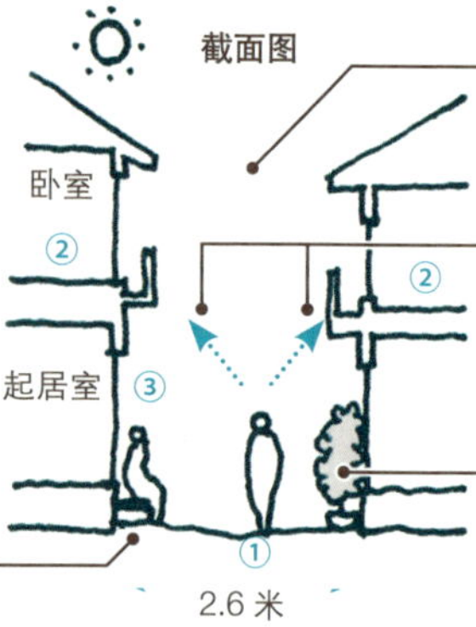

2.6 米的距离保障了两侧的采光和通风。

阳台挡住了看向二楼卧室的视线，保护着住户的隐私。

阳台下方空间的公私边界很模糊。除了找主人家有事，行人似乎不便靠近。

植被阻挡路人靠近，也可以遮挡视线。

亲子格栅

光线透过格栅上部进入室内，栅栏与视线的高度相当，看不见室内。

种植不同的绿色植物就可以改变小巷的风景。

面对面设置的玄关和阳台，让小巷变成了小广场。

月岛的小巷中，各家各户阳台相对，可以从布置上一窥邻里关系。

道路两侧摆放着植被盆栽，绿意盎然。

月岛几乎看不到水井。街道设立之初，基础设施完善，已经引入了自来水。

小知识 月岛曾有造船厂以及与钢铁产业相关的工厂与仓库，工人们就住在小巷的长屋内。

作用不同的三种招牌

江户时代的店铺招牌大致上可分为三种。常挂的门楣招牌大多经过精心设计，用来展现店铺的格调，具有观赏性；每天会摘下的屋檐招牌用来表示店铺营业与否；立式招牌只能在道路宽阔的关东才能见到，样式也多种多样。

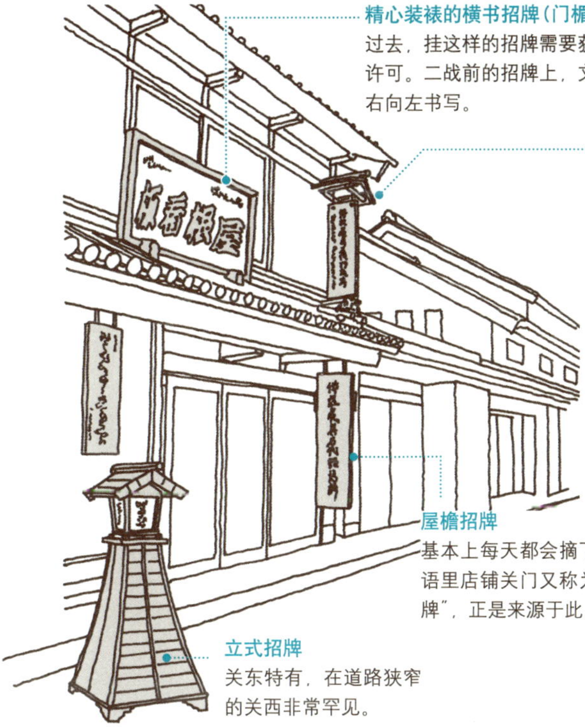

精心装裱的横书招牌（门楣招牌）
过去，挂这样的招牌需要获得寺院的许可。二战前的招牌上，文字通常从右向左书写。

门楣招牌
关西没有立式招牌，店铺都在门楣招牌上下功夫。

如今街道上的招牌仍然继承了过去的招牌形式。

屋檐招牌
基本上每天都会摘下。日语里店铺关门又称为“招牌”，正是来源于此。

立式招牌
关东特有，在道路狭窄的关西非常罕见。

屋檐招牌有 2 种，分别是与道路垂直的招牌和与道路平行的招牌。

垂直

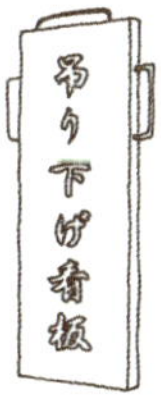

垂直于墙壁，每天都要摘下，因此有些招牌装有把手。

平行

平行于墙壁，无须每天摘下，只有一面有字。

有趣的招牌

酒屋的金字招牌，店名用金箔写成。

新酒酿成后，店门口会挂上的杉玉。

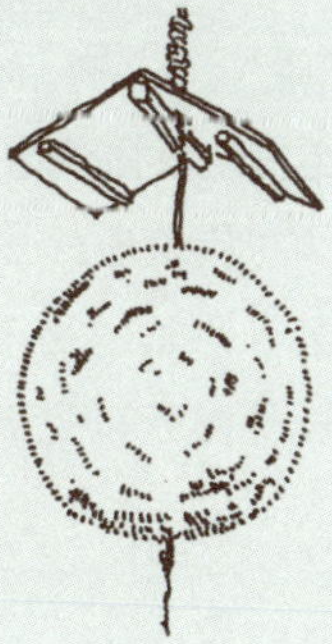

写有“ぬ”的木板表示已经闭店。

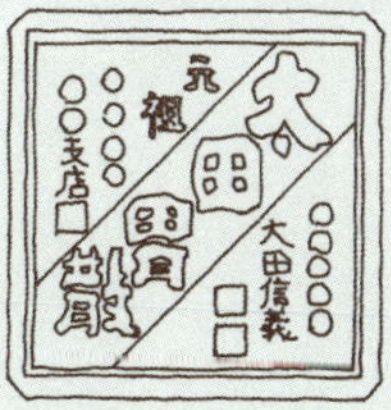

药店的金字招牌多由药厂赠送。

昂贵的金字招牌象征着信誉。

钱汤的招牌

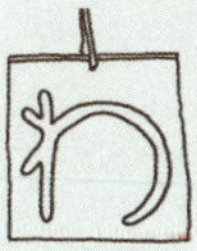

写有“わ”的木板表示正在营业。

TSUKIJI

本愿寺的豆沙面包，筑地市场外的寿司店

筑地

最近车站：东京地铁日比谷线　筑地站　1 号出口

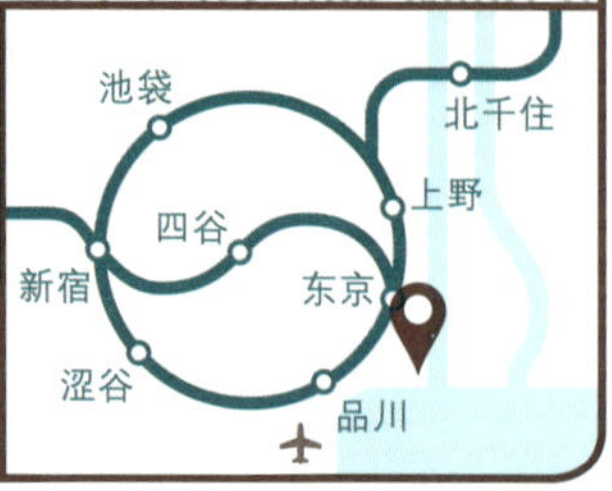

町屋的两种式样，本愿寺的两种风格

筑地正如其名，是填海造陆的地区。明历大火①烧毁了浅草的本愿寺，重建地定在了当时还是一片汪洋大海的筑地。随着筑地完成了填海，本愿寺也得以重建。

在关东大地震后，东京市几乎成为了一片废墟。本愿寺的内殿在地震中再度受灾烧毁，重建后的本愿寺，加上由日本桥迁来的市场，形成了筑地今日的街区格局。二战期间筑地幸免于空袭，原来的街道风景保留至今。

漫步筑地，本愿寺、市场以及保留有看板建筑的街道都值得一看。“对比”是散步时的关键词，例如“和”与“洋”，“外”与“内”，一边对比一边游览，能更好地读懂筑地。

从筑地站出发，首先来看看筑地本愿寺附近的街道。筑地六丁目、七丁目一带随处可见看板建筑。外观为西式的看板建筑在灾后重建时十分流行，当时的设计原样保留至今。看板建筑中夹杂着和式建筑，店铺经营内容的不同也会鲜明地体现在建筑设计上，别有一番趣味。

接着来到了筑地本愿寺。这座建筑由建筑家伊藤忠太设计，外观看上去丝毫不像寺院，令人称奇。伊藤忠太效仿佛教发源地印度的建筑，将本愿寺设计成了印度风格。不过尽管如此，认真观察内部，还是会发现日本的传统设计理念。这种对比正是这座建筑的看点。

参观完筑地本愿寺，再去市场看一看。提到筑地市场，恐怕大家会想到“鱼鲜”，但若是在市场外围走一走，会发现鱼店并不多，市场外各种各样的店铺才是解读筑地市场的关键。

此外，明石町地区曾经是外国人居留地。作为西方文明渡来的海上玄关口，这里同样不可错过。

①明历大火：明历 3 年（1657）发生在江户的火灾，死者人数达 10 万人。

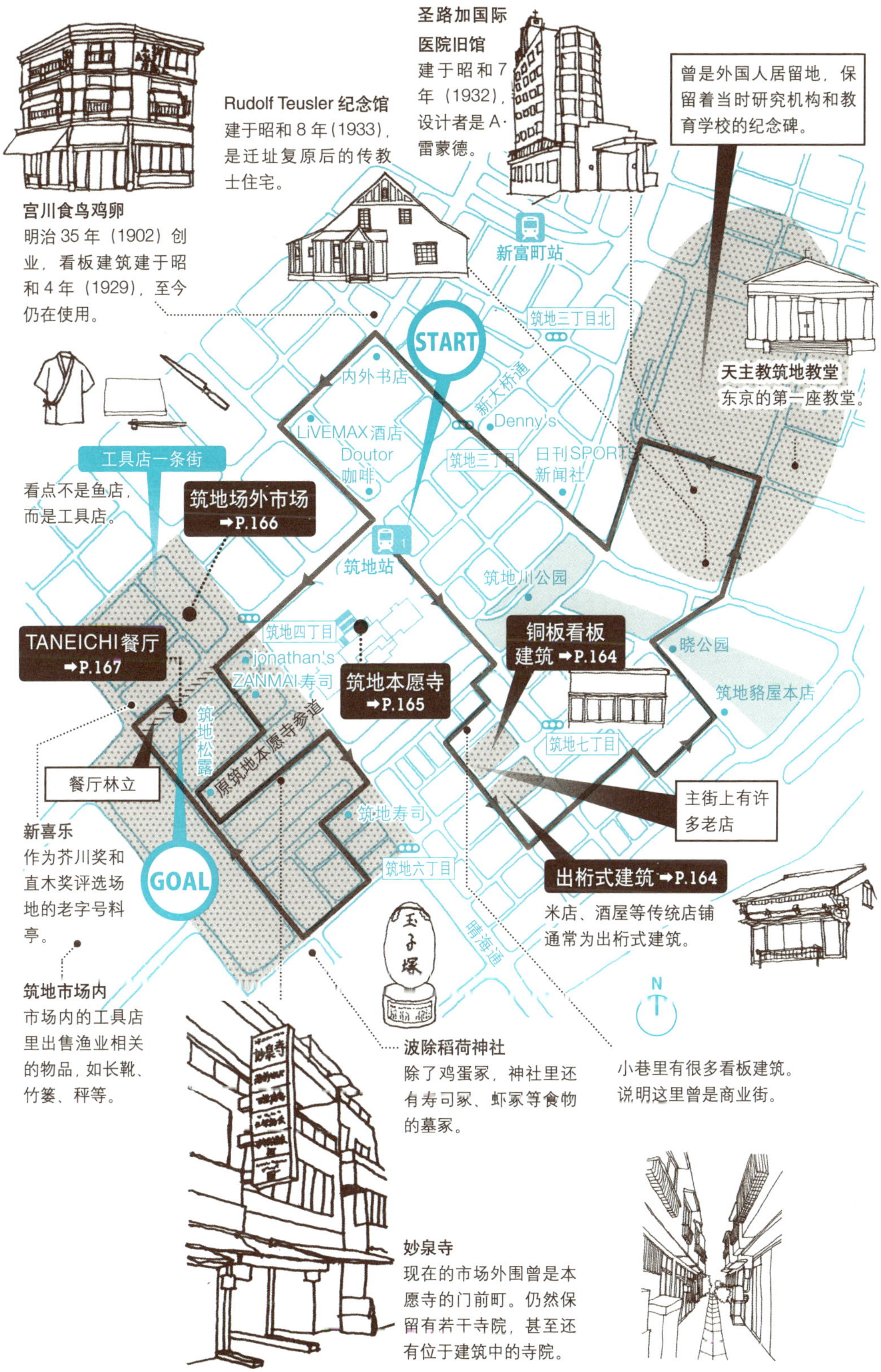

小知识 伊藤忠太从亚洲各国旅行归来后，被委以设计本愿寺的任务。

灾后重建的复兴商店

复兴商店的“两张脸”

平整的洋风建筑与凹凸有致的和式建筑

复兴商店的建筑是和风还是洋风，取决于生意的种类和自身传统。西式看板建筑的外墙平整，而日式的出桁式建筑则凹凸立体，屋檐和雨水管才是亮点。

铜板看板建筑

内部是日式设计，外观是西式设计，这是看板建筑的特征。观察其中细节，可以清楚地看出西式风格与日式风格的区别。

强调水平线的屋檐、竖长的窗户以及凸出的立体梁柱，都是西式看板建筑的特征。

出桁式建筑

支撑屋檐的梁木向外伸出。这样的结构可以让屋檐更深，带来建筑的凹凸感。

出桁式建筑常见于江户时代就有的传统店铺（米店、酒屋、豆腐店等）。

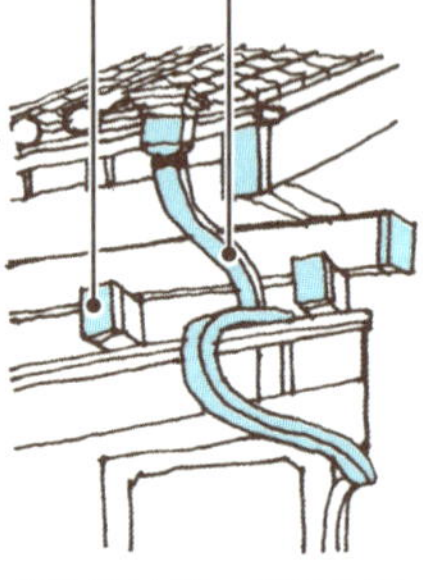

铜制雨水管。凹凸的雨水管以及出桁和出梁的切口均使用铜材料精雕细琢，显示出匠人的高超技艺。

筑地本愿寺

异域风情中隐藏着日本精神

外似印度，内为日本

与筑地本愿寺印度风格的外观相对，仔细观察内部，就会发现一处处日式意趣，寺内最重要的内殿也采用了纯粹的日式风格。着眼于细节，就能发现印度风与和风的设计理念并存。建筑在昭和 9 年（1934）重建。

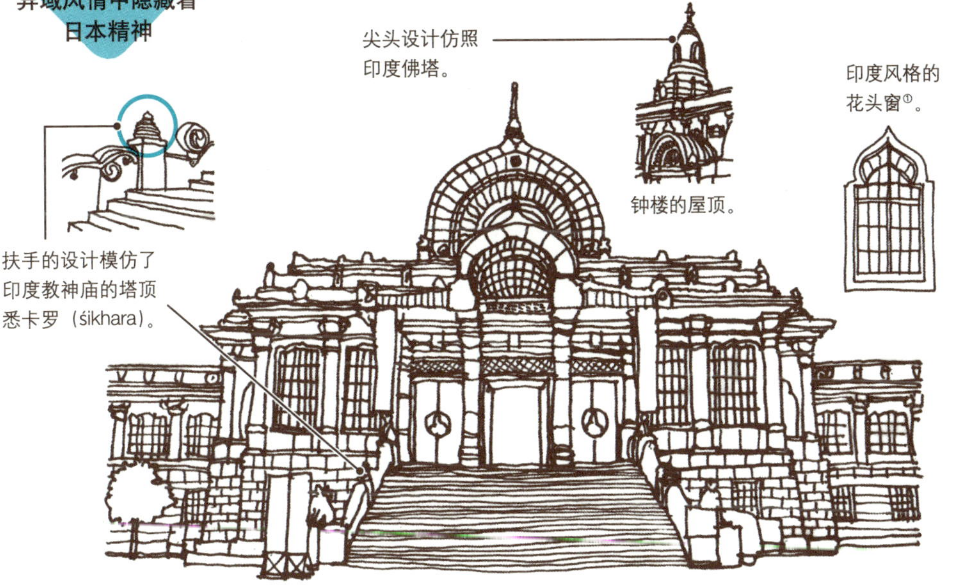

印度风格外观

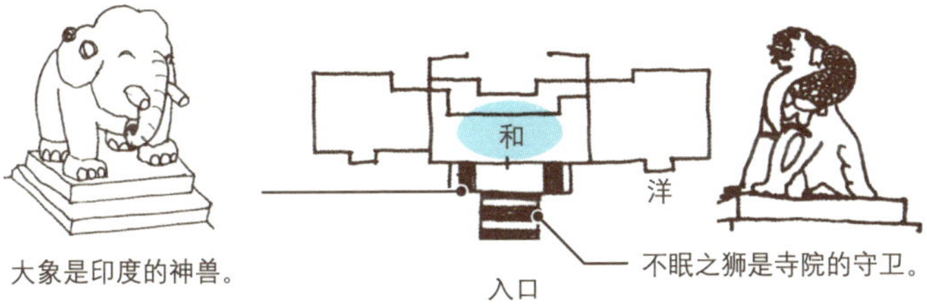

动物雕塑位于“洋”与“和”相接之处——台阶，即建筑物的动线上。这些雕塑是喜爱动物的建筑家伊藤忠太为寺院设计的点缀。

日本风格内殿

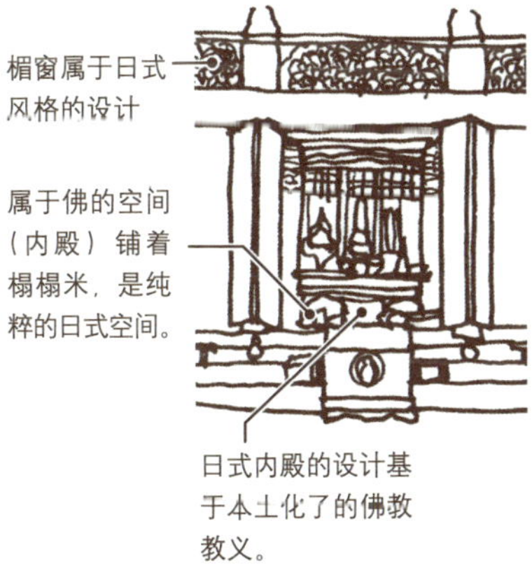

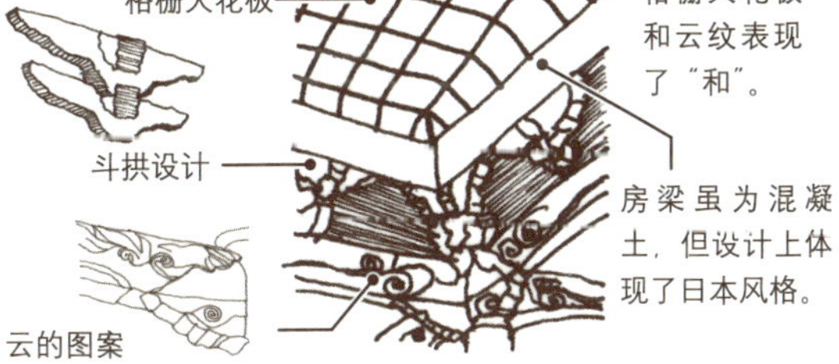

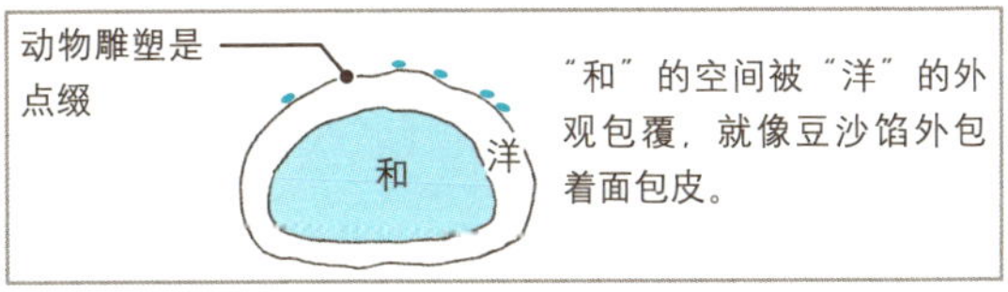

①花头窗：尖顶拱形轮廓，内侧装有糊纸拉窗的门窗，多见于寺院建筑。

筑地市场外

一窥料理师傅的厨房

市场外鱼店稀少

一说到筑地市场，就会联想到“鱼”，但在市场外走上一圈，却很少见到鱼店，因为鲜鱼买卖仅在市场内进行。不过，可以逛一逛市场外的厨具店和副食店，看看还有什么样的店铺。

市场外有许多烹饪用具店和副食店。

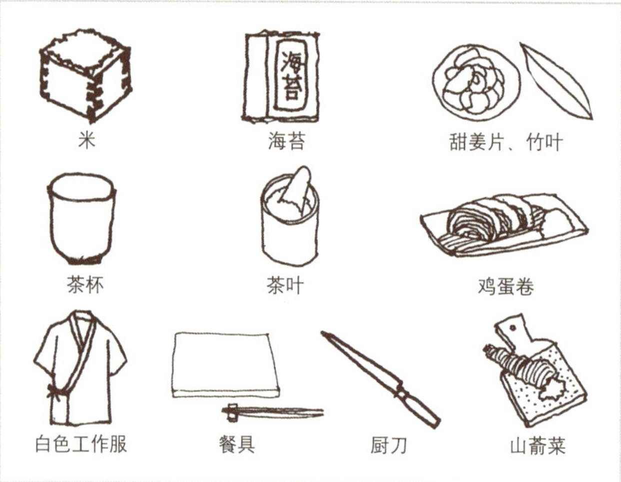

在市场外转上一圈，就能买齐料理师傅需要的全部工作用具。

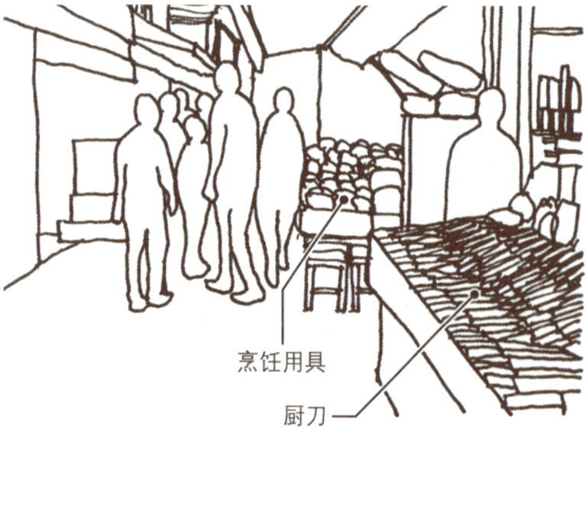

市场外形形色色的店铺催生了寿司店和各式餐厅的出现，就用市场里售卖的食材做成寿司。

市场外的餐厅

既像在店内，又像在店外用餐

一直延伸到店外的座位

筑地市场外有很多面积狭小的餐饮店，为了接纳更多客人，店主们想出的办法是将道路变成坐席。食客们可以坐在室外的别致座位上享受美味。

主街上有小巷的入口。

从这里可以通向小巷。原本可能就是建筑之间的通道。

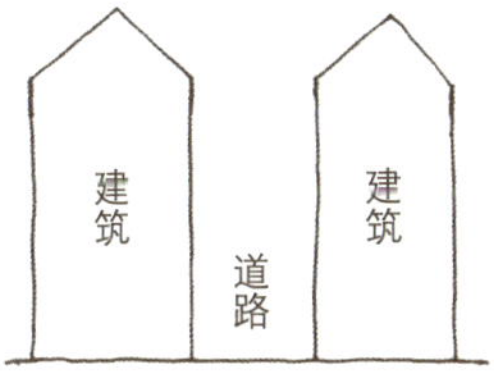

道路两侧原本是别的建筑。

简易屋顶的搭建模糊了店内和店外空间的界限。

沿通道向前，两侧是同一家店铺，就像走进了店内一样。

原为建筑物之间的外部道路，放着桌椅，让人仿佛置身店内。

仿佛从店内借道穿行，让人产生了一丝走错路的怀疑，但的的确确是一条小巷子。

TANEICHI 餐厅

最受欢迎的是使用新鲜食材做成的海鲜盖饭。

基本信息
中央区筑地4-9-5
03-3248-5517

小知识 平成29年（2017）8月的火灾使得市场外的餐厅蒙受了巨大损失，如今正在重建中。

NINGYO-CHO

保留至今的看板建筑，通过技、食、艺，品味下町风情

人形町

最近车站：东京地铁日比谷线等　人形町站　A5 出口

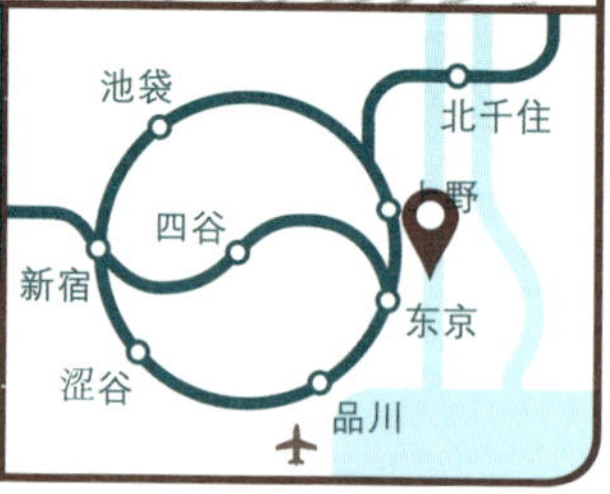

看看和风町屋、看板建筑和茶室建筑

人形町幸免于二战中的空袭，因此可以感受到昭和时代古老而美好的风景。建筑面积不大，也没有什么特别之处，大多数是昭和初期的町家。但漫步其中，便能欣赏悠久历史塑造出的街区风貌。

江户设立幕府之初，这里曾是吉原游郭的所在地。后来，“中村座”、“市村座”等小剧院在这里诞生，成为了江户歌舞伎的发祥地。随着时代发展，剧院开始上演净琉璃和人偶剧，制作人偶的工匠在此聚集，正是地名的由来。

进入明治时代后，花街“芳町”繁荣起来，与花街相关的商人和匠人们推动了街区的发展。

歌舞伎剧目《劝进帐》中的弁庆像

在人形町散步，可以观赏三种不同的建筑形式。

第一种是和式町屋建筑。具有关东町家特色的出桁式建筑，展现了重视“格调”的老店风姿。

机关人偶橹

第二种是茶室建筑。使用了自然素材，结构纤细而精致，花街的店铺可以看出这一特点。大观音寺旁边的“艺伎新道”，道路两旁有很多采用茶室建筑的料亭，这些料亭大多由旧时妓女的住处或艺伎酒馆改建而成。

第三种是看板建筑。关东大地震后，屋顶平整的西式木建筑一度流行，人形町的主街上几乎都是这一样式。如今，探访看板建筑的老店，就能切身感受到这条技艺与美食之街是如何在父 - 子 - 孙的代代传承中渐渐形成的。

老建筑与食、技、艺融为一体，营造出了别样的下町风情。

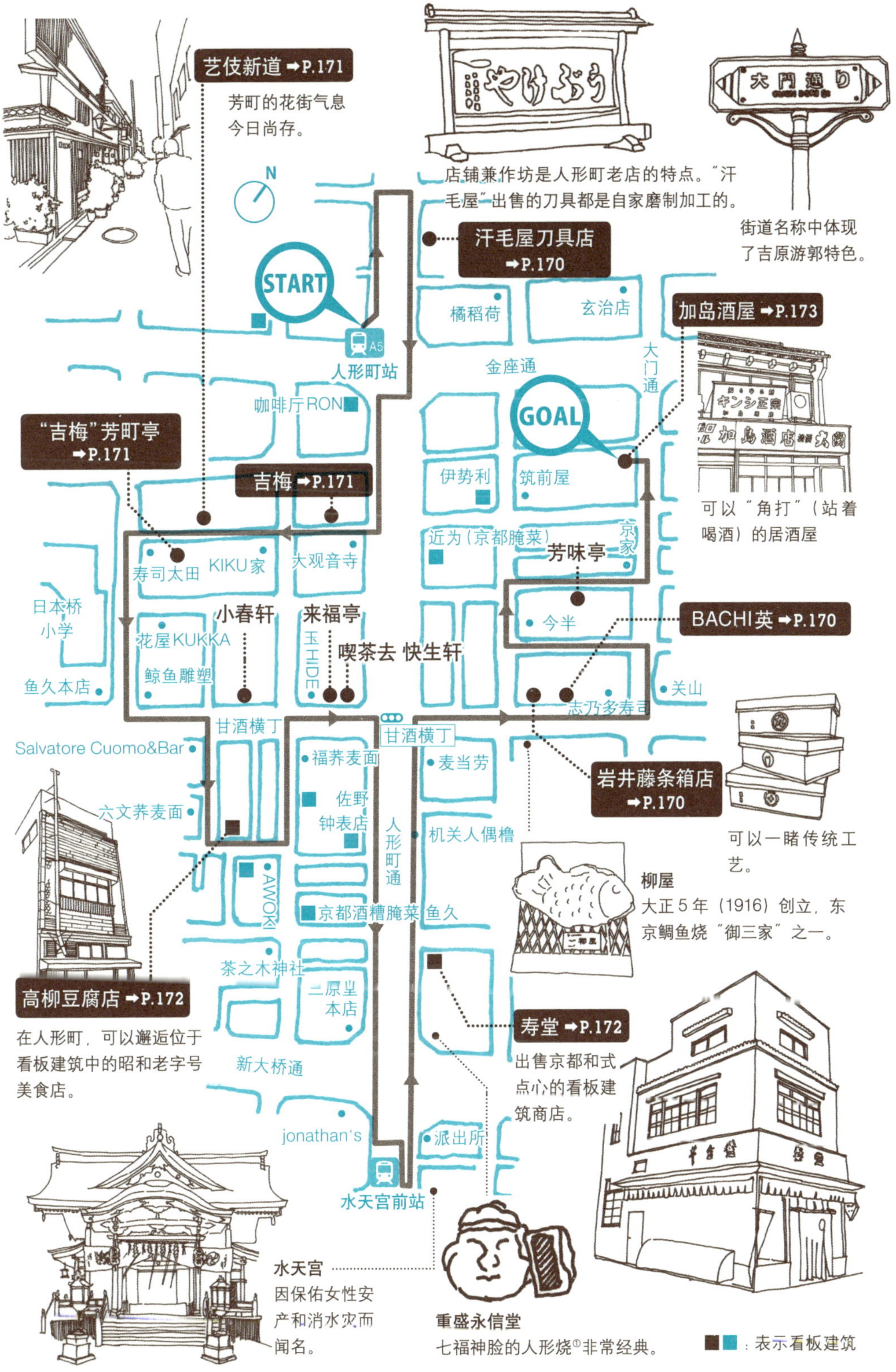

小知识 京都鲷鱼烧"御三家"（三大名店）分别为浪花家总本店、若叶（四谷见附）和人形町的柳屋。

①人形烧：在蛋糕中包入红豆馅料烤制的日式点心，外形通常为人脸，是发源于人形町的东京特产。

汗毛屋

花街里的老店

町屋老店的手艺

走进汗毛屋，就会看到这里不仅售货，也是制作刀具的作坊。以岩井藤条箱店为代表，人形町上许多老店都是“做好了就卖”，是一道特别的风景。

汗毛屋

“连汗毛都能剃掉、剪掉、拔掉。”顾客的称赞最后成了刀具店的名字。创立于天明 3 年(1783)，第一代店主是一位技艺超高的匠人，技术传承至今。

唐伞天花板①和竹箔天花板②通常用于茶室，用在刀具店的设计上，显得古朴而优雅。

就像茶室的窝身门③一样，比天花板低的部分使用了竹箔。

商品陈列在店主的视线范围内。

在店铺后面的作坊里磨制、加工，然后出售。

还陈列有来自中国的文物

二楼两侧安装户袋是关东町家的风格。

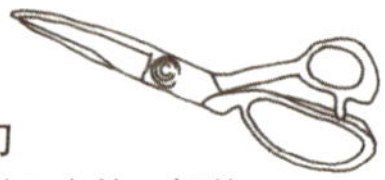

剪刀

据说日本第一把剪刀就是在这里诞生的。

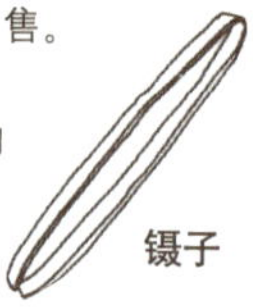

镊子

日式剪刀

附近曾有纺织品批发一条街，对剪刀有需求。

基本信息
中央区日本桥人形町3-9-2
03-3661-4851

岩井藤条箱店

藤条箱是用藤蔓编制的带盖箱子（现在用竹条编制）。艺伎曾用这类箱子来装和服。

藤条箱

在竹箱上贴上和纸，再涂上漆。店里可以看到制作过程。

基本信息
中央区日本桥人形町2-10-1
03-3668-6058

BACHI 英

出售花街和戏剧表演时不可或缺的传统乐器三味线，店铺创立于大正 6 年（1917）。

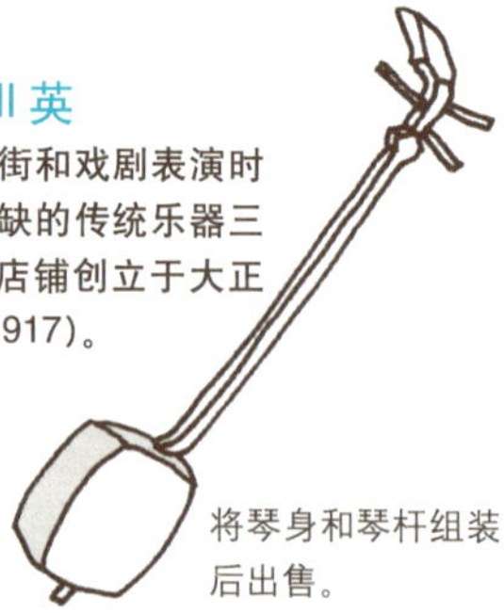

将琴身和琴杆组装后出售。

①唐伞天花板：一种和式木结构天花板，外观像撑开的伞骨，常见于茶室建筑。
②竹箔天花板：将杉树皮和竹片编织成花纹作为天花板，通常用于茶室。
③窝身门：茶室特有的客人出入口，标准高度为 67 厘米，宽 64 厘米，有门槛、门楣和门板。

艺伎新道

在小巷里穿越时光隧道

黑墙里的花街香气

虽然墙边没有探出一棵雅致的松树，但黑墙、绿色植物，再加上茶室建筑，就可以推断这里曾经是料亭。大观音寺旁边有一条长约 100 米的艺伎新道，整条小巷都是这样的装饰风格，让人感受到花街的余韵。

“吉梅”芳町亭

建于昭和 2 年（1927）的茶室建筑，曾是艺伎酒馆。日本女演员花柳小菊的故居（有形文化财）。

二楼窗边挂有帘子。

料亭二楼也是营业区域。挂在窗边的帘子表示这里是客席。

扶手的边角处向外凸出，设计利落潇洒。

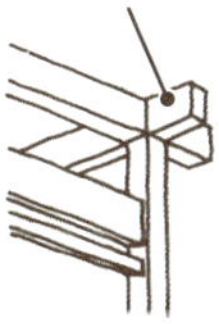

黑色围墙与开在围墙上的门是料亭的常见设计。

吉梅

通过幽深的小路吸引客人进入，是料亭的设计手法之一。

小巷两旁的石板路向里延伸。

下地窗

在墙上设有竹窗是料亭常见的设计手法。

艺伎新道

这里是最好的观景点，花街与寺院的组合独具魅力。昭和时代的女演员花柳小菊曾在这里居住，因此也被称为“小菊通”。

老字号料亭“吉梅”所在的建筑原本是艺伎的住处。

大观音寺

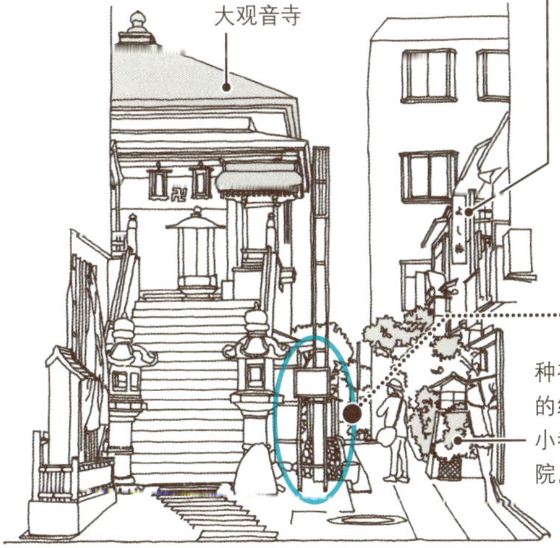

种在花盆里的绿植，让小巷变身庭院。

花街小巷里的小物件

小巷中藏着各种各样的小物件。让我们来找一找。

辟邪钟馗

在屋顶放上钟馗像，据说可以除魔辟邪。在京都十分常见。

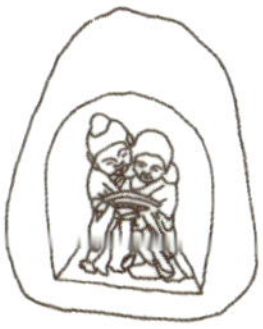

路旁的小神社

花街的人们信仰象征男女姻缘的道祖神。

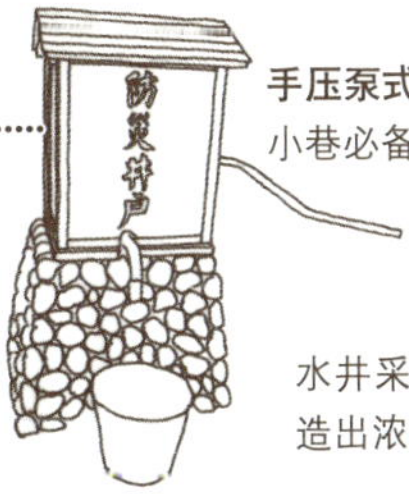

手压泵式水井

小巷必备，至今仍在使用。

水井采用和风装饰，营造出浓浓的下町风情。

高柳豆腐店

现做现卖

循着看板建筑，寻找老字号食品店

人形町保留有许多昭和初期流行的看板建筑。探访看板建筑里的店铺，能体验传承至今的味道和人情。

高柳豆腐店

创业 100 年以上的豆腐店，建筑建于昭和初期。设计应该出自工匠和店主的手笔。

所有铜板都水平葺成。氧化后泛着青绿色。

对称是这类建筑的原则，立面像高楼大厦一样平整。

金属板刻有龟甲纹等精美的江户纹样。

外观为西式，但窗户经工匠雕琢，带着和式风情。

每个街区都有 2 ～ 3 家豆腐店，店铺的熟客们是散步时打听消息的最佳人选。

金属板上使用的江户纹样

基本型

用于户袋

使用频率仅次于水平直线

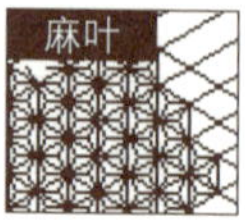

如此精致的纹样比较罕见。

可以喝到平价的自制豆浆。

寿堂

明治 17 年（1884）创业的京都点心老店。门口挂着长门帘，外墙下半部分设有犬矢来，是典型的京都风格。

现代的西式看板建筑。

长门帘

东京人喜欢较短的半门帘，长门帘是京都风格。

纸绳门帘

犬矢来

多见于京都的建筑，可以保护外墙的下半部。

特产“黄金番薯”

虽然外形很像，但其实成分里并不含番薯。由于保质期长，曾被艺伎酒馆和料亭用来当作礼品。

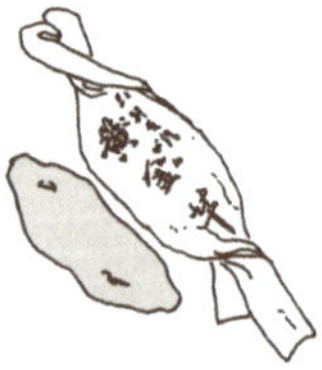

老字号通常叫“〇〇轩”或“〇〇亭”

人形町有许多名字里带“亭”或“轩”的店铺。

喫茶去 快生轩

创立于大正 8 年（1919）。“喫茶去”是一句禅语，意为“去喝茶”。

来福亭

创立于明治 37 年（1904）。店里的蛋包饭上有两粒豌豆。

芳味亭

创立于昭和 8 年（1933）。开创了在日式房间中享用西餐的用餐形式。

小春轩

创立于明治 45 年（1912）。招牌菜是特制猪排盖饭。

加岛酒屋

不为人知的名店

一起来体验“角打”

在酒屋里站着喝酒称为“角打”。在二战后，人们收入不高，想喝酒佐餐时总是先去酒屋喝一杯便宜的角打，再去小餐馆吃饭。角打流行于昭和 30 年代（1955-1964）。这家店的出桁式建筑也值得一看。

加岛酒屋

建于昭和 3 年（1928）的町屋建筑。

出桁式建筑的店铺，显得有格调。

招牌
金字浮雕招牌。

常客很多，不妨进去看看。

现在使用了卷帘门，过去一般使用格栅门作为前庭。

① 先选酒水和下酒菜，罐装啤酒可以从冰箱里自取。

② 然后结账

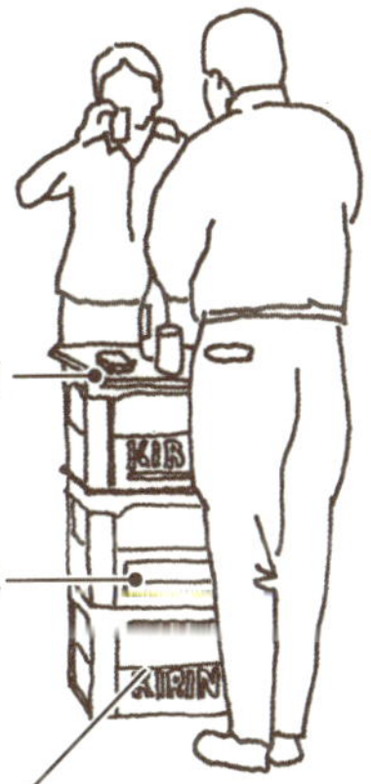

一张木板架成简易桌子。

放在叠起来的啤酒箱上。

角打的好处在于可以逐一品尝酒屋里的多种名酒。小菜不收费，所以花费不多就能小酌一番。不必久待，一口气灌下一杯就好。

桌上摆满了一升装的空酒瓶。

③ 顾客站在空桌边喝上一杯。

＊店内没有洗手间。

基本信息
中央区日本桥人形町2-7-11
03-3666-5848

FUKAGAWA, MON-NAKA

于“私”赚钱，于“公”使用，街道中看出深川人的气质

深川·门前仲町

最近车站：东京地铁东西线等　门前仲町站　3 号出口

造就运河的“公”与“私”

从日本桥沿着永代通前行，跨过隅田川，就是深川。地如其名，深川是数条运河交叉形成的水上街区。这里曾经是江户的物流中心，沿运河运来的木材、石材等建材和生活物资在此聚集，木场、古石场等地名也保留至今。

从永代桥东侧向北走，就来到了佐贺町。那里有佐贺稻荷神社，神社里的天水桶①上刻有“米仲间”的字样，旁边还有块硕大的举石，大概米商手下工作的力士们曾经用它来比试力气。这一带曾有许多米仓，从中能感受到米仓与神社的关联。

离开佐贺町，朝木场方向前行，沿途可以看到曾经救济过关东大地震受灾民众的公营食堂（现在是深川东京现代馆），以及带有黑市风格的辰巳新道。在木场西侧的富冈二丁目一带，曾有许多家铭木店②，是木材商的聚集地。铭木店通常为木建筑，层高较高，这是为了在店内竖着保存长木材。店铺后方通向住宅，门扉使用了有美丽木纹的整张木板，是只有在木材商店才能见到的设计。通过古老而优雅的建筑，可以一睹木材商店曾经的繁荣景象。

最后来到了富冈八幡宫。如果说佐贺町和木场是生活中“私”的空间，那么富冈八幡宫就是“公”的空间。作为江户的物流据点，人力和资本都在这片区域聚集，耗费钱财的信仰仪式也很频繁。“深川八幡祭”就是江户三大祭典之一。在生意场上赚得盆满钵满的商人们在祭典中互相攀比、倾注财力，场面盛大而隆重。为了筹集修建或修缮寺院、神社的资金，获得寺社奉行③许可的劝进相扑也是公共活动之一。富冈八幡宫里还可以看到横纲④力士碑和力士手印。

①天水桶：储存雨水的桶，用于防火。
②铭木：指木纹、光泽、材质等各方面都优美雅致的高价木材，常用于壁龛立柱、壁龛框、天花板等处的装潢。
③寺社奉行：江户幕府的职衔，主要管理寺院和神社的相关人员。
④横纲：日本相扑力士的最高等级。

神社的香火钱箱上有稻穗的标志。佐贺町曾有很多米商。

佐贺稻荷神社 ➡P.176

佐贺町

佐贺町的运河保留至今。这里是江户时代的米仓所在地，如今依然物流繁忙。

纪文稻荷神社 ➡P.176

由江户时期的富商纪伊国屋文左卫门修建的神社。

八幡桥

八幡桥是日本最古老的铁桥，桥下曾是运输木材的八幡渠，与前方的油渠（现为高速公路）相连。过了桥的东侧就是木材商的聚集区。

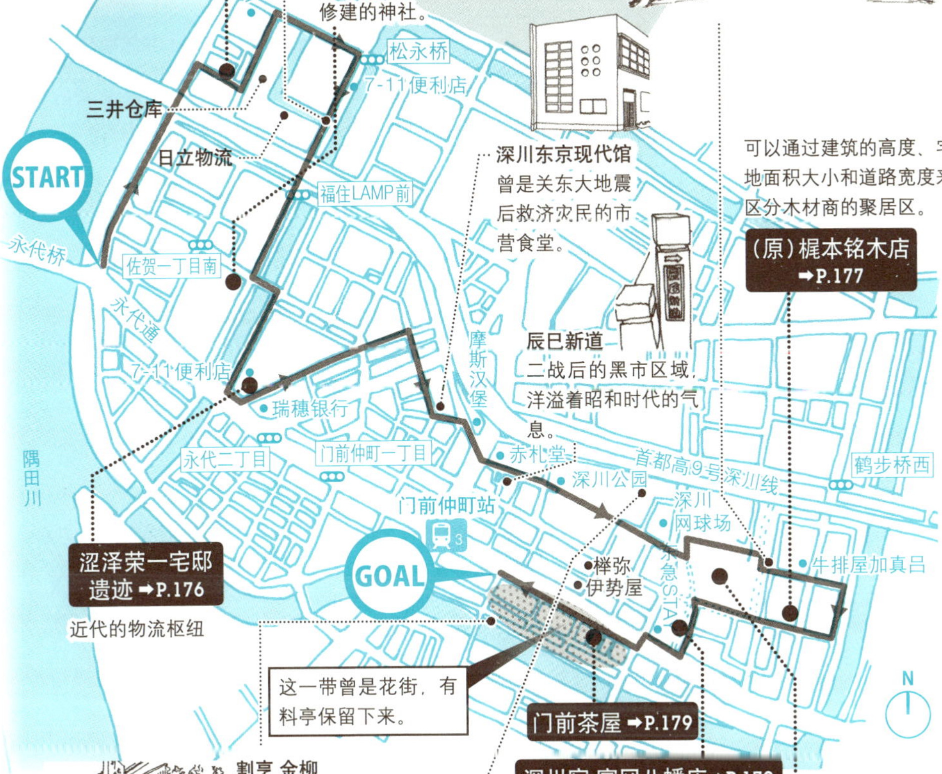

深川东京现代馆

曾是关东大地震后救济灾民的市营食堂。

辰巳新道

二战后的黑市区域，洋溢着昭和时代的气息。

可以通过建筑的高度、宅地面积大小和道路宽度来区分木材商的聚居区。

(原)梶本铭木店 ➡P.177

涩泽荣一宅邸遗迹 ➡P.176

近代的物流枢纽

这一带曾是花街，有料亭保留下来。

门前茶屋 ➡P.179

深川宿 富冈八幡店 ➡P.179

富冈八幡宫 ➡P.178

深川"公"的舞台是富冈八幡宫。从日本第一神舆和相扑的石碑，可以感受到"公"的气氛。

割烹 金柳

大正10年（1921）创业，大横川畔传承了三代人的老字号饮食店。

现在这里已经没有艺伎往来，料亭数量所剩无几。

深川不动堂

江户时期首次在寺外祭拜成田山新胜寺的不动明王，就是在永代寺。

佐贺町

稻荷神社里的米商往事

通过运河和仓库街想象昔日的米仓

稻荷神社里仍然保留着米商活动的痕迹，运河上的物流往来也曾经十分繁盛。传说中的富商纪伊国屋文左卫门和明治时代的实业家涩泽荣一曾在这里建起仓库和宅邸。如今，这片区域的物流和仓储业仍然很发达。

佐贺稻荷神社

建于宽永 7 年（1630），人们在这里祈祷五谷丰登，祭祀稻之灵宇迦之御魂命。

围栏上写着物流业从者和谷物批发行会的名字。

神社里的举石

可以看到米商雇佣来扛米包的力士们用来比试力气的大石块。

天水桶上刻有“米仲间”的字样。

香火钱箱上画有象征大米的稻穗。

纪文稻荷神社

江户前期，凭借木材生意赚得巨额财富的富商纪伊国屋文左卫门曾在这里修建米仓，后成为供人祭祀的神社。

传说纪伊国屋文左卫门靠着倒卖纪州蜜桔而发家，通过物流积累了财富。

江户时代的佐贺町运河沿岸，米仓林立、大型货船云集，如今是仓库和物流公司的所在地。

涩泽荣一宅邸遗迹
（涩泽 CITY PLACE 永代）

涩泽仓库创立于明治 30 年（1897），曾是美军的谷物仓库。

日本资本主义之父

涩泽荣一最早指出物流和仓储业在日本近代化过程中的重要性。

富冈

活跃在深川的木材商

探寻贮木场和木材批发商的踪迹

在昭和 30 年代（1955-1964），贮木场（现为木场公园）西侧的富冈区域有数量众多的铭木店，用来储存木材的高大建筑至今尚存。从宅邸的模样可以窥见木材生意的光景。

（原）梶本铭木店

建于昭和 28 年（1953）。外观为二层，内部实则有三层，是相当高大的木建筑。

屋顶上建有突出的小屋，说明是木材店。

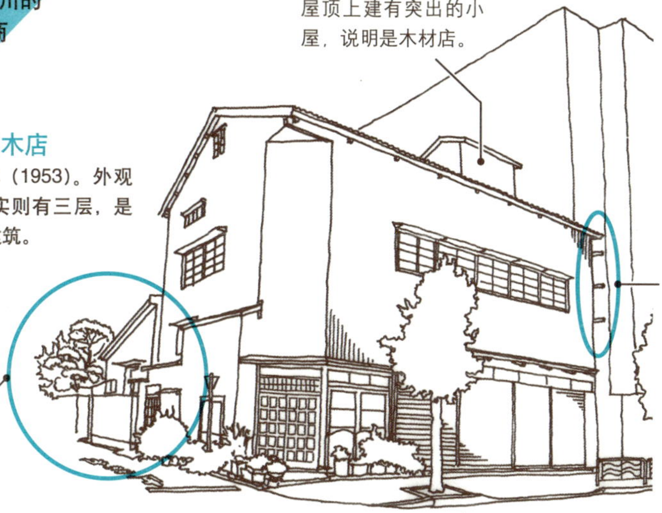

建筑层高较高的原因在于这里曾是店铺兼仓库，陈列着向客人展示的铭木。

用于悬挂巨大招牌的支架保留至今。

建筑整体十分高大，尤其是搬运木材的出入口，宽敞高挑。

西式住宅往往将树木隐藏起来，而日式住宅则会露出树木。木材商的住宅与这样的日式风格十分相称。

腕木门①的横梁和垂木②使用了粗圆的木材，柱子使用了名栗加工法，属于茶室风格。

楣窗也十分精美。

门扉用木纹优美的整张木板做成，是铭木店才有的奢侈设计。

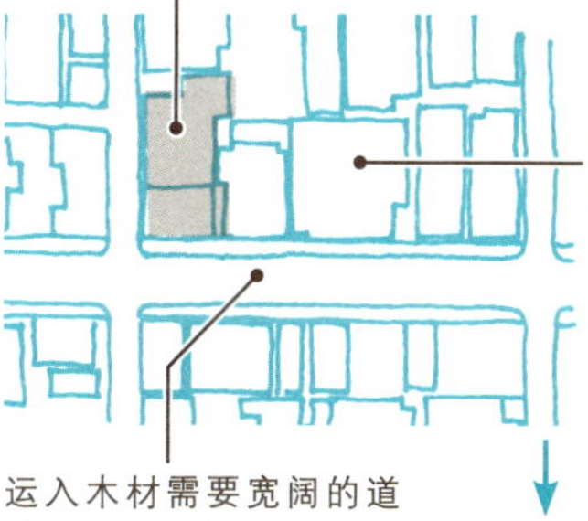

附近是公寓和办公楼。开阔的用地面积表明这里曾经是木材店。

运入木材需要宽阔的道路。如果道路原本就十分宽阔，则很有可能是木材商店街。

由此向前曾是贮木场。

明治30年代的风景

大招牌和大文字非常有特点。

木材店的门面都十分宽敞。

树梢在上

树根在下

木材依照树木的生长形态立在建筑中。

在木材场，为了让木材尽快干燥，有时也会倒置摆放。

①腕木门：横木从门柱向两侧伸出支撑屋顶的建筑样式。
②垂木：屋檐内侧处可以看到，等距离并列支撑屋顶的木材。

富冈八幡宫

以大小决胜负

人财聚集的“公”之场所

木材商和佐贺町的米商们在祭典上竞相一掷千金。作为河川对岸的新兴地区，深川人对华丽庞大之物格外喜爱。在富冈八幡宫境内，就可以看到这些“巨大之物”的身影。

深川八幡祭

江户三大祭之一，本祭每三年举行一次，人们会抬着 54 台大神舆列队前行。

二之宫神舆重达 2 吨。

江户时代的富商纪伊国屋文左卫门捐赠的 3 座金神舆均在关东大地震中烧毁，曾经也因巨大而闻名。

观众们会向神舆泼洒寓意清洁的水，因此也被称为“泼水祭”。

富冈八幡宫境内有许多因物流致富的商人们捐赠的物品。

神舆仓库

展示着御本社神舆中的一之宫与二之宫神舆。

二之宫神舆

一之宫神舆重 4.5 吨，使用了大量宝石，是日本最大的黄金神舆，由佐川急便的社长于平成 3 年（1991）捐赠。曾使用过一次，但由于体积过于庞大，之后便收藏于神舆仓库中，不再使用。

劝进相扑

举行相扑比赛的原因或许是深川人喜欢高大强壮的相扑力士。

横纲力士碑

可以在此与历代巨人力士们比比身高。

江户相扑力士中最具人气的是雷电为右卫门，身高 197 厘米、体重 172 千克，巨人般的身材让他备受欢迎。

释迦岳等身碑（右侧的黑色石碑）高 7 尺 5 寸（约 2.26 米）。建于天明 7 年（1787），是与相扑有关的最古老的石碑。

大关力士碑

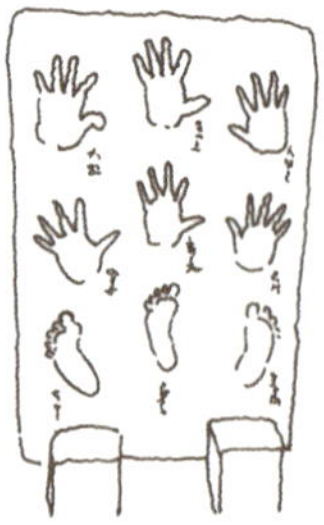

刻有力士的手印和脚印。伸出手比比大小吧。

巨人力士的手印脚印碑

小知识 江户三大祭分别是赤坂日枝神社的山王祭、神田明神的神田祭和深川的八幡祭。

深川饭

在门前町品尝深川的味道

深川曾经有大片沙洲地，因此又被称为深川浦，盛产贝类。“深川饭”源于渔民们的工作餐，是深川平民的家常味道。这里既有传统的盖饭，也有各家店独创的菜饭，可以比一比，尝一尝。

什么是深川饭

深川宿 富冈八幡店

所谓盖饭，是在味噌汤里加上葱和蛤仔，连汤汁一起浇在饭上食用，属于典型的渔民料理。还有深受木匠等工匠们喜爱的酱油菜饭。

基本信息
江东区富冈1-23-11富冈八幡宫境内
03-5646-8678

加入蛤仔是明治时代之后的习惯，江户时代使用中国蛤蜊（中华马珂蛤）。

门前茶屋

可以吃到店家特制的蛤仔蒸饭，用笼屉蒸制而成。

基本信息
江东区富冈1 6 1
03-3641-0660

门前仲町一带可以品尝各种各样的深川饭

榉弥
用飞鱼高汤煮制的蛤仔饭团，搭配牛蒡和生姜非常美味。

伊势屋
由老字号点心店铺制作，浇上鸡蛋汤的“深川盖饭”。

东京的玄关

前往东京的

交通指南

进入东京的主要玄关包括机场（羽田、成田）和东京站。可以由飞机、新干线、高速巴士等交通方式前往东京，同时也要考虑到达东京后如何前往目的地。

※注意：180页-183页交通指南中的信息（票价、时刻等）可能发生变化，出行前请务必确认。

从羽田机场到东京市内的交通

羽田机场

- 东京单轨电车机场快速　490日元　约16分钟 → 滨松町站
- 京急·AIRPORT快特　410日元　约14分钟 → 品川站
- 机场巴士　930日元（清晨和深夜1860日元）　约25-45分钟 → 东京站

从羽田机场前往东京市中心较为方便。如果去新宿、涩谷方向，要想缩短交通时间，可以从羽田机场乘坐京急电铁在品川站换乘；如果去东京、上野方向，可以从羽田机场乘坐东京单轨电车，在滨松町站换乘。

廉价航空的交通指南

- 新千岁机场　JJP/VNL/SJO　4，480日元起 → 成田机场
- 关西机场　JJP　3，470日元起 → 成田机场
- 福冈机场　JJP　5，880日元起 → 成田机场
- 那霸机场　JJP　6，800日元起 → 成田机场

成田机场

- 东京SHUTTLE　900日元起（如无预约，现场购买1，000日元起） → 东京站·银座
- THE ACCESS成田　1，000日元起 → 东京站·银座

*也有机场巴士，2，800日元起

* JJP=捷星航空， VNL=香草航空， SJO=春秋航空
* 廉价航空的票价常有变化， 请提前确认。

廉价航空的航线主要在成田机场起降。从机场乘坐廉价巴士前往市内更加划算！如果利用京成SKY LINER，到达日暮里站最快只要36分钟。可以再从日暮里站换乘JR山手线等线路。

成田机场到东京市内的交通

成田机场：第三航站楼 →（徒步或免费巴士）→ 第一、第二航站楼

- 东京SHUTTLE *　900日元起（没有预约现场购买1000日元起）　约80分钟 → 东京站·银座站
- THE ACCESS成田 *　1，000日元起（深夜2，000日元）　约85分钟 → 东京站·银座站
- 机场巴士　到东京站3，200日元起　约85分钟 → 东京各地
- 成田EXPRESS　到东京站3，020日元　约60分钟 → 东京各地
- 京成成田SKY LINER　到日暮里站2，470日元　约40分钟 → 日暮里站·上野站

乘坐廉价航空，可以以更划算的价格从日本国内各地前往成田机场。廉价航空在成田机场的起降全部位于第三航站楼，与其他航站楼之间有免费摆渡巴士相连，第二和第三航站楼之间也可以步行往来。

* 东京SHUTTLE和THE ACCESS成田从第三航站楼出发后，途中经停第二和第一航站楼，再开往东京市内。

乘坐新干线

出发站	线路	票价・班次	所需时间	到达
新函馆北斗站	JR北海道新干线·隼号	22,890日元起，每天10班	3小时58分-4小时29分	东京站
新青森站	JR东北新干线·隼号	17,550日元起，每小时1-2班	2小时59分-3小时43分	东京站
仙台站	JR东北新干线·疾风号/山彦号等	11,400日元起，每小时3-6班	1小时31分-2小时33分	东京站
新潟站	JR上越新干线·朱鹭号/MAX朱鹭号	10,050日元起，每小时1-3班	1小时39分-2小时21分	东京站
金泽站	JR北陆新干线·光辉号/白鹰号	13,600日元起，每小时1-3班	2小时28分-3小时15分	东京站
名古屋站	JR东海道新干线·希望号/光号/回声号	10,360日元起，每小时2-14班	1小时34分-2小时48分	东京站
新大阪站	JR东海道新干线·希望号/光号/回声号	13,620日元起，每小时3-13班	2小时22分-3小时57分	东京站
广岛站	JR东海道山阳新干线·希望号/光号	18,040日元起，每小时1-5班	3小时44分-5小时27分	东京站
博多站	JR东海道山阳新干线·希望号	21,810日元起，每小时2-3班	4小时46分-5小时7分	东京站

在陆路交通中，建议首选新干线。可以直达东京、上野、品川等市内车站是新干线的优势之一。乘坐飞机前，考虑一下从出发地点到机场的交通时间，所需总时间可能和新干线相同，建议对比选择。

乘坐高速巴士

出发地	线路	票价	所需时间	到达
仙台	MILKYWAY-EXPRESS巴士	2,200日元起	约6小时8分	东京
新潟	WEST观光巴士	2,400日元起	约5小时46分	东京
金泽	中日本EXPRESS	3,900日元起	约0小时55分	东京
名古屋	WILLER EXPRESS	1,950日元起	约5小时51分	东京
大阪	WILLER EXPRESS	3,300日元起	约7小时16分	东京
广岛	中国JR巴士	7,500日元起	约11小时15分	东京
高松	JR四国巴士	9,900日元起	约10小时20分	东京

车费便宜，出发站点也多，选择高速巴士出行也很方便。晚上出发，次日一大早就能到东京，可以有效利用时间。路上花费时间较久是乘坐巴士的缺点，但最近有很多巴士都在提升乘坐舒适性上下足了工夫。

* 高速巴士的车费时常变动，出行前请事先确认。

移动所需时间一目了然

在东京市内

市内移动

东京的交通网非常发达，看上去复杂，但只要结合目的地来适当选择，就能便捷地出行。车站与车站之间的距离通常较近，步行起来也很方便。

JR换乘地铁

在东京市内游览时，最常利用的是 JR 山手线和中央线、总武线。地铁由东京地铁和都营地下铁这 2 家公司运营。选择路线时，可以使用手机上的路线指南应用来查询。

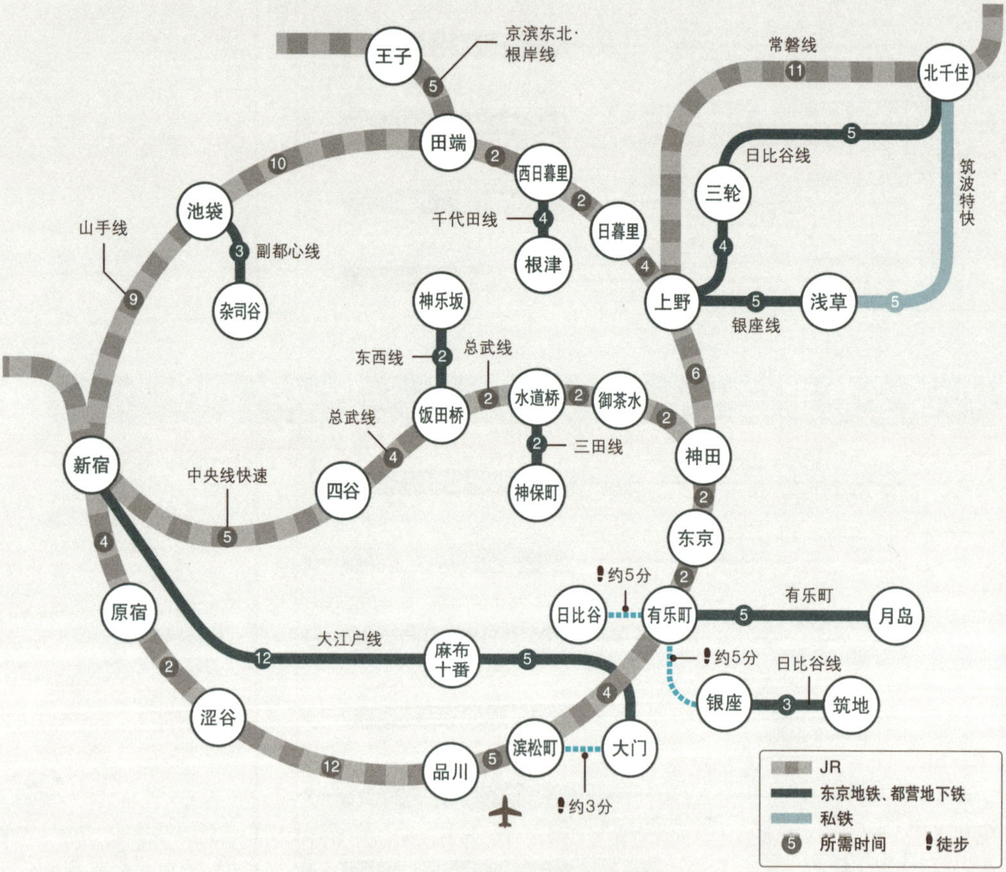

●**换乘注意事项**…使用车票进行换乘时，要走车票换乘专用的闸机口。注意车票有时会被闸机收回。

●**带上当地的IC卡**…ICOCA卡等10种交通IC卡均可在东京使用。

●**注意直通运行**…不同线路的车辆在特定路段会共用同一轨道。因此，列车会从切换轨道的车站驶向不同目的地，要留意车内广播，不要乘错。

●**换乘时注意出口标识**…不少车站都有多个出口，有的出口无法接驳换乘列车。

使用优惠车票

需要多次乘坐电车、地铁和公交车时，1天内无限次使用的车票会比较划算。建议提前通过路线指南应用比较一下价格。

东京地铁24小时乘车券
600日元
从首次使用开始计算，24小时内可以自由乘坐东京地铁全线。

东京通票
1590日元
1天内自由乘坐地铁、JR（仅限23区内）和都营公交。

都营公交1日乘车券
500日元
1天内自由乘坐23区内的都营公交。

东京地铁·都营地下铁共通1日乘车券
900日元
1天内自由乘坐东京地铁和都营地下铁全线。

可以步行的车站路线

东京的交通路线交错缠绕，有些车站之间有通道相连；有些车站虽在路线图上看上去相距甚远，但其实很近。这种情况下，比起坐一站地铁，可能走路更快些。

- **东京站**（JR山手线、地铁丸之内线等）→ 徒步5分钟 → **大手町站**（地铁丸之内线、半藏门线、三田线等）
- **银座站**（地铁银座线、丸之内线、日比谷线）→ 徒步5分钟 → **有乐町站**（JR山手线、地铁有乐町线等）
- **原宿站**（JR山手线）→ 紧邻 → **明治神宫前（原宿）站**（地铁千代田线等。）

方便划算的巴士

丸之内SHUTTLE	连接大手町、丸之内、有乐町地区的免费循环巴士。10:00-20:00（工作日8:00-10:00部分路线）运行，每12-15分钟一班。	日之丸自动车兴业 ☎03-6903-3334
Metrolink日本桥	在八重洲、京桥和日本桥地区循环运行的免费巴士。10:00-20:00运行，每10分钟一班。还有前往东日本桥和人形町的E LINE，8:00-18:00（周末和法定节日为10:00-20:00）运行，每22分钟一班。	
Chii巴士	便于往来六本木和麻布地区，票价100日元。	富士EXPRESS ☎03-3455-2211
八公巴士	在涩谷区内的原宿、惠比寿和代官山之间循环运行，票价100日元。	
观光路线巴士	不用预约也可乘坐的观光公交车"东京→梦之下町"。连接东京站和锦糸町，途径上野、浅草和东京晴空塔。怀旧的车辆本身也让人心情愉悦。票价210日元。	都营交通信息中心 ☎03-3816-5700

乘船观光也很有趣

水上巴士

连接浅草与日出栈桥的游览船。沿途会穿过12座桥，可以在船上眺望下町和晴空塔。

东京观光汽船☎0120-977-311

路线

浅草 → 滨离宫 → 日出栈桥 等

浅草→日出栈桥所需时间40分钟，票价860日元起。

＊也可以乘坐漫画家松本零士参与设计的观光船"HOTALUNA"。

东京交通路线图

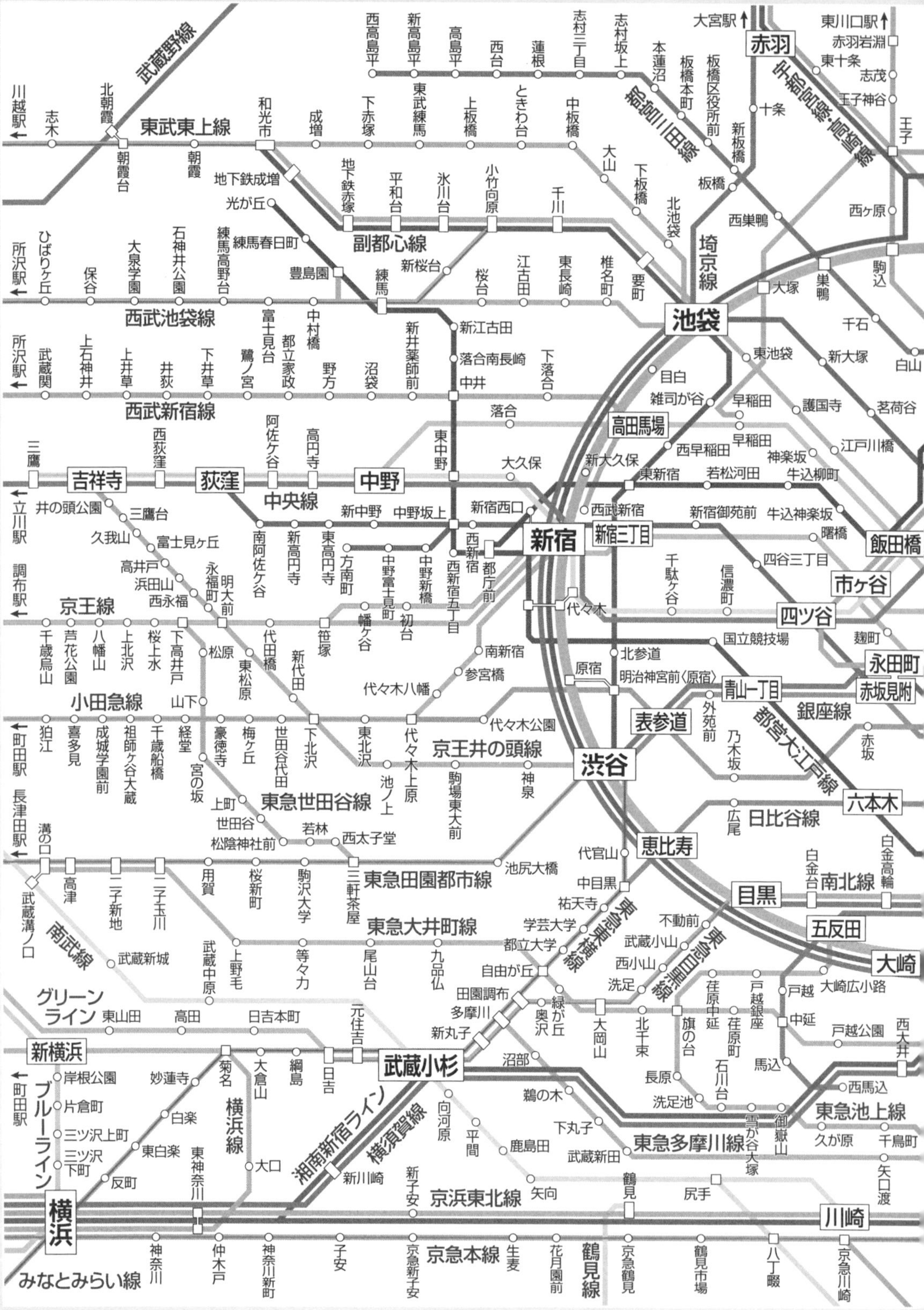

武蔵野線
東武東上線
川越駅
志木
北朝霞
朝霞台
朝霞
和光市
成増
下赤塚
東武練馬
上板橋
ときわ台
中板橋
大山
下板橋
北池袋
地下鉄成増
光が丘
地下鉄赤塚
平和台
氷川台
小竹向原
千川
副都心線
練馬春日町
豊島園
練馬
新桜台
西高島平
新高島平
高島平
西台
蓮根
志村三丁目
志村坂上
本蓮沼
板橋本町
板橋区役所前
新板橋
板橋
都営三田線
大宮駅
赤羽
十条
埼京線
宇都宮線・高崎線
東川口駅
赤羽岩淵
東十条
志茂
王子神台
王子
西ヶ原
西巣鴨
駒込
巣鴨
大塚
千石
新大塚
白山
東池袋
池袋
要町
椎名町
東長崎
江古田
桜台
所沢駅
ひばりヶ丘
保谷
大泉学園
石神井公園
練馬高野台
富士見台
中村橋
西武池袋線
新江古田
落合南長崎
中井
下落合
落合
新井薬師前
沼袋
野方
都立家政
鷺ノ宮
下井草
井荻
上井草
上石神井
武蔵関
西武新宿線
目白
雑司が谷
早稲田
護国寺
茗荷谷
高田馬場
西早稲田
早稲田
神楽坂
江戸川橋
新大久保
東新宿
若松河田
牛込柳町
大久保
東中野
中野
高円寺
阿佐ケ谷
荻窪
西荻窪
吉祥寺
三鷹
立川駅
中央線
新中野
中野坂上
新宿西口
西武新宿
新宿
新宿三丁目
新宿御苑前
牛込神楽坂
曙橋
飯田橋
市ヶ谷
四ツ谷
四谷三丁目
麹町
永田町
赤坂見附
井の頭公園
三鷹台
久我山
富士見ヶ丘
高井戸
浜田山
西永福
永福町
明大前
南阿佐ケ谷
新高円寺
東高円寺
方南町
中野富士見町
中野新橋
西新宿五丁目
西新宿
都庁前
千駄ケ谷
信濃町
代々木
国立競技場
調布駅
京王線
千歳烏山
芦花公園
八幡山
上北沢
桜上水
下高井戸
松原
東松原
代田橋
新代田
笹塚
幡ヶ谷
初台
南新宿
参宮橋
代々木八幡
北参道
原宿
明治神宮前〈原宿〉
青山一丁目
小田急線
山下
町田駅
狛江
喜多見
成城学園前
祖師ヶ谷大蔵
千歳船橋
経堂
豪徳寺
梅ヶ丘
世田谷代田
下北沢
東北沢
代々木上原
代々木公園
表参道
外苑前
都営大江戸線
銀座線
赤坂
乃木坂
京王井の頭線
渋谷
池ノ上
駒場東大前
神泉
宮の坂
上町
世田谷
東急世田谷線
若林
西太子堂
松陰神社前
六本木
広尾
日比谷線
長津田駅
溝の口
武蔵溝ノ口
高津
二子新地
二子玉川
用賀
桜新町
駒沢大学
三軒茶屋
東急田園都市線
池尻大橋
代官山
恵比寿
中目黒
祐天寺
白金台
白金高輪
南北線
目黒
五反田
大崎
南武線
武蔵新城
武蔵中原
上野毛
等々力
尾山台
九品仏
東急大井町線
学芸大学
都立大学
自由が丘
東急東横線
不動前
武蔵小山
西小山
洗足
東急目黒線
戸越
大崎広小路
田園調布
多摩川
新丸子
緑が丘
奥沢
大岡山
北千束
旗の台
荏原中延
荏原町
戸越銀座
中延
戸越公園
西大井
グリーンライン
東山田
高田
日吉本町
元住吉
新横浜
日吉
武蔵小杉
沼部
長原
洗足池
石川台
馬込
西馬込
東急池上線
町田駅
岸根公園
片倉町
三ツ沢上町
三ツ沢下町
ブルーライン
妙蓮寺
白楽
東白楽
反町
菊名
大倉山
綱島
横浜線
大口
東神奈川
湘南新宿ライン
横須賀線
向河原
平間
鹿島田
鵜の木
下丸子
武蔵新田
雪が谷大塚
御嶽山
久が原
千鳥町
東急多摩川線
新川崎
新子安
京浜東北線
矢向
鶴見
尻手
矢口渡
川崎
横浜
神奈川
仲木戸
神奈川新町
子安
京急新子安
京急本線
生麦
花月園前
鶴見線
京急鶴見
鶴見市場
八丁畷
京急川崎
みなとみらい線

Tokyo Train Map

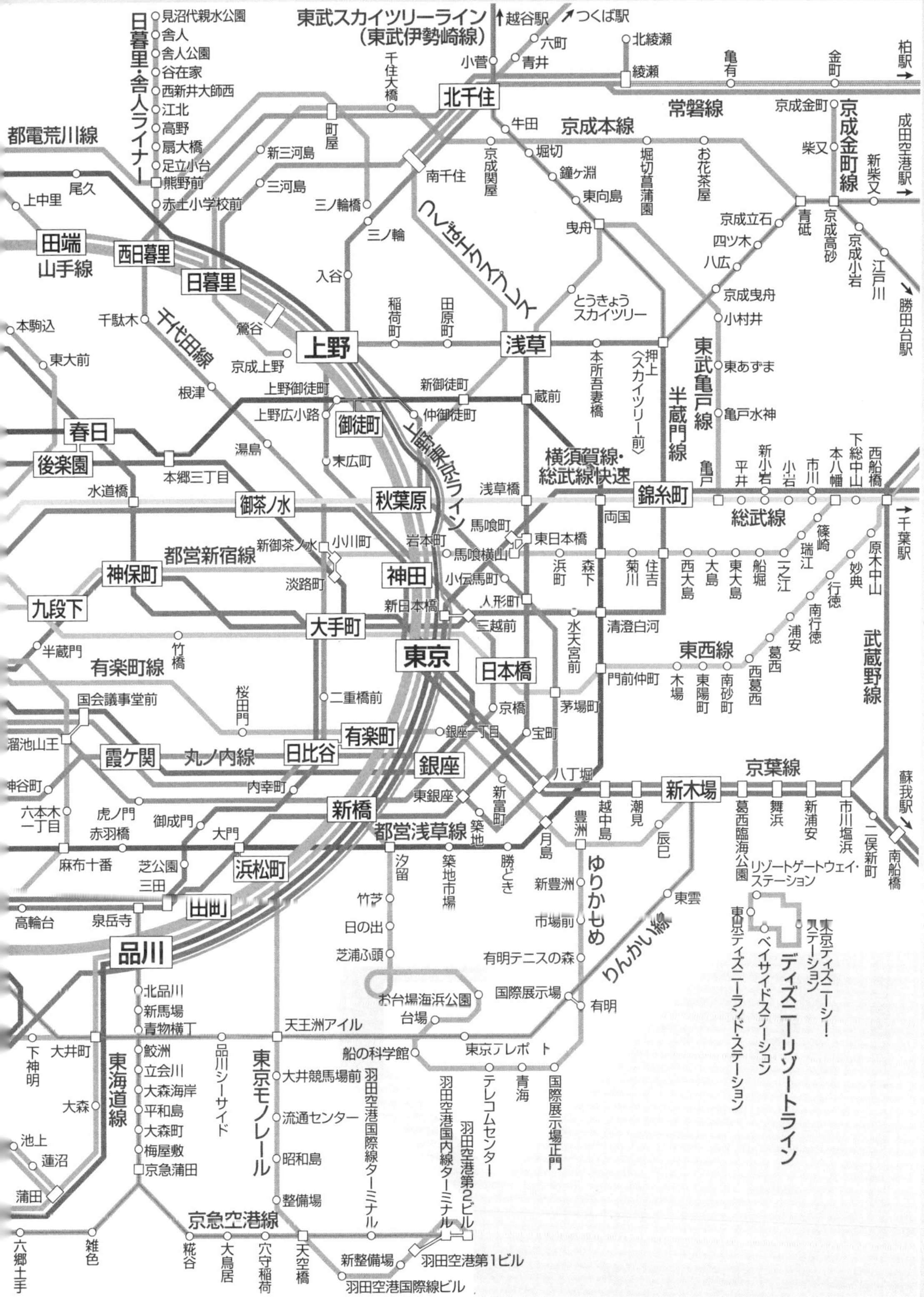

饮食店

零售店铺

其他

执笔者介绍

STUDIOWORK

STUDIOWORK是一个由建筑、城市规划、设计等各领域专家组成的工作室。工作室的成员们对变化的城市风景充满兴趣，志在将田野调查中的发现，深入观察得来的灵感传达给读者。已出版著作有《建筑设计解剖图鉴》《名所遗迹解剖图鉴》《佛像寺庙解剖图鉴》等。

〈成员介绍〉

最胜寺靖彦
（监修·执笔）

1946年生。毕业于工学院大学大学院建筑学科。1995年创立TERA历史景观研究室。现在担任《住宅与电气》编集委员，隶属于Soft Union公司。主要工作为街道设计与旧民宅的翻新。著有《和风设计细节图鉴》（X-Knowledge）、《让街道重生的99种方法》（合著，彰国社）等。

二藤克明
（执笔·绘图）

1965年出生于东京都，一级建筑师。毕业于工学院大学专门学校建筑科研究科。任株式会社现代建筑设计事务所董事。2009年开始街道散步，看到看板建筑等昭和初期的建筑时会很兴奋，也喜欢观察老建筑的细节。

和田明广
（执笔·绘图）

1964年出生于山形县，平面设计师。毕业于武藏野美术大学。曾在广告制作公司工作，后于2010年独立。主要从事品牌推广工作，同时在母校的远程教育课程（当面授课）中担任平面设计基础课程的讲师。

井上心
（执笔·绘图）

1979年出生于埼玉县，一级建筑师。先后毕业于法政大学经济学部和工学院大学专门学校二部建筑学科。就职于设计事务所。喜爱街道散步和旅行，热衷于探访未知的场所，对各地的地方酒和啤酒也毫无抵抗力。

和田刚
（执笔·绘图）

1979年出生于埼玉县。毕业于伦敦城市大学。曾就职于英国和韩国的设计事务所，现为自由职业者。喜爱旅行和皮革工艺。

安藤理惠
（执笔·绘图）

出生于群马县，二级建筑师。毕业于工学院大学专门学校建筑科研究科。曾在建筑设计、室内装饰和纺织品等领域工作，后独立。2012年创立punto piu工房。爱好不仅限于街道散步，还热衷于乡村散步。喜欢观察当地的特产，尤其是纺织品、印染品和植物。

樱井祐美
（执笔·绘图）

1971年出生于北海道，在三陆长大。毕业于武藏野美术大学造型学部，二级建筑师。地方美食向导，同时也是姜黄和拉面爱好者。作为OFUNATO★银河station market place的参与者，与伙伴们一起支援东北·三陆·大船渡的地方建设。

日高利惠
（执笔·绘图）

1972年出生于广岛。毕业于武藏野美术大学造型学部设计信息专业。在设计事务所RINOTONE担任自由平面设计师。喜欢拍摄街道散步中遇到的流浪猫。养有一只三花猫和一只虎斑猫。

渡边朗子
（执笔·绘图）

1975年出生于新潟县。设计师。先后毕业于千叶大学和武藏野美术大学。曾在设计公司工作，后创立小鸟little设计事务所。一个努力养育两个孩子的母亲。最享受在街道散步，品尝美味的咖啡。

锦织凉子
（执笔·绘图）

1976年出生于东京都，一级建筑师。毕业于东京设计师学院专门学校建筑设计专业。喜欢在日本和国外的街道上散步，寻找当地的美食。

芝美由纪
（执笔·绘图）

1972年出生于北海道。毕业于室兰工业大学建设系统专业。曾在住宅建造公司从事产品开发工作。现已辞职，忙碌于养育两个女儿。喜欢手工制作以及为家人烹饪、裁衣。

和田安史
（取材协助）

1967年出生于神奈川县。一级建筑师。1993年在明治大学研究生院工学研究科修完博士前期课程，现在任职于建筑业设计部。

糸日谷晶子
（取材协助）

1968年出生于东京都。二级建筑师。先后毕业于工学院大学专门学校建筑科研究科和武藏野美术大学。创立column有限公司。

参考文献

- 《日本桥异闻》，荒俣宏 著，光文社
- 《名为吉原的异界》，盐见鲜一郎 著，现代书馆
- 《与地图相伴的东京历史散步 地形编》，竹内正浩 著，中央公论新社
- 《东京的阶梯》，松本泰生 著，日本文艺社
- 《コ形酒馆是仙境——喝则极乐，言则天国》，加藤JUMP 著，六耀社
- 《月岛再发现学——从街区建设的视角看历史与未来》，志村秀明 著，ANIKA
- 《水边都市——探索江户东京的临水地区》，阵内秀信 等 著，朝日新闻社
- 《江户东京的观察与调查方法》，阵内秀信 等 著，鹿岛出版会
- 《数字鸟瞰 江户的崖 东京的崖》，芳贺拓 著，讲谈社
- 《"水"讲述的东京微地形散步》，内田宗治 著，实业之日本社
- 《"春之小川"为何消失？通过涩谷川看都市河川史》，田原光泰 著，之潮
- 《乐享凹凸 东京研钵地形散步1·2》，皆川典久 著，洋泉社
- 《跟着水系与3D插图去拜访 东京地形散步》，竹内正浩 著，宝岛社
- 《通过古地图去解读 江户东京地形之谜》，芳贺拓 著，二见书房
- 《东京研钵地形入门》，皆川典久 著，
- 《昭和初期的博物馆建筑 东京博物馆与东京帝室博物馆》，博物馆建筑研究会 编，东海大学出版会
- 《日本的彩画玻璃 小川三知的世界》，田边千代、增田彰久 著，白扬社
- 《不可思议之町 根津——静谧无声的都市空间》，森麻由美 著，山手书房新社
- 《千駄木的宅邸 欢迎来到旧安田楠雄邸》，建筑后援团 策划，建筑后援团
- 《新宿黄金街》，渡边英纲 著，晶文社
- 《神乐坂全解读》，渡边功一 著，榉木社
- 《新编·谷根千小巷事典》，江户风情之町 上野谷根千研究会 著，住宅图书馆出版局
- 《现代东京的历史社会学》，松桥达矢 著，密涅瓦书房
- 《江户的醍醐之味》，荒俣宏 著，光文社
- 《花街·色街·艳街 色街编》，上村敏彦 著，街与生活社
- 《就想看看这里之东京近代建筑Ⅰ、Ⅱ》，小林一郎 著，吉川弘文馆
- 《三菱一号美术馆》，三菱地所株式会社 编，武田兰登书屋日本

- 《地图物语 那天的日本桥》，佐藤洋一、武扬堂编辑部 著，武扬堂
- 《地图物语 那天的浅草》，佐藤洋一、武扬堂编辑部 著，武扬堂
- 《地图物语 那天的神田·神保町》，佐藤洋一、武扬堂编辑部 著，武扬堂
- 《地图物语 那天的新宿》，佐藤洋一、武扬堂编辑部 著，武扬堂
- 《银座漫步 江户与现代的历史体验》，冈本哲志 著，学艺出版社
- 《银座建筑探访》，藤森照信、增田彰久 著，白扬社
- 《土之画师 伊豆长八的世界》，村上道宣 编，木莲社
- 《江户城漫步》，黑田凉著，祥传社

- 《东京人》NO.279、372，都市出版
- 《东京生活》NO.15，枻出版社
- 《三丁目之角》 WORLD PHOTO PRESS
- 《古书神田神保町指南》，每日MOOK，每日新闻社

图书在版编目（CIP）数据

太喜欢了！这样的东京 / 日本 STUDIOWORK 工作室著 ; 史诗译 . —— 海口 ：南海出版公司，2020.2
ISBN 978-7-5442-6948-3

Ⅰ．①太… Ⅱ．①日… ②史… Ⅲ．①旅游指南－东京 Ⅳ．①K931.39

中国版本图书馆 CIP 数据核字（2019）第 178541 号

著作权合同登记号 图字：30-2019-067

太喜欢了！这样的东京
日本 STUDIOWORK 工作室 著
史诗 译

出　版　南海出版公司　(0898)66568511
　　　　海口市海秀中路 51 号星华大厦五楼　邮编 570206
发　行　新经典发行有限公司
　　　　电话 (010)68423599　邮箱 editor@readinglife.com
经　销　新华书店

责任编辑　崔莲花　舒亦庭
责任印制　史广宜
装帧设计　李照祥　王小喆
内文制作　博远文化

印　刷　北京奇良海德印刷股份有限公司
开　本　787 毫米 ×1092 毫米　1/16
印　张　12
字　数　110 千
版　次　2020 年 2 月第 1 版
印　次　2020 年 2 月第 1 次印刷
书　号　ISBN 978-7-5442-6948-3
定　价　68.00 元